기업은 저절로
착해지지 않는다

CORPORATE

SOCIAL

RESPONSIBILITY

기업은 저절로 착해지지 않는다

지은이 이보인
발행일 2012년 11월 27일 초판 1쇄 발행
펴낸이 양근모
발행처 도서출판 청년정신 ◆ 등록 1997년 12월 26일 제10-1531호
주 소 경기도 파주시 교하읍 문발리 535-7 세종출판벤처타운 408호
전 화 031) 955-4923 ◆ 팩스 031) 955-4928
이메일 pricker@empal.com

이 책은 저작권법에 의해 한국 내에서 보호를 받는 저작물이므로
허가 없이전제하거나 무단복제를 금합니다.

기업은 저절로 **착해지지** 않는다

이보인 지음

머리말

SK텔레콤 사회공헌팀에서 일하던 시절, 가장 크게 고민했던 부분은 '기업이 왜 CSR을 해야 하는가?' 라는 질문에 대한 답을 찾는 것이었다. 더 보태서 말하자면, '왜 기업이 착해지기 위해 애를 써야 하는가?' 에 대한 누구나 납득할 수 있을 만한 대답이다. 우리나라에서 가장 사회공헌을 잘 하고 있다는 기업에서 일하고 있었음에도 불구하고, 이런 질문에 대한 명쾌한 답은 좀처럼 구해지지 않았다.

CSR 전문가들이 말하는 답은 명확했다. 윤리적 소비자들이 많아지고, 사회책임투자가 늘어나는 등 '앞으로는 착한 기업만 살아남을 수 있기 때문' 이라는 그럴 듯한 이유였다. 그리고 적어도 CSR과 관련된 일을 하는 사람들끼리는 기업사회책임의 당위성에 대한 이견이 거의 없었다.

하지만 한 발자국만 밖으로 나가보면 분위기는 완전히 달랐다. "착한 기업만 살아남는다"는 근거가 전혀 먹히지 않았다. '고용이 최고의 사회공헌' 이라거나 '많이 벌어서 세금을 많이 내는 것이 기업의 책임' 이라는 주장 앞에서 윤리적 소비나 사회책임투자와 같은 불투명한 근거들은 별다른 도움이 되지 못했다. 실제로 경영학계나 기업에서 CSR이 차지하는 비중도 크지 않았다. CSR은 그저 '우리들만의 이야기' 에 지나지 않았다.

기업사회책임 분야의 커리어를 꿈꾸던 나에게 이런 현실은 매우 답답한 것이었다. 공부에 별다른 취미가 없었던 내가 유학을 결심하게 된 것도 '해야 된다' 는 주장만 있고 납득할 만한 근거를 제시하지 못하는 이 분야에 대해 좀더 알고 싶어졌기 때문이었다. '착한 기업' 의 중요성에 대해 공감하는 바, 이 주장을 위해 보다 현실적인 이유들을 연구하고 싶었다.

미국에서 공부하던 2년 동안 나는 다양한 의견이 존중되는 자유로운 분위기 속에서 CSR에 대해 진지하게 고민할 수 있었다. 그리고 나름대로 CSR의 비전을 찾게 되었는데, 그 일부를 정리한 것이 바로 이 책이다. (물론 이 책이 기업이 CSR을 해야 하는 이유를 모두 설명해주지는 못한다. 이 부분은 아직도 계속 연구 중에 있다.)

나는 독자들이 이 책을 읽고난 후 우리 기업들을 보다 착하게 만들기 위해서는 기업뿐 아니라 시민단체, 특히 정부의 역할이 중요하다는 사실이 널리 알려졌으면 하는 바람을 가지고 있다. 착한 기업은 저절로 만들어지는 것이 아니라, 많은 사회적 노력 끝에 비로소 만들어 질 수 있다고 믿기 때문이다.

'착한 기업'을 만들기 위해서는 정부가 개입해야 한다는 점에서 (의도하진 않았지만) 이 책은 정치권이 주장하는 '경제민주화'와 맞닿아 있다고도 할 수 있다. 다만, 차이점이라면 경제민주화 이슈가 사회에 보다 부드럽게 녹아들어 뿌리를 내릴 수 있도록 규제를 통해 해결해야 하는 부분과 기업의 자발적 참여를 이끌어낼 부분을 분리해서 다뤘고, 자발적 참여 부분에 보다 많은 초점을 맞췄다는 점이다.

이 책이 나오기까지 정말 많은 분들의 도움이 있었다. 내가 CSR에 대해 체계적으로 고민할 수 있도록 틀을 잡아주고, 다양한 해외 기업의 사례를 소개해 준 하버드 케네디스쿨Harvard Kennedy School의 Jane Nelson, Steve Lydenberg 그리고 Christine Letts 교수님과 나의 고민이 책으로 만들어지도록 많은 용기와 도움을 준 케네디 스쿨 동기이자 《윤리적 소비》의 저자 김유진 님께 특별히 감사드린다. 또한 CSR에 대해 언제나 근본적인 질문을 던져주셨던 '행복나눔재단'의 최기원 이사장님, SK 텔레콤의 서진석 팀장님, 책의 내용에 대해 아낌없이 충고해준 이승준, 유승제, 남보현 님, 마지막으로 책을 쓴답시고 매일 자정이 넘어서야 집에 들어가는데도 언제나 따뜻하게 맞아주었던 사랑하는 나의 가족들에게도 감사의 말을 전하고 싶다.

2012년 11월 15일 이보인 씀

여는글

기업은 과연 착해지고 있는가

이제는 실생활에서도 '기업의 사회적 책임'이나 '착한 기업'이라는 용어가 자주 들려온다. 기업에 의한 환경오염 문제나 유해물질이 포함된 어린이용 식품을 판매했다는 등의 기사가 나올 때마다 많은 사람들이 '기업의 사회적 책임'에 대해 이야기한다. 또 기업의 사회공헌 활동을 통해 꿈을 찾은 청소년 이야기나 따뜻한 겨울을 보낸 불우이웃들 이야기에도 '기업의 사회적 책임'이라는 단어들이 언급된다.

기업사회책임을 간단히 정의하자면, 경제적 책임이나 법적 책임 외에 기업이 사회로부터 요구받는 폭넓은 책임을 뜻한다. 보통 지속가능경영, 윤리경영, 착한 기업과 같은 단어들이 비슷한 의미로 쓰인다.

기업은 중요한 사회구성원

기업사회책임이 중요한 이유는 기업이 가장 큰 사회구성원 중 하나이기 때문이다. 산업이 고도화 되면서, 웬만한 국가들보다 규모가 큰 다국적기업들이 속속 등장하기 시작했고, 2009년에 발표된 세계 100대 경제주체 순위에 따르면 1위부터 100위까지의 경제주체 중 기업이 차지하는 비중이 44%였다. 그리고 1위부터 150위까지로 범위를 넓히면 무려 59%

를 기업이 차지했다. 예를 들어 세계에서 매출이 가장 큰 기업이었던 월마트는 스웨덴이나 노르웨이,대만보다 더 큰 경제주체로 평가되었다. 국내기업 중 가장 높은 순위를 차지한 삼성은 88위를 차지해 쿠웨이트(83위)나 카자흐스탄(87위)과 비슷한 수준이다.[1]

　기업들의 규모가 커지면서 기업이 사회에 끼치는 영향력도 점점 커졌다. 보다 나은 사회를 만들고자 하는 관점에서 보면, 이렇게 커진 기업의 영향력은 매우 중요하다. 더 나은 미래를 위한 정부 정책들을 성실하게 수행하고, 기업이 때로는 사회문제를 직접 해결하는 역할을 해줄 수 있기 때문이다. 물론, 기업이 고용하는 수많은 사람들과 기업에서 생산한 제품이나 서비스를 사용하는 사람들 그리고 이 제품이나 서비스를 만들거나 제공하는 시설 주변에서 살고 있는 사람들에게 미치는 기업의 영향력도 고려해야 한다.

　정부 정책의 성공에는 기업의 협조가 필수적이다. 기업이 정부 정책에 협조하지 않는다면, 그 정책은 성공하기 어렵다. 현실 세계에서 국가의 미래를 위해 아이들이 양질의 교육을 받을 수 있도록 하려면 먼저 기업에서 아동노동을 근절해야 하고, 저출산 문제를 해결하고 싶다면 기업이 육아와 일을 병행할 수 있는 분위기를 만들어 줘야만 한다. 또한 국민들의 건강을 위해 애써 만든 유해물질에 대한 법률을 대기업이 지키지 않는다면 사회구성원들의 건강은 위협받을 수밖에 없다.

　기업이 사회문제를 해결하는 데 직접 기여할 수도 있다. 대표적 사회문제인 환경오염을 생각해보자. 정부는 오염물질의 사용이나 배출을 규제하는 정책을 만들 수 있지만 기업은 하이브리드 자동차와 같은 환경친화적 제품을 개발하고 생산하는 데 투자함으로써 환경문제에 대응할 수 있다. 기업이 가진 자원과 기술을 활용한다면 사회적으로 해결이 필요한 문제들을 정부가 주도하는 것보다 창의적이고 직접적으로 해결해나갈 수 있다.

기업에게 요구되는 '사회적 책임'

기업이 사회에 미치는 영향력이 커지면서 정부나 NGO들은 기업에게 '사회적 책임'을 요구하기 시작했다. 예전에는 기업을 '이익극대화 혹은 주주 가치의 극대화를 위한 집단' 정도로 생각했으며, 기업이 법의 테두리를 벗어나지만 않는다면 사회는 기업의 경영활동에 대해 큰 관심을 두지 않았다. 하지만 이러한 시각은 계속 바뀌어왔다. 기업을 사회의 한 구성원이자 보다 나은 사회를 만드는 데 일조해야 하는 시민으로 보는 시각이 많아진 것이다.

따라서 정부나 NGO는 기업들에게 이익 창출이라는 경제적 책임과 함께 단순히 사회적 룰을 지키는 것을 넘어 사회의 문제점을 해결하기 위해 노력하는 모습을 보이도록 요구하기 시작했다. 보다 많은 기업들이 사회적 책임을 이행한다면 당연히 사회는 더 좋아질 것이다. 소비자들은 안심하고 기업이 생산해 낸 제품을 구매할 수 있고, 근로자들은 정당한 대우를 받으며 일할 수 있으며, 빈곤과 같은 사회문제들도 기업들의 이익환원을 통해 해결될 수 있다. 따라서 사회가 기업에게 사회적 책임CSR의 이행을 요구하는 것은 당연하다.

사회적 책임 이행에 대한 단순한 요구방식

　우리 사회는 그동안 CSR기업사회책임의 이행에서 늘 '기업의 자발성'만을 강조해 왔다. CSR을 하지 않은 기업들은 시장에서 도태될 것이며, 시장에서 살아남기 위해 기업들이 알아서 CSR을 강화할 것이라는 낙관적인 주장만을 앵무새처럼 반복해왔다. 나쁜 기업의 제품을 외면하고 착한 기업의 제품을 찾는 소비자와 투자자가 늘었다는 근거도 꽤 설득력 있게 받아들여지고 있다. 심지어 몇몇 학자들은 아예 CSR이 기업의 성과와 연결된다고 주장하기도 한다. 사회적 책임을 다하지 않으면 기업의 생존이 위험해진다는 주장이 대표적이다. CSR을 외면했다가 아동 노동착취로 곤욕을 치른 나이키의 사례나 회계부정 스캔들로 한 순간에 파산해버린 엔론의 이야기는 단골 사례다.

　단순히 불이익을 최소화 하는 게 아니라 CSR을 통해 이익이 더 커진다는 주장도 있다. 기업의 경쟁력을 강화시킬 수 있는 방향으로 CSR을 추진해야 한다는 전략적 CSR이나 사회문제를 해결하면서 동시에 수익성을 향상시킬 수 있는 분야에서 혁신을 하자는 CSVCreating Shared Value와 같은 개념들이 도입되었고, 발 빠른 기업들이 이런 개념들을 진지하게 받아들이는 현상도 증거로 제시된다. 이익극대화를 목적으로 하는 기업이 장기적인 이익을 극대화하기 위해 자발적으로 사회적 책임을 이행할 것이라는 주장들이다.

　CSR 주변에는 온통 기업이 알아서 착해질 것이라는 낙관론뿐이다. 경기침체로 기업들이 기부금을 줄여나가고 있는 현실에서도 이에 대한 해결책으로 논의되는 것은 '사회적 책임을 다하는 기업만이 결국 살아남을 수 있다는 사실을 기업들이 하루빨리 깨달아야 한다'는 수준의 주장들이다. 이런 주장을 듣다보면, 마치 우리가 가만히 기다려주기만 한다면 기업이 얼마든지 착한 기업으로 환골탈태할 것만 같다.

우리에게 필요한 고민들

기업의 자발성을 강조하는 사람들의 말처럼, 기업이 알아서 시장의 변화에 맞춰 착한 기업으로 바뀌어갈까? 그게 아니라면 어떻게 해야 할까? 어떻게 해야 '기업이 사회적 책임을 다하는 사회'를 만들 수 있을까? 이 책의 목표는 바로 이런 질문들의 답을 찾는 것이다.

이를 위해 필자는 먼저 CSR 낙관론과 낙관론의 문제점들을 살펴보고자 했다. 그리고 이를 바탕으로 기업이 지금보다 사회에 더 많은 기여를 하도록 하기 위해 기업은 물론 사회와 정부 등이 어떤 역할을 해야 할지에 대해 알아볼 것이다.

위의 질문들에 대한 본격적인 고민에 앞서 보다 효율적인 논의의 진행을 위해 몇 가지 알아둘 사항들이 있다. 아래의 내용들을 숙지하고 이 책을 읽는다면 이 책이 이야기하고자 하는 내용을 보다 쉽게 이해할 수 있을 것이다.

먼저, 약간의 차이에도 불구하고 현재 CSR과 비슷한 개념으로 쓰이고 있는 단어들을 CSR과 함께 사용하였다. 사실 기업의 사회적 책임에 대한 명확한 정의는 없다. 지속가능경영, 착한 기업, 사회공헌, 기업 시민활동과 같은 개념들이 CSR과 함께 무분별하게 쓰이고 있다. 그러나 엄밀히 말해서 이들은 같은 개념이 아니다. 그럼에도 일단 비슷한 개념으로 쓰이고 있으므로 이 책에서도 큰 차이를 두지 않고 사용하였다.

둘째, CSR의 지역적 범위를 한정하였다. 이 책의 목표는 우리 사회의 CSR을 활성화시키는 것이다. 보다 자세하게 이야기하면 기업들이 우리 사회에서 사회적 책임을 다할 수 있도록 만들어가자는 것이다. 따라서 CSR과 관련된 모든 사회적 이슈들을 국내사회를 기준으로 평가하고, 국내에서 활동하고 있는 기업들의 CSR 활동을 늘리는 방법에 초점을 맞춘다. 그래서 이 책에서는 우리 사회에 한정해서 CSR을 다룬다. 국내기업이든 외국기업이든 우리나라가 아닌 외국에서 일으킨 CSR 이슈들은 논의에서 제외한다는 뜻이다. 즉 삼성전자가 유럽에서 노조와 관련된 노동법을 위반했던 사례나 포스코가 신규공장을 설립하는 과정에서 살고 있던 지역민들에게 피해를 준 사례들은 일단 논하지 않는다. 마찬가지 이유로 커피 생산국 노동자의 권익을 위한 공정무역과 같은 이슈도 다루지 않는다.

이런 제한을 두는 가장 큰 이유는 CSR에 관한 지역적인 차이 때문이다. 예를 들어 아동노동과 같은 문제는 현재 이런 일들이 빈번히 일어나고 있는 동남아시아나 아프리카 지역에서는 매우 중요한 이슈지만 우리나라에서는 사회의 주요 의제로 더 이상 부각되기 어려운 문제들이다. 적어도 한국 사회에서 어린이들은 노동자보다 학생으로 확실히 인식되고 있기 때문이다. 그 반대로 우리나라를 비롯한 선진국들의 구성원들은 아동노동 문제에 대해 매우 심각하게 생각을 할 수 있겠지만 해당 국가에서는 이에 대해 심각하게 생각하지 않고 있을 수도 있다. 심지어 어떤 국가는 아동노동이 국가 경제에 도움이 된다고 생각할 수도 있다. 파키스탄과 베트남에서 청소년고용 문제로 이슈가 되었던 나이키의 사례에 대해, '베트남 정부가 18세 이하 노동자 고용에 대한 나이키의 제한 조치를 시행했다면 베트남 가정의 경제적 여건은 더욱 열악해졌을 것이다'[2]는 주장도 제기된 바 있다.

세 번째, 개인(오너)보다는 기업에 집중하고자 했다. 우리나라의 CSR 문제는 재벌문제와 떼어놓고 볼 수 없다. 그리고 재벌의 이미지는 오너의 이미지와 직결되는 경우가 대부분이다. 오너 개인비리가 해당 기업에 큰 영향을 끼치는가 하면, 때로는 오너 개인의 기부와 기업의 기부가 구분되지 않고 사용되기도 한다. 우리나라 기업 구조의 특성에 따라 오너의 일거수일투족이 기업과 관계가 없을 수는 없기 때문에 이러한 현상이 나타날 수밖에 없다.

기업의 사회적 책임을 활성화하기 위해서는 개인과 기업을 구분해서 바라보아야 한다. 재벌 회장이 100억 원을 사재로 출연하는 것과 그 기업의 이익 중 일부를 기부금으로 내놓는 것은 완전히 다른 개념이다. 즉 오너 개인의 기부를 CSR이라고 말하기는 어렵다. 이것은 말 그대로 개인기부의 일환으로 봐야 한다. 마찬가지로 횡령이나 탈세와 같은 이슈도 총수 개인의 잘못과 이를 감시하지 못한 기업의 잘못으로 나누어서 봐야 한다. 따라서 책 중간 중간에 기업 총수들의 비리나 기부와 같은 사례들이 언급되기는 하지만 전반적으로는 개인보다 기업의 활동에 초점을 맞췄다.

네 번째, 이 책은 어떠한 가치에 대해 판단을 내리거나 논하기 위해 쓰지 않았다. CSR에 대해 사회가 추구해야 할 가치를 고민하면서 CSR을 철학적으로 풀기보다는 객관성과 실현 가능성 등에 무게를 두고 고민을 전개하였다. 노동자들의 권리라는 사회적 가치를 예로 들어본다면, 이 책은 노동자의 권리에 관한 중요성을 논한 책도 아니고 이를 위해 '정부가 노동법을 대폭 개정해야 한다'는 식의 정치적인 주장을 펴기 위한 책도 아니다. 다만 이 책은 실현 가능성을 고려하여 CSR의 활성화 방안을 고민한 책이라고 말할 수 있다.

현실적으로 정치적인 논란이나 기업의 반발을 최소로 줄이면서 기업을 조금씩이나마 만족시킬 수 있는 방법을 제시하는 것이 이 책의 목표 중 하나이다. 따라서 정치적인 방법으로 기업에 압박을 가하거나 규제를 만들어서 기업을 변화시키고자 하는 사람들에게는 이 책에서 제시하는 내용이 조금 온건하다고 느껴지거나 어쩌면 불편할 수도 있다.

마지막으로, 이 책은 어디까지나 필자 스스로의 의견을 정리한 책이다. 현재 내가 몸담고 있는 조직의 의견과는 전혀 관계가 없다. 쓸데없는 걱정일 수도 있지만, 이 책에서 주장하고 있는 내용들은 필자가 현재 혹은 과거에 잠시나마 몸담았던 조직들의 공식적인 입장과 전혀 다를 수도 있다는 점을 밝힌다.

차례

머리말
여는글

I 기업은 착해졌을까?

1. 기업이 착해졌다는 징후들 ▶ 21
  CEO들의 발언 ▶ 22
  CSR 부서의 설립과 윤리경영현장의 채택 ▶ 24
  지속가능경영 보고서 제작 ▶ 24
  DJSI와 UNGC 가입 ▶ 25

2. 무엇이 기업들을 변하게 했는가 ▶ 28
  소비자들의 변화 ▶ 28
  투자자의 변화 ▶ 31
  직원들의 변화 ▶ 32
  국제사회의 변화 ▶ 34

3. 기업은 변하지 않았다 ▶ 36
  사회구성원들의 낮은 평가 ▶ 37
  국내 CSR 우수기업들의 그늘 ▶ 38
  해외 기업들 역시 마찬가지 ▶ 47

4. 기업들은 알아서 착해질까? ▶ 52

II 과대평가된 5가지 낙관적 근거

1. 소비자는 정말 변화했는가? ▶ 56
　　과장된 설문조사의 결과들 ▶ 57
　　과장된 불매운동의 영향력 ▶ 57

2. 투자자는 정말 변화했는가? ▶ 63
　　CSR을 한다고 재무적 성과가 좋아지지는 않는다 ▶ 63
　　사회책임투자의 효과는 생각보다 작다 ▶ 69

3. 직원들은 정말 변했는가? ▶ 74
　　CSR을 많이 하는 것이 사기 진작에 도움이 될까? ▶ 74
　　자원봉사를 많이 하면 직원들이 좋아할까? ▶ 77
　　CSR은 직장선택에 영향을 끼칠까? ▶ 80
　　기업의 미션은 어디로 갔는가? ▶ 82

4. 경영진은 정말 변화했는가? ▶ 84
　　외부 인터뷰임을 고려해야 한다. ▶ 84
　　CEO의 임기 문제 ▶ 85
　　CEO의 의지를 거론하는 것 자체가 빈약한 근거의 반증 ▶ 87

5. 국제적인 공조는 정말 이루어지고 있는가? ▶ 88
　　과장된 영향력 ▶ 88
　　넘어야 할 장애물 ▶ 90

6. 무비판적으로 수용되어왔던 CSR 낙관론 ▶ 92
　　CSR에 우호적인 언론과 책들 ▶ 93
　　한번만 더 생각해보면 말이 되지 않는 논리들 ▶ 95

7. 비관적인 미래: CSR에 신경을 쓸 기업들의 여유가 사라진다 ▶ 97
　　CSR의 성장기 = 경제 성장기 ▶ 97
　　호황기의 끝 = CSR의 위기 ▶ 99

Ⅲ CSR의 미래변화

1. CSR의 미래 ▶ 104
    기업은 저절로 변하지 않는다 ▶ 105
    사회의 비판은 커진다 ▶ 107

2. 정부가 먼저 움직인다 ▶ 109
    이미 시작된 움직임 ▶ 110
    다른 국가들의 사례 ▶ 111

3. 기업에게 다가올 새로운 CSR ▶ 112
    지금까지의 기업중심적 사고 ▶ 112
    기업에게 필요한 새로운 움직임 ▶ 114

Ⅳ 정부의 3가지 접근방법

1. CSR 재정의 하기 ▶ 118
    CSR에 대한 재정의의 필요성 ▶ 118
    정부가 요구해야 하는 CSR 영역 ▶ 121
    정부가 고려해야 하는 CSR에 대한 사회의 요구수준 ▶ 127
    나쁜기업, 나쁘지 않은 기업, 착한기업 ▶ 131

2. 사회적 기준을 중심으로 CSR 유도 ▶ 132
    법을 어기는 기업들 ▶ 133
    더 하기 어려운 이유 1 : 개입의 어려움 ▶ 139
    더 하기 어려운 이유 2 : 낮은 효과 ▶ 155

3. 기업의 자발적 참여 끌어내기
    규제 강화의 어려움 ▶ 158
    자발적 참여 유도하기 ▶ 163

V 기업 변화시키기 - Process 영역

1. 우선순위가 필요하다 ▶ 173

　규제로 해결 가능한 분야 : 환경 ▶ 174

　기업에게 법 이상의 수준을 요구하기 어려운 분야 ▶ 177

2. 자발적 참여를 유도할 수 있는 영역 ▶ 186

　영역 선정 기준 ▶ 186

　최저임금 : 최저임금제도의 기업 책임범위 확대 ▶ 187

　육아휴직 : 육아휴직의 사용 활성화 ▶ 192

3. 정부의 기업변화 유도 방안 : 정보공개 ▶ 197

　최저임금 문제에 대한 정보공개 ▶ 197

　육아휴직에 대한 정보 공개 ▶ 201

VI 기업 변화시키기 - Product 영역

1. 해롭지 않은 제품 개발에 대한 요구 ▶ 207

2. 사회문제 해결에 기여하는 제품에 대한 요구 ▶ 209

　BOP 형 ▶ 211

　사회문제 해결 기여형 ▶ 214

Ⅶ 기업 변화시키기 – Profit Sharing 영역

1. 기업은 얼마나 Profit sharing을 하고 있는가 ▶ 223

2. 정부는 그래도 목마르다 ▶ 226

　양극화와 복지 요구의 증가 ▶ 227

　복지예산 확대의 대안 – 개인과 기업의 기부 확대 ▶ 230

　대안은 기업사회공헌 ▶ 232

　이미 시작된 움직임 ▶ 234

3. 어떻게 개입해야 하는가? ▶ 236

　사회공헌지출의 유지 ▶ 236

　기업간의 중복 투자 조정 ▶ 258

　예산외의 기업의 자산이나 능력 접목 ▶ 272

마치는 글

I

⚜

기업은 착해졌을까?

우리시대의 착한 기업

　유한킴벌리, 팀버랜드, 바디샵 등은 CSR이 거론될 때마다 꼽히는 착한 기업들이다. 유한킴벌리는 국내 최장수 사회공헌 캠페인 중 하나인 '우리강산 푸르게 푸르게'를 통해 환경친화적 기업이미지를 구축해오고 있고, 스포츠용품을 만드는 팀버랜드는 모범적이고 선도적인 사내 자원봉사 지원프로그램으로, 화장품 회사인 바디샵은 제품개발 과정에서 동물실험을 배제해 착한 기업의 이미지를 쌓아왔다. 이 기업들은 실제로도 매우 착한 기업에 속한다.
　착한 기업이 점차 늘어나고, 기업이 착해지지 않으면 살아남기 힘든 시장이 오고 있다는 이야기가 자주 들려온다. 그리고 '기업이 점점 착해지고 있다'는 이야기를 할 때마다 그 근거의 사례로 이들 기업들이 거론된다. 이런 이야기를 듣다보면 정말 많은 기업들이 보다 깨끗해지고, 환경을 생각하고, 인류의 공동번영을 위해 최선을 다해 힘을 기울이고 있는 것처럼 보인다. 또한 이러한 사례의 후반부에는 이 모범적인 기업들이 착한 행동을 통해 얻은 경영 성과들도 (예를 들어 브랜드 인지도 상승과 같은) 소개된다.

마치 이런 이야기를 하고 싶어 하는 듯하다.

'이 기업들을 보라. CSR의 중요성을 먼저 깨닫고 이를 경영에 적극적으로 반영하니까 이익도 얻고 있다. 이제 점점 더 많은 기업들이 이 물결에 동참할 것이다. 지금 움직이지 않으면 시장에서 도태될 것이다. 당신 기업도 빨리 동참하라!'

만약 이런 주장이 옳다면, 우리는 CSR에 대해 더 이상 고민할 필요가 없을 것이다. 지속적인 성장을 고민할 수밖에 없는 기업으로서는 시장에서 도태되지 않기 위해서라도 자발적으로 이 거대한 CSR의 물결에 동참할 테니 말이다. 그리고 기업들이 스스로 착해진다면 정부나 시민단체들이 주로 하던 기업의 부정을 감시하는 활동이나 기업 이익의 사회 환원에 대한 요구는 이제 더 이상 필요하지 않을지도 모른다.

그러나 아쉽게도, 기업은 착해지지 않았다. 즉 우리는 먼저 기업으로 하여금 사회적 책임을 다하는 사회를 만들기 위한 논의를 하기 전에 "기업이 착해지고 있다, 그리고 점점 더 많은 기업이 착해질 것이다"라는 환상에서 벗어나야 한다.

1. 기업이 착해졌다는 징후들

이제 기업 경영에서 CSR은 가장 중요한 화두 중 하나가 되었다. 정부나 NGO 그리고 소비자들로부터 사회적 책임을 다하도록 강한 요구를 받게 되면서, 기업들도 이제는 무조건 이익극대화뿐 아니라 사회적 가치의 보호나 창출에도 관심을 갖기 시작했다. 그리고 자신들의 사업 모델을 사회 친화적으로 바꾸어가는 것은 물론, 서로 자신들이 착한 기업임을 증명해 보이고자 많은 노력을 해왔다.

특히 국내기업들의 변모는 눈이 부실 정도다. 외국기업들이 수십 년 전부터 환경단체나 인권단체들과 함께 사회적 책임에 대한 개념을 체득하고, 1980년대의 '나이키 아동 노동착취 사태'와 같은 역사적인 사건들 속에서 서서히 이에 대한 대비책을 준비해온 데 비해 국내기업들의 본격적인 CSR은 최근에야 시작되었다. 국내기업들이 CSR에 대해서 진지한 접근을 하기 시작한 것은 우리 사회가 IMF의 충격에서 조금씩 벗어나기 시작한 2000년대에 들어서였다고 할 수 있다. 이때부터 기업들은 이익환원에 신경을 쓰고, CSR 전담조직을 신설하는 등 본격적으로 사회적 책임에 대해 관심을 가지기 시작했던 것이다.

국내기업들이 이렇듯 짧은 역사 속에서도 발 빠르게 CSR의 개념을 도입하고 이를 발전시켜왔던 변화들은 미디어를 통해 쉽게 찾아볼 수 있다. 인터넷으로 CSR과 관련된 자료들을 검색해보면, 우리 기업들이 점점 착해지고 있다는 증거를 쉽게 찾아볼 수 있다. 때로는 CEO의 발언을 통해서, 때로는 지속가능 경영보고서의 발간을 통해서, 때로는 DJSI(Dow Jones Sustainability Index/다우존스 지속가능경영지수)처럼 시장에서 신뢰를 받고 있는 지표에 가입을 통해 자신들이 사회적 책임을 다하는 기업 혹은 착한 기업이라고 주장하고 있다.

CEO들의 발언

가장 쉽게 접할 수 있는 것은 CSR과 관련한 CEO들의 발언이다. 자사의 사회적 책임에 대한 CEO들의 인터뷰 내용들을 보면 해당 기업이 얼마나 CSR을 중요하게 생각하고 있는지를 알 수 있다. 그동안 많은 CEO들은 언론과의 인터뷰나 CSR 컨퍼런스를 통해서 자신이 이끄는 기업이 얼마만큼 사회적 책임을 중요시하는지에 대해 피력해왔다. CEO는 한 기업의 대표라는 점에서, 이런 CEO의 발언은 기업의 철학과도 이어진다고 할 수 있다. 몇 가지 예를 들어보면 다음과 같다.

김신배 전 SKT CEO : 경기가 어려워질수록 고객은 '필요한 것' 보다는 '좋아하는 것'을 구매하려는 성향을 보이는 경향이 있다. (중략) SK텔레콤은 CSR 활동을 통해 고객만족을 넘어서 고객행복을 창출할 수 있다고 확신하고 있으며, 우리는 이를 고객만족경영의 완성이라고 보고 있다.
〈BSR Business for Social Responsibility 컨퍼런스 참석 2008년 11월〉

이승한 홈플러스 회장(UNGC3) 한국협회장) : 경쟁을 통한 기업의 성장 가능성은 한계에 이르렀다. 기업이 올바른 가치관을 제시해 세계경제를 지속가능성의 바탕 위에 올려놔야 한다. 그러기 위해서는 CSR이 핵심이다. 〈글로벌 CSR 컨퍼런스 2011 기자간담회 중 2011년 11월〉

어윤대 KB 회장 : 직원에게 월급을 많이 주고 주주배당을 많이 하는 것이 아니라 각종 이해집단과 공생하는 것이 전 세계 패러다임의 변화다. 우리도 앞장서서 나가야 한다. (중략) 우리 금융회사들은 금융과 관련된 일로 사회에 기여해야 한다고 본다. 〈[금융 CEO에게 듣는다] 뉴스핌 인터뷰 중 (2011.12)〉

CSR 부서의 설립과 윤리경영헌장의 채택

CSR 부서의 신설과 윤리경영헌장의 도입도 기업들이 CSR을 중요하게 여기기 시작했다는 증거가 될 수 있다. 사회적 책임의 중요성을 인식한 기업들은 이를 행동으로 옮기기 위해 CSR 부서(혹은 사회공헌 부서)를 만들기 시작했다. 2009년 전경련의 조사4)에 따르면, 매출액 상위 200위 이내의 기업 중 70%에 달하는 기업이 CSR 전담부서를 설치하였다. 이 수치는 2005년 31%를 시작으로 계속 높아지고 있는 추세인데, 그만큼 CSR이라는 개념에 대해 적극적으로 대응하고자 하는 기업이 많아졌음을 의미한다.

윤리경영에 대한 노력도 이어지고 있다. 같은 조사에서 90% 이상의 기업이 체계적인 윤리경영의 추진을 위한 윤리경영헌장을 채택하고 있고, 사내외 직무프로그램을 활용하여 직원들을 대상으로 윤리경영교육을 시행하고 있다고 응답했다. 4년 전인 2005년도의 조사에서는 81%의 기업만이 윤리경영헌장을 채택하고, 불과 60%의 기업만이 윤리경영교육을 시행하고 있었음을 보면 CSR이나 윤리경영에 대한 기업의 관심은 분명 높아지고 있다고 할 수 있다.

지속가능경영 보고서 제작

CSR에 자신이 생긴 기업들은 그동안 이루어낸 성과를 이해관계자들과 공유하고 있다. 우리나라 기업들이 발간한 지속가능 경영보고서는 2003년 삼성 SDI, 현대자동차 그리고 한화석유화학에서 처음 발간되었으며, 계속해서 증가하고 있다.5) CSR 전문기관인 〈coporateregister.com〉에 따르면, 2009년 전 세계적으로 3,500개 이상의 기업이 CSR 보고서를 발간했는데,6) 그 중에서 우리나라 기업은 70여개 사였다.

물론 지속가능 경영보고서를 냈다고 해서 기업이 착해졌다고 말하기는 어렵다는 의견도 있다. 아직 많은 전문가들은 기업들의 CSR 보고서가 해당기업의 CSR에 대한 냉정한 평가보다는 기업 활동 홍보에 치중되어 있다는 것을 지적한다. 실제로 아직 국내기업들 중에 지속가능 보고서에 자사에 불리한 정보까지 공개하고 '잘 못하고 있지만 앞으로 개선하겠다'는 내용을 담은 기업은 거의 없다.

하지만 CSR에 대한 성과를 기록하고 발표하기 시작했다는 것만으로도 '기업이 착해지고 있다'는 말은 설득력이 있다. 기업들이 재무보고서(IR)에만 신경을 썼던 과거의 관점에서 벗어나 환경이나 고용 그리고 사회공헌과 같은 비재무적 성과를 공개한다는 것은 그만큼 기업들이 사회공헌을 포함한 CSR을 중요하게 생각하기 시작했다는 뜻으로 해석될 수 있기 때문이다.

DJSI와 UNGC 가입

CSR 활동에 대해 국제적으로 인정받은 국내기업이 늘고 있다는 것 역시 우리나라 기업들이 사회적 책임을 제대로 이행하기 시작했다는 증거가 될 수 있다. 현재 많은 국내기업들이 앞을 다투어 DJSI에 지속가능경영 우수기업으로 포함되기 위해 노력하거나 UNGC(UN Global Compact)에 가입하고 있다.

DJSI란 기업을 재무적인 정보뿐만 아니라 기업의 지배구조, 사회공헌도 등을 포함하여 평가한 뒤 우수기업들만을 모아서 만든 주가지수이다. DJSI에는 사회적 책임에서 우수한 평가를 받은 기업만 포함될 수 있다. 이 지수에 포함된다는 것은 해당 기업이 나름대로 DJSI에서 제시한 CSR의 기준을 통과했다는 것을 의미한다.

DJSI에서 한국 기업의 약진은 눈부시다. 2011년을 기준으로 DJSI 코리아에는 52개의 한국 기업이 포함되어 있다. 다른 국가들과 비교했을 때 우리나라 기업의 활약은 더욱 두드러진다. DJSI는 각 지역별로 지속 가능 우수기업을 선정하는데, 아시아 태평양 지역에는 156개 기업 중 30개 그리고 전 세계 343개의 기업 중 16개의 국내기업이 DJSI에 포함되어 있다. 이는 기업의 크기를 기준으로 했을 때 더욱 더 높은 수치가 된다. 기업의 순위를 매기는 포춘Fortune 500을 기준으로 따지면, 우리 기업은 아시아 태평양 지역기업 156위 내에 14개, 그리고 세계 기업 343위 내에 10개의 기업만 포함되어 있다. 우리나라 기업들이 규모에 비해서 DJSI에 많이 포함되어 있음을 알 수 있다.

2011 - 2012 Supersector leaders (alphabetically listed)	Supersector
Air France-KLM	Travel & Leisure
BMW AG	Automobiles & Parts
Enagas S.A.	Utilities
Hyundai Engineering & Construction Co. Ltd.	Construction & Materials
Itausa-Investimentos Itau S/A	Financial Services
Koninklijke DSM N.V.	Chemicals
Koninklijke Philips Electronics N.V.	Personal & Household Goods
KT Corp.	Telecommunications
Lotte Shopping Co. Ltd.	Retail
Pearson PLC	Media
PepsiCo Inc.	Food & Beverage
PostNL N.V.	Industrial Goods & Services
Repsol YPF S.A.	Oil & Gas
Roche Holding AG	Healthcare
Samsung Electronics Co. Ltd.	Technology
Stockland	Real Estate
Swiss Re Limited	Insurance
Westpac Banking Corp.	Banks
Xstrata PLC	Basic Resources

1-1. 2011 DJSI 글로벌 슈퍼섹터 리더 현황 (출처: DJSI)

국내기업들의 선전은 '글로벌 슈퍼섹터리더Global Super Sector Leaders'라 불리는, 각 산업별 1위 기업 리스트에서 더욱 눈부시다. DJSI의 운영사인 SAM은 지속가능경영에 대한 기업들의 경쟁을 유도하기 위해 19개의 슈퍼섹터supersector/산업군를 정하고 각 슈퍼섹터별로 1위 기업들을 선정해 왔다. 매년 19개의 기업이 글로벌 슈퍼섹터리더로 선정되는데, 2011년에는 무려 4개의 국내기업이 글로벌 슈퍼섹터리더로 선정되었다.

Construction&Materials 부분의 현대중공업, Retail 부분의 롯데쇼핑, Technology 부분의 삼성전자, Telecommunication 부분의 KT가 그 주인공들이다. 위에서 언급된 기업의 규모와 국내 1위 기업인 삼성전자의 세계 랭킹이 22위라는 점을 생각해보면, 19개의 슈퍼섹터리더 중에서 한국 기업이 4개나 들어간 것이 얼마나 큰일인지 알 수 있다.

국내기업들의 UNGC 가입도 활발히 이루어지고 있다. UNGC는 쉽게 말해 UN에서 주관하는 사회적 책임에 대한 국제협약이라 할 수 있다. UNGC에 가입하고 매년 자격을 유지하려면, UNGC가 지정한 10가지 원칙과(표 1-2 참고) 관련된 CoPCommunication on Progress/ UNGC 원칙에 대한 이행보고서를 정기적으로 제출해야 한다. 2005년 한국전력과 한국토지주택공사 등이 처음 가입한 이래, 현재 무려 257개의 기업이 가입하여 활동하고 있다.7) 즉 257개의 기업이 '우리는 사회적 책임을 다하는 기업이 되겠다'고 선언한 셈이다.

■인권
원칙 1 : 국제적으로 공표된 인권의 보호를 지지하고 존중한다.
원칙 2 : 인권 학대에 연루되지 않을 것을 확실히 한다.

■노동기준
원칙 3 : 실질적인 결사의 자유 및 집단 교섭권을 인정한다.
원칙 4 : 모든 형태의 강제노동을 철퇴한다.
원칙 5 : 아동 노동을 효과적으로 철폐한다.
원칙 6 : 고용과 직업에 관한 차별을 철폐한다.

■환경
원칙 7 : 환경문제에 대한 사전주의적은 접근법을 지지한다.
원칙 8 : 더 큰 환경의무를 장려하는 조치를 수행한다.
원칙 9 : 환경친화적인 기술의 개발과 확산을 촉진한다.

■반부패
원칙 10 : 금품 강요 및 뇌물수수 들을 포함하는 모든 형태의 부패에 반대한다.

1-2 UNGC 10가지 원칙 (출처: UNGC)

2. 무엇이 기업들을 변하게 했는가

왜 이렇게 국내기업들이 CSR에 관심을 가지게 된 것일까? 왜 DJSI에 들어가지 않아도, CSR 부서를 설치하지 않아도 법적으로는 아무런 불이익을 당하지 않는데, 기업들은 CSR에 대해 민감하게 반응할까? 이익의 극대화를 추구하는 기업들이 돈을 들여 DJSI에 가입하기 위한 보고서를 작성하고, CSR 부서를 설치하고, 인력을 배치하기 시작했다는 것은 분명 큰 변화라고 할 수 있다.

많은 CSR 관련기사나 논문 그리고 책에서는 '시장 환경'의 변화에서 그 이유를 찾는다. 즉 고객, 투자자, 정부 정책 등 기업을 둘러싸고 있는 환경이 점점 기업이 사회적 책임을 다하지 않을 수 없는 방향으로 바뀌고 있다는 것이다.

이러한 '기업환경'의 변화는 크게 5가지로 압축된다. 즉 CEO의 변화, 고객의 변화, 투자자의 변화, 근로자의 변화 그리고 마지막으로 국제기구의 변화를 말한다. 이 중 CEO의 변화는 이미 앞에서 한번 언급하였으므로 CEO의 변화를 제외한 4가지 이유들에 대해 좀 더 깊이 살펴보기로 한다.

소비자들의 변화

가장 중요한 변화는 역시 기업의 매출과 직결되는 소비자들의 변화이다. CSR의 중요성을 인식하는 소비자들이 늘어나면서 사회적 책임을 다한 제품을 더 구매하고자 하거나 '나쁜 기업'이 만든 제품은 사지 않는 움직임이 커지기 시작했다는 것이다.

우리나라 소비자들의 관심

CSR에 대한 우리나라 소비자들의 관심은 매우 높다. 2008년 120만 명의 자원봉사자 행렬이 줄을 이었던 태안 원유 유출사건, 같은 해 무려 1,000만 명의 회원정보가 유출되었던 모 인터넷 쇼핑업체의 고객정보 유출사건, 많은 국민들의 관심을 끌었던 일부 기업의 비자금사건 등 잊을 만하면 터져 나온 기업관련 사건사고들 속에서 우리나라 소비자들은 기업이 사회적 책임을 다하지 않았을 때 자신에게 닥치는 피해를 직접 경험해 왔다. 그리고 이러한 경험들은 소비자들로 하여금 예전보다 더 기업의 사회적 책임 이행에 관심을 가지게 만들었다.

우리나라 소비자들의 이러한 관심은 수치로도 증명된다. 2006년에 실시된 여론조사에 따르면8), 기업이 사회적 책임을 다하도록 만들기 위해 정부가 규제를 강화해야 한다는 주장에 찬성한 비율이 다른 국가에 비해 높게 나타났다. '(제품) 가격이 상승하고, 일자리가 감소해도 기업을 CSR 관련법으로 규제해야 한다' 는 주장에 대해 우리나라 국민들은 일본 국민에(64%) 이어 두 번째로 높은 63%의 찬성률을 기록했다. 이 수치는 미국(42%)이나 독일(30%)에 비해 월등히 높은 비율이다. 국내 소비자들이 다른 국가의 소비자들보다 특히 더 CSR을 중요하게 생각하고 있음을 보여준다.

또 다른 조사자료도 있다. 2009년 3월 전경련이 조사한 '기업사회공헌에 대한 국민인식조사' 에 따르면 경기침체에도, 즉 기업이 매출 감소 및 자금상황 악화 등에 직면하더라도 사회공헌 비용을 늘려야 한다는 대답이 35.5%, 유지해야 한다는 대답이 25.0%로 기업의 성과와 상관없이 기업의 이윤을 사회에 지속적으로 환원하기를 원하는 응답자가 절반 넘게 나타나기도 했다. 기업의 이익 발생 여부와는 상관없이 일단 이익을 사회에 환원해야 한다는 인식이 우리 사회에 깔려 있다고 할 수 있다.

언론이나 출판계 역시 이러한 소비자들의 인식을 강화시키는 데 한몫을 했다. 요즘에는 CSR에 전혀 관심이 없는 사람도 언론이나 책, 인터넷을 통해 어렵지 않게 CSR 그리고 기업의 사회공헌 등에 대한 기사나 글을 접할 수 있다. 서점에 가보면 40여 권이 넘는 CSR 관련도서가 진열되어 있으며, 신문은 하루가 멀다 하고 기업들의 자원봉사 사진이나 사회공헌 사례 그리고 이와 관련된 CEO들이나 전문가들의 인터뷰를 싣는다. 이러한 환경 속에서 소비자들은 자연스럽게 CSR의 중요성에 대해 인지하기 시작한 것이다.

매출확대의 기회 제공

이러한 CSR에 대한 소비자들의 인식 변화는 CSR 우수기업들에게 매출 증대라는 새로운 기회를 제공한다. 한 설문조사에 따르면, 무려 78%의 소비자가 '품질이 동일한 경우, 가격이 비싸더라도 사회공헌 우수기업의 제품을 구매하겠다'고 응답했다.9) CSR이 기업의 이익 창출에 기여할 수 있는 시대가 온 것이다.

소비자들의 이러한 움직임은 '윤리적 소비' 운동으로도 이어진다. 윤리적 소비란 윤리적으로 만들어진, 즉 인간, 동물, 환경을 착취하지 않거나 적어도 해를 끼치지 않는 제품이나 서비스를 구매하는 행위를 의미한다. 대표적인 사례는 노동자들에게 적정임금을 지불하고 만든 제품만을 구매하는 공정무역Fair Trade이다. 공정무역의 영향으로, 빈곤국가의 커피 농가에게 적정한 가격을 지불하고 구매한 커피 원두를 통해 만든 '아름다운 재단'의 '아름다운 커피'나 미국의 '씽크 커피Think Coffee'가 시장에서도 좋은 반응을 얻고 있다.

이러한 소비자들의 움직임은 거대기업들도 변화시키고 있다. 윤리적 소비자들이 늘어나자 기업들이 윤리적 소비시장을 잡기 위해 자사의 사업모델을 CSR 친화적으로 변경한 것이다. 공정무역을 중요시하는 소비자들의 증가에 맞춰 '카페베네'나 '스타벅스'와 같은 거대 커피 전문점 체인에서도 CSR의 일환으로 공정무역 커피를 취급하는 사례가 대표적이다.

투자자의 변화

소비자들의 변화 다음으로 많은 전문가들이 제시하는 근거가 투자자들의 변화이다. CSR 열풍은 영원히 기업의 이익극대화만을 지지할 것 같았던 투자자들의 변화도 이끌어냈다. 이른바 사회책임투자SRI, Social Responsible Investment의 확산이다.

사회책임투자

먼저 사회책임투자에 대해 간략하게 살펴보자. 사회책임투자란 무조건 이익의 극대화를 위해 이익률이 높을 것 같은 기업에 투자하는 기존의 행동에서 벗어나 사회적 책임을 다하는 기업에 투자하는 방식이다. 이런 SRI 펀드는 투자처 선정에서 이익률과 함께 해당 기업과 연관된 인권, 환경, 노동 등의 이슈를 함께 고려한다. 극단적으로, 현존하는 모든 펀드가 이런 방식으로 투자를 진행한다면 사회적 책임을 다하지 않는 기업들은 더 이상 자금을 조달할 수 없을 것이다. 따라서 사회책임투자를 표방하는 펀드가 많아질수록 기업들은 투자자들을 잃지 않기 위해 CSR에 좀더 많은 관심을 가질 수밖에 없다.

SRI 펀드의 규모는 점점 성장하고 있으며 그 규모 또한 크다. 미국의 경우 지속가능경영이 활발한 기업들만 선별하여 따로 지수를 산출한 DJSI를 중심으로 사회책임투자가 활발히 진행되고 있다.

사회책임투자가 발달해 있는 미국이나 유럽에서는 전체 뮤추얼펀드의 10%를 SRI 펀드가 차지하고 있다.10) 시장의 10% 수준이라면 기업이 절대로 무시할 수 없는 수준이라고 할 만하다.

UN에서도 기관투자가들의 투자기업 선정에서 ESG Environment, Society, Governance/환경, 사회, 지배구조를 적극적으로 반영하자는 PRI Principles for Responsible Investment를 통해 각국의 투자자들이 사회책임투자에 동조하도록 장려하고 있다. 국내에서는 국민연금과 사립학교 교직원연금 등이 다수의 투자회사들과 함께 이 원칙을 도입했다. 국제사회의 공조와 이에 동의하는 각 국가의 주요 펀드들의 확산을 통해 SRI 펀드의 규모는 점점 커지게 될 전망이다.

사회책임투자에 대한 움직임은 우리나라에서도 일어나고 있다. 현재 국내에는 63개의 SRI 펀드가 있으며, 2009년 말 기준으로 3조 5,821억 원 규모가 설정되어 있다.11) 국내 주식형 펀드 설정금액이 230~240조 원 수준인 것 감안하면 그리 큰 비중은 아니지만 300조 원 규모의 국민연금 투자처를 결정하는 국민연금공단에서 2011년 ESG Environmental, Social, Governance/환경, 사회, 지배구조 리서치 업무를 신설하는 등 금융업계에서도 CSR에 대한 관심이 높아지고 있으므로 사회책임투자의 규모는 지속적으로 커질 것으로 기대된다.

직원들의 변화

기업이 변할 수밖에 없는 이유로 제시되는 또 다른 근거는 직원들의 변화이다. CSR의 이행 여부가 직원들의 사기 진작에 점점 더 큰 영향을 끼치고, 직원들도 기업에 CSR 이행을 요구하기 시작하면서 기업이 CSR에 더 신경을 쓸 수밖에 없다는 주장이다.

CSR과 애사심의 관계

CSR은 직원들의 사기에 영향을 끼칠 수밖에 없다. 예를 들어, 건강을 해치는 담배나 술을 파는 회사의 직원과 사회적으로 가치를 인정받는 환경관련 사업을 하는 직원들은 일에 대한 자부심이 다를 수밖에 없다. 또한 기업의 제품이 사회적으로 불미스러운 일에 연루된다면, 해당 제품을 만드는 데 노력을 다해온 직원들의 사기는 떨어질 수밖에 없다. 반면 기업이 지역사회 사회공헌 프로그램을 통해 사회문제 해결에 노력하거나 직원 자원봉사 프로그램을 통해 직원들에게 사회에 봉사할 수 있는 기회를 열어주는 경우, 직원들은 자신이 다니는 기업이 사회적 책임을 이행하는 모습을 보면서 애사심이 커지게 된다.

이런 주장을 할 때 가장 먼저 나오는 사례가 '팀버랜드'의 사례이다. CSR에 대한 우수기업들의 사례를 분석한 《세계 최고 기업들의 기업 시민활동Beyond Good Company》이라는 책에는 팀버랜드의 마케팅 임원이 인터뷰에서 대답한 내용이 나온다.

"많은 기업들이 팀 협조 기술교육을 위해 수 천 달러를 사용하고 있다. 우리의 방식은 봉사하면서 팀 정신을 쌓는다. (중략) 이것은 자선이 아니다. 나는 팀버랜드의 이러한 마인드가 우리의 생산성과 효율 제고에 폭발적인 효과를 낼 것이라고 확신한다."

국내기업 중 CSR 활동을 직원이나 잠재 직원들의 만족도로 연결해낸 기업으로는 '유한킴벌리'를 들 수 있다. 유한킴벌리의 사회공헌 캠페인 '우리강산 푸르게 푸르게'는 국내 사회공헌업계에서 아직도 가장 성공한 사례로 통한다. 그리고 친환경 제품의 생산부터 육아휴직과 같은 여성인력에 대한 배려에 이르기까지 유한킴벌리는 CSR과 관련해서는 국내기업들 중 가장 높은 수준의 평가를 받아왔다. 이러한 CSR 활동을 기반으로, 유한킴벌리는 8년 연속 한국에서 가장 존경받는 기업에 선정된 바 있으며, 대학생이 꼽은 일하고 싶은 기업에서도 매년 상위권에 오르고 있다.

관련부서의 인기 상승

기업의 사회공헌팀이나 CSR 관련 부서의 높아진 인기도 직원들의 CSR에 대한 관심을 반영한다. 직원들이 본인이 다니는 기업이 어떤 사회적 가치가 있는 일을 하는지에 대해 궁금해 하면서 CSR 관련부서에 대한 직원들의 관심도 높아지기 시작했다. 사회공헌팀 담당자들을 만나보면, "예전에는 일종의 비인기 부서였던 사회공헌팀에 이제는 오고 싶어 하는 사람이 많아졌다"는 말을 쉽게 들을 수 있다. '특히 젊은 사원들의 관심이 높다'는 이야기도 뒤따른다.

사실 수 년 전만 해도 사회공헌팀은 인기부서가 아니었다. CSR 관련팀들은 단순히 기업의 이익을 사회에 환원하는 일을 하는, 주요부서에서 열심히 돈을 벌면 그냥 도와줄 곳을 찾는 팀이라는 인식이 대다수였다. 그러나 직원들이 CSR의 중요성을 인식하기 시작하고, 기업들이 전략 수립 단계에서부터 CSR이나 지속가능경영의 개념을 녹여내기 시작하면서 현재 젊은 층에게 CSR 관련부서는 '기업에 꼭 필요한 의미 있는 일을 하는 부서'로 변화되어 인식되기 시작했다. 직원들의 사기진작이나 생산성 향상을 위해서, 적어도 이들의 업무 의욕을 꺾지 않기 위해서라도 기업들이 CSR에 관심을 가질 수밖에 없는 때가 온 것이다.

국제사회의 변화

기업에게 보다 높은 사회적인 책임을 부과하려는 정부와 국제기구들의 움직임도 계속되고 있다. 웬만한 국가보다 영향력이 큰 기업들이 속속 등장하면서 보다 나은 사회를 건설하기 위해서는 기업들의 협조가 필수적이라는 인식이 생겼기 때문이다.

가장 좋은 예는 UNGC와 ISO이다. UN은 기업들과 함께 세계경제의 지속균형발전을 도모하기 위해 이미 2000년 7월 UNGC를 설립하였으며, 이 기구를 통하여 인권, 노동, 환경 그리고 반부패와 관련한 기업의 사회적 책임을 지원하고 있다. 또 그동안 품질경영시스템에 대한 국제규격인 ISO9001이나 환경경영에 대한 인증기준인 ISO14001 등 기업경영 전반에 관한 국제적 표준을 만들고 이를 인증해온 국제표준화기구(ISO)는 2010년 10월에 CSR에 대한 국제적 가이드라인이라고 할 수 있는 ISO26000을 제정함으로써 세계 각 기업들의 사회적 책임을 지원하고 있다.

각 정부들 역시 국가별로 기업의 사회적 책임을 강화하려는 노력을 계속하고 있다. 이런 노력은 유럽 국가들을 중심으로 이루어지고 있다. 영국과 프랑스에서는 CSR 부처에서 CSR의 인식 확산 및 기업의 참여를 주관하고 있고, 벨기에나 네덜란드 그리고 일본 등에서도 CSR을 담당하는 정부 부서를 두고 있다. 우리나라의 경우, 직접적으로 CSR을 전담하는 정부기구는 아직 없지만 대기업과 중소기업의 상생 강화를 목적으로 2010년 말 출범한 동반성장위원회나 중소기업의 CSR 지원정책을 추진하고 있는 중소기업청 그리고 기업의 반부패, 윤리경영을 주로 다루는 국민권익위원회 등 여러 단체들이 CSR의 확산과 실행을 지원하고 있다.

지금까지 앞에서 살펴본 CEO의 변화와 함께 "경영환경이 변화되어 기업이 CSR을 강화할 수밖에 없게 되었다"고 주장하는 5가지 근거들을 살펴보았다. 이들의 주장을 따르자면, CSR은 기업이 거부할 수 없는 흐름이다. 적어도 CSR을 하기 위해 기업들은 부단한 노력을 해야 하고, 따라서 우리나라의 기업들도 이미 많이 바뀌어 있어야 할 것이다. 적어도 욕을 먹는 기업이 예전보다는 많이 줄어들어 있어야 한다.

그러나 과연 그럴까?

3. 기업은 변하지 않았다

기업은 분명히 변해왔다. 앞에서 이야기 했듯이 CSR 부서를 만들고, 지속가능경영 보고서를 발간하고, 전략적 사회공헌 방법을 고민하는 기업들이 점차 늘어나고 있다. 적어도 우리는 지금 기업이 사회적 책임을 중요하게 생각하고 사회의 성실한 구성원이 되기 위해 노력하는 시대를 살고 있다. 수십 년 전만 하더라도 "사회 이해관계자들의 만족 또한 중요하다"고 이야기하는 CEO를 찾아보기 어려웠던 것처럼, 20년 전의 CSR과 비교했을 때 현재 기업들이 매우 발전된 모습을 보이고 있는 것은 분명하다.

하지만 현재 기업들의 행동은 사회의 기대를 만족시킬 만한 수준에서 한참 부족하다. 기업 내부로부터 CSR이 꾸준히 강조되고, 많은 국내기업들이 DJSI에 속해 있을 정도로 우리 CSR 수준이 올라온 것은 사실이지만 아직 "우리 사회의 기업들은 사회적 책임을 다 한다"고 말하기는 어렵다. 기업들의 CSR 수준이 사회의 요구 수준에 턱없이 미치지 못하기 때문이다.

우리 사회구성원들은 DJSI나 다른 외부 기관들의 평가와는 별개로 아직 우리 기업의 사회적 책임수준에 대해서 높은 점수를 주지 않고 있다. 그리고 이러한 낮은 평가는 아직도 종종 노출되고 있는 '사회적 책임을 다하지 않고 있는 기업들의 사례' 때문이기도 하다.

사회구성원들의 낮은 평가

국내기업들의 CSR 노력과는 별개로, 사회구성원들은 이에 대해 높은 평가를 내리지 않고 있다. 기업이 칭찬의 대상이라기보다 비판의 대상이라는 사실은 예나 지금이나 변함이 없다. 기업들이 각종 CSR 활동을 펼치고, 이와 관련하여 각종 언론매체를 통해 자신들이 '착하다'고 매일 이야기하고 있지만 그것을 받아들이는 사회구성원들은 아직 후한 점수를 주지 않는다.

국민들이 기업의 사회적 책임 이행수준에 대해 어떻게 생각하는지를 알 수 있는 지표 중 하나는 기업 호감지수이다. 기업 호감지수란 국민들이 기업에 대해 호의적으로 느끼는 정도를 지수로 표시한 수치를 의미한다. 대한상공회의소와 현대경제연구원에서 조사되고 있는데, 참고로 2011년 상반기의 기업 호감지수는 50.8점이었다.

물론 이 50.8이라는 점수는 2003년도의 28.2점에 비하면 매우 높아진 수치라고 할 수 있지만 우리가 눈여겨봐야 할 것은 설문응답자들이 CSR 관련 항목에 대해 평가한 부분이다. 기업 호감지수는 크게 5가지 요소, 즉 국제경쟁력, 생산성 향상, 국가경제 기여, 사회공헌 활동, 윤리경영 실천에 의해서 결정된다. 이 중 CSR과 관련된 사회공헌 활동과 윤리경영 실천부분은 각각 37.0점과 23.0점으로 평균인 50.8점을 크게 밑돌고 있다. 만점이 100점이라는 점을 감안하면, 거의 낙제점 수준이다. 즉 우리 사회구성원들은 기업의 윤리경영이나 사회공헌 활동과 같은 CSR 활동에 대해 절대로 후한 점수를 주고 있지 않다. "기업이 사회적 책임을 다하는 방향으로 조금씩 변화해 나가고 있다"는 것은 맞는 말일 수 있으나 아

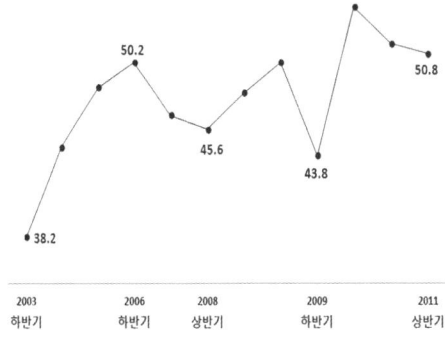

1-3 기업 호감도 변화추이 _REAL 출처:대한상공회의소

구분	점수
기업호감도	50.8
국제경쟁력	82.8
생산성향상	66.6
국가경제기여	50.9
사회공헌활동	37.0
윤리경영실천	23.0
전반적 호감도	49.6

1-4 2011 상반기 기업호감도 분야별 점수(출처:대한상공회의소)

직 사회구성원들은 기업의 변화가 전혀 충분하지 않다고 생각하고 있다.

이렇게 우리나라 국민들이 기업 CSR에 대해 낮게 평가를 하는 이유는 잊혀질 만하면 일어나는 기업들의 불미스러운 사건들 때문이다. 물론, 갑자기 모든 기업들이 예전의 과오를 뉘우치고 사회적 책임을 다하는 모습을 보일 수는 없으므로 이러한 몇몇 기업의 과오들은 아직 CSR의 중요성에 대해 잘 모르는 기업의 실수 정도로 치부될 수도 있다.

그러나 문제는 대외적으로 "우리는 착한 기업입니다" 하고 외치고 있는 기업들도 혹은 외부의 공신력 있는 기관으로부터 그렇게 평가를 받고 있는 기업들도 이러한 사건들로부터 자유롭지 못하다는 사실이다.

국내 CSR 우수기업들의 그늘

국내 CSR을 대표한다고 할 수 있는 기업들이라고 해서 사회로부터 칭찬만 받는 것은 아니다. 이들도 때때로 사회적 요구를 만족시키지 못하는 모습으로 많은 비판을 받고 있다. 해외 유수의 기관들로부터 높은 평가를 받아온 국내기업들의 실제 경영행보가 CSR 측면에서 매우 실망스러운 경우도 종종 포착된다. 특정 기업의 CSR 활동을 높게 평가하는 지표나 기관이 많아졌다고 해서 그 기업이 좋은 기업이라는 뜻은 아닐 수 있다.

가. 대형 유통업체의 SSM^{기업형 슈퍼마켓} 진출

이와 관련된 대표적인 사례 중 하나로 SSM의 사례를 들 수 있다. SSM 문제란 2009년부터 대형 유통업체들이 운영하는 슈퍼마켓(매장면적 300-1000평 규모)들이 본격적으로 골목상권에 진출하면서 지역 영세상인들이 운영하는 슈퍼마켓이나 재래시장 등의 생계를 위협하게 된 문제를 말한다. 대형 자본을 앞세운 SSM이 골목상권에 들어오게 되면, 영세상인들이 운영하는 업체들은 소비자들로부터 외면을 받을 수밖에 없다. 영세업자들을 대상으로 한 설문조사에 따르면[12], '자신의 상권에 SSM이 들어온다면 SSM에 맞서 1년도 버티기 힘들다'고 대답한 비율이 62%였다. 상황이 이렇다보니 자연스럽게 대형 유통기업들의 SSM 진출은 기존의 영세상인들의 반발에 부딪힐 수밖에 없다.

CSR의 측면에서 본다면, 대형 유통업체는 SSM 진출에 신중해야 한다. 해당 기업이 사회적 책임에 따라 지역경제를 생각하고, 이익의 극대화보다 사회의 이익을 함께 고민하는 기업이라면 더욱 그렇다. 그러나 안타깝게도 기업의 이익(매출 확대)과 직접적인 관련이 있는 이런 부분에서는 사회적 책임을 다하는 기업의 모습을 보기 어렵다. 아이러니하게도 SSM 사례의 중심에 있는 기업은 지속가능경영에서 높은 점수를 받고 있는 롯데쇼핑과 홈플러스다.

롯데쇼핑과 홈플러스는 모두 CSR에서 좋은 평가를 받아온 기업이다. 롯데쇼핑은 소매 부분의 DJSI 글로벌 슈퍼섹터리더이고(무려 전 세계 유통업체 중 1위), 홈플러스는 CEO가 한국 UNGC의 협회장으로 활동하고 있다. 홈플러스 지분의 94%를 가지고 있는 영국 기업인 테스코Tesco 역시 각종 지속가능경영지수에 포함되어온 CSR 우수기업이다. 이 기업은

2008년부터 DSJI에 편입되어 왔으며, DJSI와 함께 사회책임투자지수의 양대 산맥이라고 할 수 있는 FTSE4Good[13]에서는 2001년부터 편입된 기업이다. 테스코의 홈페이지에는 테스코가 운영되는 모든 지역사회를 후원한다는 "Actively Supporting Local Communities: We want to be a good neighbor in all the communities in which we operate."라는 문구가 적혀 있다[14]. 그러나 이 두 기업 모두 2011년의 CSR 화두 중 하나였던, SSM기업형 슈퍼마켓의 문제 때문에 '사회적 책임을 다하지 않는 기업'이라는 많은 비판을 받아야 했다.

골목상권 보호를 주장하는 시민단체들은 SSM 문제에 대해 지속적으로 비판해 왔고 정부도 이에 대응해왔다. SSM들이 점점 많아지고, 지역경제 황폐화에 대한 비판의 목소리가 높아지자 기업형 슈퍼마켓에 허가제를 도입해 진입을 규제해야 한다'는 여론이 조성되었고 결국 2009년, SSM 업계에 사업조정제도가 도입되었다. 사업조정제도란 SSM의 사업 진출에 대해 중소상인들이 사업조정을 신청하면, 시도지사는 해당 대기업의 사업범위 축소를 권고할 수 있게 하는 제도이다. 그러나 이 권고는 말 그대로 권고일 뿐 법적 강제력이 없다. 사회에서는 SSM의 확장을 경계하는 목소리가 높아지고 있지만, 결국 사업진출에 대한 최종선택은 대기업이 하게 되어 있는 셈이다. (이후 정부에서는 대형마트와 SSM에 대한 영업제한 규제를 만드는 등 보다 강도 높은 대응을 하였는데, 이 문제는 이 책의 후반부에서 다시 다루기로 한다.)

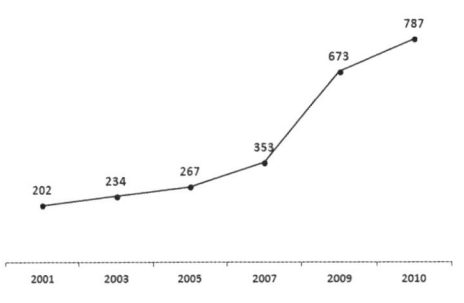

1-5 SSM 점포수 추이(출처: 지식경제부)

이러한 상황에서, 늘 사회적 책임을 고민한다는 CSR 우수기업이라면 사회적으로 시끄러운 SSM 확장 문제에 대해 보다 신중하게 접근했어야 할 것이다. 물론 SSM 확장 자체가 나쁜 것이라고 할 수는 없고, 이익 증대를 최고의 목표로 삼고 있는 기업으로서는 당연한 선택일 수 있다. 소비자로서도 가격이 저렴하고 경쟁력 있는 유통체인이 동네에 들어오는 게 나쁜 일은 아니다. 오히려 일반 소비자들에게는 환영할 만한 일일 수도 있다.

그러나 이 SSM이 점포를 늘려가는 과정에서 CSR을 잘 하고 있다고 평가받는 두 기업이 보여준 행보는 안타깝게도 사회의 기대와는 다른 방향이었다. 사업조정제도가 처음 도입되었을 때, 이들은 '이미 문을 연 SSM 사업장은 그 대상에 포함되지 않는다'라는 조항을 활용하여 주변 상인들의 눈을 피해 새벽에 개점하는 치밀한 모습을 보였다. 지역 상인들의 반발에 부딪혀 차질이 생기자 이들과의 마찰을 피할 수 있는 새벽에 개점을 했던 것이다. 지금은 개점 후에도 90일간 사업조정을 신청할 수 있게끔 제도가 개정되었지만, 주변 상인들의 눈을 피해 기습 개점을 하는 모습은 계속 이어졌으며, 이 기업들이 지역 상인들의 반대에도 아랑곳하지 않고 개점을 밀어붙이는 모습은 사회적으로 많은 논란을 불러일으켰다.

나. 초과이익공유제와 상생경영

SSM 규제와 함께 근래에 화제가 되었던 CSR 관련이슈는 초과이익공유제이다. 초과이익공유제는 대기업이 해마다 설정한 목표를 초과하는 이익이 발생하였을 때 협력 중소기업에게 초과이윤의 일부를 나누어 주는 제도를 말한다. 정부가 강제로 이익을 분배하는 것은 아니고 공유의 범위는 대기업이 자율적으로 결정하되 공유 노력의 결과를 동반성장지

수 평가에 반영해 세제혜택이나 공공기관 발주우선권 등을 주겠다는 제도이다. 이 제도의 도입에 대해서는 아직 뚜렷한 결론이 내려진 것도 없고, 필자 역시 이 제도에 대해서 평가할 생각도 없다. 다만 중요한 것은 이 제도의 도입 과정에서 대기업이 CSR 차원에서 자발적으로 추진 중인 상생경영의 한계가 조금씩 드러났다는 것이다. 사회적 기대에 미치지 못하는 착한 기업의 모습은 여기서도 확인할 수 있다.

기업의 상생경영 노력 사실 그동안 대기업들은 협력업체들과 함께 성장하겠다며 상생경영을 강조해왔다. 국내 최대 기업인 삼성전자의 경우, 1993년 이건희 회장이 신경영선언을 하면서 "삼성전자 '업業'의 개념은 양산조립업으로 협력업체를 키우지 않으면 모체가 살아남기 어렵다"면서 상생경영에 많은 지원을 해왔다. 현재 원자재 가격 변동분을 부품단가에 적기 반영, 2차 협력업체 지원, 공동 기술개발 지원센터 운영 등을 축으로 하는 동반성장 7대 프로그램을 중심으로 다양한 활동을 전개해 오고 있다. 게다가 2010년에는 상생협력센터를 CEO 직속 조직으로 두고 1조 원 규모의 협력사 펀드를 조성하는 등 상생협력에 대한 의지를 공고히 해오고 있다.15) 삼성전자가 DJSI에서 선정하는 전기전자 분야의 글로벌 슈퍼섹터 리더임을 다시 한 번 상기해볼 필요가 있다.

자동차 산업의 대표기업으로 수많은 협력업체를 보유한 현대자동차도 마찬가지다. 현대자동차는 포스코, 기아자동차와 함께 2009년 공정거래위원회의 하도급 공정거래 협약 이행평가에서 최고등급인 '최우수' 등급(132개사 중 3개사만 최우수 등급으로 지정되었다)으로 지정된 바 있다. 그리고 납품대금 100% 현금결제, 1,000억 원 규모의 운영자금 지원 등의 상생경영 노력을 하고 있다.

국내 대표기업들의 이런 행보를 볼 때, 국내 대기업들은 나름대로 상생경영의 노력을 하고 있는 것처럼 보인다.

상생경영 외침과 그늘 초과이익공유제가 논의되는 과정에서 몇몇 대기업들의 반 상생경영 사례들이 이슈가 되었다. 동반성장위원회에서 초과이익공유제를 도입하는 과정에서 그동안 '아는 사람만 알고 있던' 대기업과 하청업체 사이의 불공정한 관행들이 수면 위로 드러났다. 납품가 낮추기, 구두로 발주한 후 납품 직전에 취소하기, 중소기업 기술 가로채기 등등 그동안 대놓고 논의되지 못했던 이야기들이 공론화 되었던 것이다.

물론 이러한 행위는 대기업들의 정당한 원가절감 노력이라고 할 수도 있다. 이익을 극대화해야 하는 기업의 입장에서 '이익을 공유한다'는 개념의 도입에 반대하는 것은 어떻게 보면 당연한 일일 수 있다. 그러나 대기업들이 이익공유제 논의에 임하는 자세는 CSR 우수기업답지 않다는 사회적 비판을 불러일으켰다. 초과이익공유제에 대한 논의는 생산적인 논의를 제대로 해보지 못하고 서로의 신경전만 몇 번 하다가 대기업 측 회원사들의 보이콧으로 계속 전개가 지연되었다.(결국 본래의 취지에 비해 매우 약해진 협력 이익배분제라는 이름의 제도가 생겨났다.)

상생경영을 외치면서 중소기업들과 함께 성장해 나갈 것이라고 언론, 홈페이지, 지속가능경영 보고서를 통해 자랑하던 기업들이 막상 초과이익공유제 실시를 검토한다고 하자 비협조적인 자세를 보인 것이다. 주주만이 아닌 사회와 함께 발전을 이야기하던 대기업들이 막상 그와 관련된 제도가 만들어질 기미가 보이자 반대하기 시작한 사례이다.

이는 '착한 표정을 짓던 기업들이 막상 이익을 앞에 두고서는 사회의 기대에 부응하지 않는 모습'을 그대로 보여준다. 그동안 국내 대기업들의 사회적 책임경영에 대한 노력을 지켜봐 왔고, 협력업체들과의 상생경영에도 힘쓰는 모습을 지켜봤던 사람들에게는 초과이익공유제 과정에서 대기업이 보여준 모습은 아쉬울 수밖에 없다. 이들의 모습은 분명 그동안 지속가능 경영보고서나 DJSI에서 볼 수 있던 착한 기업, CSR을 잘 하는 기업의 모습이라고 보기 어렵다. 실제 협력사들과의 상생경영에 많은 노력을 한다는 삼성전자나 현대자동차와 같은 기업이 정말로 사회적 책임을 다하려고 하는 기업이었다면, 이 논의에 있어 조금 더 세련되게 대응할 수 있었을 것이다.

다. 통신회사들의 사례

우리나라의 통신회사들은 DJSI나 국내 사회공헌평가기관들로부터 CSR과 관련하여 높은 평가를 받아왔지만 사회구성원들로부터는 적지 않은 비판을 받아왔다. SKT와 KT는 모두 사회적 책임 분야에서 높은 평가를 받고 있는 기업들이다. KT는 DJSI 글로벌슈퍼섹터리더이며(전 세계의 유무선 통신기업 중 1위), SKT는 우리나라에서 가장 사회공헌을 많이 하는 기업 중 하나이자 DJSI 월드에서 무선분야 1위를 차지한 기업이다. 이 두 기업은 각종 사회공헌이나 CSR 관련 우수기업을 선정할 때마다 어김없이 선정되는 기업이기도 하다.

그러나 이 두 통신기업은 우리 사회에서 많은 비판을 받기도 하는 기업들이다. 예전에 '노래 한 곡 다운받는 데 몇 만 원' 과 같은 기사를 양산해 냈던 무선인터넷요금 문제부터 시작해서, 요즘의 단말기 할부가격 문제에 이르기까지 통신기업들의 제품이나 서비스운영 방식은 사회로부터 많은 비판을 받아왔다. 오랜만에 통신기업들에 대한 긍정적인 기사가 나오더라도 이 두 통신사에 대한 기사들 밑에는 유독 악성댓글이 많이 달렸는데, 이러한 악성댓글은 이 두 기업의 CSR이 외부로부터 받는 높은 평가를 떠나 일반 사회구성원들로부터는 좋지 않은 평가를 받고 있다는 것을 의미한다.

물론, 이러한 사회의 반감은 어느 정도 통신산업의 사업모델에 기인한다. 통신서비스는 전 국민을 대상으로 하는 서비스이다. 고객의 입장에서 통신비는 세금처럼 나가는 돈으로 여겨지는 만큼, 통신기업들의 평가는 늘 평가절하 될 수밖에 없다. 그럼에도 불구하고 기업의 입장에서는 요금 수준이나 요금제의 유형이 기업의 매출 및 이익과 직결되기 때문에 정부와 NGO에서 주기적으로 요금 인하를 요구하더라도 기존의 요금을 인하하기는 쉽지 않다. 사실 다른 어떤 기업이 들어온다고 하더라도 사회의 비판으로부터 자유로울 수 없는 사업구조이다.

하지만 이런 부분을 감안한다 하더라도, 두 기업들에게 쏟아지는 비판 수위는 높은 편이다. 그동안 사회적 책임과는 거리가 먼 행보를 가끔씩 보여 왔기 때문이다.

KT: 2G서비스 종료 KT가 근래 들어 미흡한 사회적 책임 행보를 보인 부분으로는 2G 서비스 강제종료 사례를 들 수 있다. 이 사례는 KT가 고객들에게 2G 서비스 탈퇴를 요청하는 과정에서 정당하지 않는 수법을 동원해 사회로부터 비판을 받았던 사례이다.

먼저 2G 서비스 강제종료 사례가 왜 생겨났는지부터 알아보자. 2011년, KT는 4G로 불리는 LTE 서비스를 출시하기 위해 기존의 2G망을 4G망으로 바꿀 계획을 세우고 있었다. 이를 위해서는 기존 2G 고객들을 최대한 3G 서비스로 옮겨가도록 해야 했다. 2G망을 4G망 용도로 사용하기 위해서는 방송통신위원회(방통위)의 승인이 필요한데, 방통위는 KT가 2G 이용자수를 전체 고객의 1% 이하(약 15만 명)로 낮추면 폐지 승인을 검토하겠다고 밝혔기 때문이다. 만약 2G 이용자들이 계속 2G에 남아 있게 되면 KT로서는 LTE 서비스의 출시가 늦어질 수밖에 없는 상황이었다.

그러나 고객들에게 다른 서비스로 옮겨가도록 권유하는 것은 당연히 쉽지 않았다. 3G가 출시된 지 수 년이 지났음에도 불구하고 2G를 고집하던 고객들이 갑자기 다른 서비스를 선택할 리는 없었다. 시간을 두고 자연스러운 고객의 이동이 이루어졌다면 가장 좋은 경우였겠지만 경쟁사인 SK텔레콤과 LGU+가 LTE 서비스를 출시한 상황에서 더 이상 2G 가입자들 때문에 서비스 출시를 지연시킬 수는 없었다.

결국 KT는 2G 이용자들의 3G 전환을 적극적으로 유도하기 시작했는데, 이 과정에서 몇 가지 잡음이 생겼다. 2G 사용자의 집 전화를 고의로 끊어 가입자가 수리를 요청하면 직원이 방문해 다짜고짜 3G로 옮겨가도록 강권했다는 인터뷰가 언론에 실리는가 하면16), 고객의 2G 전화기가 갑자기 강제 해지가 되거나 고객들에게 2G 서비스 종료에 대한 허위 사실을 담은 안내문이 발송되기도 했다. 물론 KT는 '어떤 형태로든 2G를 3G로 전환하도록 하는 불법적인 활동을 지시한 적이 없다'는 입장이지만, 일련의 잡음은 적어도 DJSI 글로벌슈퍼섹터 리더로 선정된 기업의 모습은 아니었다.

SKT : 컴즈의 고객정보 유출 SKT의 경우에는 SK 컴즈에서 있었던 고객정보 유출사례를 들 수 있다. 고객정보의 보호는 통신기업들이 지켜야 할 사회적 책임 중 하나다. 그러나 지난 수 년 동안 대부분의 통신사업자들은 종종 고객정보 유출 논란에 휩싸였다.

대표적인 사례는 SKT의 자회사인 SK 컴즈의 고객정보 유출사건이다. 2011년, SK 컴즈에서 네이트온과 싸이월드의 회원 3,500만여 명의 고객정보가 해킹으로 인해 유출되는 사건이 일어났던 것이다. SK 컴즈는 이 사건을 수사하는 과정에서 금융감독원에 신고한 보안투자비를 이행하지 않았다는 논란에 휘말리는17) 등 사회적 비판에 시달려야 했다. 기업의 부주의로 개인들에게 개인정보 유출이라는 손해를 입힌 이 사건은 사회적 비난에 직면할 수밖에 없었다. SKT는 사회공헌 규모나 DJSI에서의 명성에 걸맞지 않게, 사회적 책임을 게을리 한 셈이다. 그렇지 않아도 점점 늘어가는 텔레마케팅으로 고객들의 불만이 높아지고 있는 상황에서 개인정보 유출사고는 기업의 명성에 부정적으로 작용했다.

SKT는 이러한 고객정보 유출사고 직후, CEO가 직접 정보보안을 강화하도록 지시하고, 전사적인 개인정보보호 강화 캠페인을 벌이는 등 사회적 책임을 다하기 위한 노력을 강화하고 있다. 하지만 통신사업자의 지속가능성을 평가하는데 있어 개인정보 보호여부를 비중 있게 평가하는 DJSI에서 2년 연속 DJSI 월드지수에 포함될 정도의 CSR 우수기업이자 무선통신부분에서는 1위에 오를 정도의 기업이라면 늦은 감이 있다.

아이러니컬하게도 두 통신업계의 리더들은 꾸준히 DJSI와 같은 CSR 평가 측면에서는 높은 점수를 받아왔지만, 간혹 CSR 리더답지 않은 모습을 보여 온 탓에 인터넷에서 많은 비판을 받았던 것이다. 기업이 DJSI에 가입하고 외부로부터 높은 평가를 받았다고 해서 정말로 사회가 요구하는 착한 기업이 된 것은 아니라는 사실을 보여주는 사례라고 할 수 있다.

해외 기업들 역시 마찬가지

기업들이 아직 사회의 기대만큼 착해지지 않았음을 증명하는 사례들은 해외에도 많다. 만약 기업들이 지속가능 보고서를 내고, 윤리경영 헌장을 만드는 것을 보고 "이것 봐! 기업이 착해지고 있어!"라고 말할 수 있으려면, 사고를 치는 기업들은 지속가능 보고서를 낸 적도 없고, 윤리경영은 뒷전인 기업들이어야 한다. 그렇지만 현실에서는 이러한 대형 사고들이 CSR 우수기업들을 피해가지는 않는다. 실제 2000년대에 들어

CSR의 측면에서 세계적으로 큰 사고를 친 기업들은 애석하게도 모두 CSR 우수기업으로 자주 거론되던 기업들이었다.

가. BP British Petroleum의 원유 유출사건

2000년대 들어 기업이 일으킨 최대의 환경재앙을 꼽으면 단연 BP의 멕시코만 '원유유출사건' 이다. 2010년에 발생한 이 사례는 왜 착한 기업들이 많아졌다고 하지만 착한 기업으로 알려진 기업들마저 정말로 착해진 것인지 알 수 없다는 사실을 일깨워 준다. BP의 멕시코만 원유유출사건이란 미국 루이지애나주 멕시코만에서 영국의 석유회사인 BP의 원유 시추시설인 딥워터 호라이즌호가 갑작스럽게 폭발해 11명이 사망하고, 장장 5개월 동안 490만 배럴에 달하는 원유를 바다로 유출시킨 사건이다. 시추시설이 침몰하고, 시추시설과 유정을 연결하는 해저 파이프에 구멍이 생기면서 하루 최대 6만 배럴의 석유가 유출되었다. 2007년 태안 원유유출사고 당시 유출된 원유가 약 8만 배럴이었던 것을 감안하면 BP가 얼마나 심각한 사고를 저질렀는지 가늠해 볼 수 있다.

이 사건은 명백한 BP의 잘못이었다. 폭발사고가 태풍과 같은 불가항력에 따른 것이었다면, "BP도 어쩔 수 없었던 피해자다" 라는 논리가 성립될 수 있다. 그러나 사고의 원인을 조사하는 과정에서 BP의 부실했던 안전장치들이 밝혀지면서 BP가 사회적

1-6 BP 원유유출사고

책임을 다하지 못했다는 사실이 드러났고, 결국 BP는 이 사고의 주범으로 미국을 비롯한 전 세계로부터 많은 비판을 들어야 했다.

따라서 BP는 금전적, 비금전적인 피해를 모두 감수해야만 했다. 최저 200억 달러의 배상금이 책정되었고, 이를 마련하기 위해 (이 사건이 일어나지 않았다면) 주주에게 돌아가야 할 배당금 및 순이익을 대폭 줄이면서 BP의 주가는 사고 이후 6개월 동안 35%가 하락했다. 또한 어업과 수산식품등 관련산업업체들로부터 무려 150여 건의 소송이 제기되었고, 이 소송을 통해 BP가 책임져야 할 금액은 최대 600억 달러에 이르는 것으로 전망되기도 했다. 이 사건으로 브랜드 가치 역시 떨어져, BP는 사건 직후 많은 사람들로부터 '사회적 책임을 다하지 못한 나쁜 기업'이라는 오명과 함께, 'Beyond Pollution'이라는 조롱을 받고 있다.

그러나 우리가 주목해야 할 점은 그동안 BP가 쌓아온 CSR 분야에서의 명성이다. BP는 그동안 기업명을 '석유를 넘어서'라는 의미의 'Beyond Petroleum'(원래 British Petroleum)으로 커뮤니케이션 할 정도로 친환경 에너지를 개발하는 데 앞장서 왔다. 또한 〈포춘〉지가 매년 선정하던 가장 책임감이 강한 기업the most accountable company 순위에서 2006년 2위, 2007년 1위를 차지하는 등 늘 상위권에 오르내린 기업이었다. 당연히 DJSI 월드지수에 가입되어 있던 CSR 우수기업이기도 했다.

그러나 멕시코만 원유유출사건으로 BP는 환경을 위한 기본적인 안전장치도 제대로 구축하지 않은 기업이자, 사회적 책임을 논하는 데 '말만 앞세운' 기업이었다는 사실이 드러났다. 심지어 BP가 책임감 있는

1-7 Beyond Petroleum

기업으로 찬사를 받고 있던 동안에도, 2005년 텍사스주 정유공장 폭발 사고나 2006년 알래스카의 푸르드호만 원유유출사고 등 크고 작은 사건들을 저질러왔었다는 사실도 다시 부각되었다. 그동안 환경보호를 소홀히 했던 기업이 사회적 책임을 다하는 기업이자 친환경적인 기업으로 인식되어 왔던 것이다.

BP의 이러한 과거 경력과 멕시코만 원유유출 사례는 사회적 책임을 다한다고 평가받는 기업이라고 해서 반드시 착해진 것은 아니라는 사실을 알려준다.

나. 엔론의 부정회계 사건

엔론의 회계부정사건 역시 CSR을 이야기할 때 자주 언급되는 사례 중 하나이다. 엔론의 회계부정사건이란, 〈포춘〉지로부터 2001년 말 미국 7위의 기업으로 선정되었던 엔론이 '분식회계'가 드러나면서 한 순간에 파산해버린 사건이다. 과거 15년 사이에 무려 1,700%의 고성장을 해온, 세계에서 가장 선도적인 전기, 천연가스, 펄프 및 제지, 통신사업 회사 가운데 하나였던 엔론은 2001년 6억 달러 규모의 분식회계 사건으로 인해 당시 최대 규모였던 (역시 분식회계로 파산한 월드컴이 다음해에 1,039억으로 기록을 갱신하였다) 634억 달러의 부채를 남기고 파산했다. 분식회계를 위해 회사 임직원과 회계법인, 은행 관계자들이 매우 조직적이고 체계적으로 공모했다는 사실이 드러나면서, 엔론의 회계감사를 맡고 있던 아더엔더슨 역시 시장에서 사라졌고, 엔론의 CEO였던 제프리 스킬링은 24년 4개월의 징역형을 선고받았다.

보통 CSR 서적에서는 기업 재무투명성의 중요성을 강조하기 위해 엔론의 사례가 사용된다. 그리고 엔론처럼 되지 않기 위해서, 기업은 투명성을 제고하기 위해 직원들을 대상으로 윤리경영 교육시간을 확대하거나 기업 고유의 윤리헌장을 만드는 노력을 해야 한다고 주장한다.

그러나 이것은 잘못된 논리이다. 이 회사가 회계부정의 유혹을 이기지 못한 것은, 윤리헌장이 없어서거나 평상시 CSR을 등한시 해서가 아니다. 엔론이 그 어느 기업보다 훌륭한 조직 강령

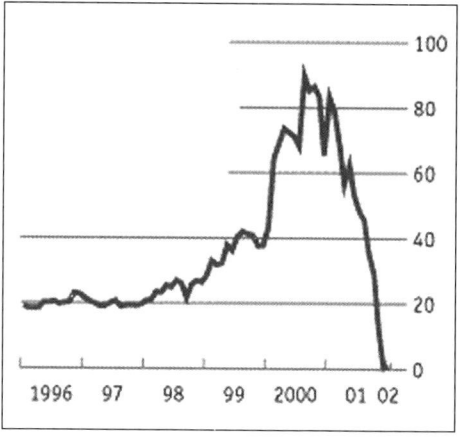

1-8 엔론의 주가 추이
(출처: Thomson Financial Datastream)

(Mission Statement)을 가지고 있었다는 사실에 주목할 필요가 있다.

엔론의 과거 CSR 노력을 살펴보자. 엔론의 2000년 CSR 보고서를 보면, 보고서의 초반부에 CEO가 직접 투명성을 위해 외부 이해당사자 stakeholder와의 교류를 늘리겠다는 메시지를 전달하고 있다. 그리고 2000년 10월 임원진과 관계사 대표들로 이루어진 CSR 위원회가 만들어졌다는 내용도 실려 있다.18) 엔론의 윤리강령 Code of Ethics 역시 참고해 볼 만 하다. 62쪽에 이르는 이 자료에는 회사와 고객, 주주, 정부, 직원, 공급자, 언론 등을 대할 때 언제나 정직 honesty하고 솔직 candor하게, 공정 fairness하게 대할 것을 언급하고 있다.19)

즉 엔론도 BP처럼 CSR을 등한시 하던 기업이 사고를 친 것이 아니라 나름대로 CSR을 실행한다고 평가받던 기업이다. 지속가능경영 보고서도 내고, CEO가 CSR이 중요하다고 이야기하던 기업이 사회적 물의를 일으킨 경우다. 우리가 CSR 우수기업이라고 해서 '착한 기업'이라고 무작정 지지해서는 안 되는 이유다.

4. 기업들은 알아서 착해질까?

앞에서 살펴보았던 '기업이 CSR을 해야 하는 5가지 이유들'을 요약하면 다음과 같다.

'고객들은 점점 공정무역Fair Trade이나 사회공헌을 많이 하는 기업의 제품을 사겠다고 생각하고 있고, SRI는 점점 커져서 이제 사회적 책임을 등한시 했다가는 투자도 못 받는 기업이 속출할 것이다. CEO들은 하루가 멀다 하고 언론에 나와 자사의 CSR 프로그램에 대해 설명하고 국제시민사회는 ISO26000 때문에 당장 사회적 책임을 다하지 않는 기업은 수출길이 막힐 것처럼 이야기하며, 근로자들도 기왕이면 착한 일을 하는 기업에서 일하고 싶어 한다. … 따라서 기업은 사회적 책임을 다하지 않을 수 없다.'

그러나 우리는 이와 함께 기업들의 CSR 수준이 아직 사회적 기준을 만족시키지는 못하고 있다는 사실 또한 살펴보았다. CSR을 강조하는 시대로 접어들면서 기업들도 점점 착한 기업이 되기 위해 노력하고 있지만, 사회구성원들은 아직 만족하지 못하고 있다. 기업이 요구받는 '사회적 책임'의 수준이 결국 사회구성원들로부터 나오는 것임을 감안할 때, 사회의 기대를 충족시키지 못하는 기업들을 '착한 기업'이라고 부르기는 어려울 것이다.

그렇다면 기업들은 계속 착해지고 있는 중일까? 가만히 더 기다리기만 하면 기업은 지금보다 나아질까? 아니면 기업의 변화를 이끌어 내기 위해서는 새로운 발전 동력이 필요할까? 사회적 기준에 여전히 미흡한 CSR 우수기업들의 사회적 책임활동을 보면서 생기는 고민은 바로 이런 것들이다.

고객, 투자자, CEO, 직원들이 모두 CSR에 대해 우호적으로 변화하고 있으므로 계속 기다리면 사회적 요구수준을 만족시키는 기업들이 속속 등장할 것이라는 견해도 있을 수 있고, 반대로 기존의 근거들의 한계는 여기까지이므로 이젠 새로운 동력이 필요한 시대라고 말할 수도 있다.

이런 질문에 대한 답을 찾는 것이 이 책의 1차 목표이다. 이 책에서는 먼저, 그동안 주장되어왔던 '기업이 CSR을 할 수밖에 없는 5가지 이유들'에 대해 냉정하게 분석해보고자 한다. 그리고 만약 이 근거들이 더 이상 기업을 변화시키기 힘든 것으로 판명된다면, 향후 기업의 변화를 이끌어낼 새로운 근거나 동력은 어디에서 찾아야 할지에 대해 알아보고자 한다.

II

과대평가된 5가지 낙관적 근거

CSR은 계속 진화하는 중일까? 아니면 새로운 발전 동력이 필요한 단계일까? 우리가 1부에서 살펴본 5가지 근거들은 앞으로도 계속 기업들을 움직일 수 있을까? 이 질문에 답하기 위해 그동안 기업들에게 제시되었던 이 근거들이 정말 의미 있는 것인지 검증해보자.

결론부터 말하자면, 현재 논의되고 있는 5가지 경영환경의 변화들은 대부분 크게 과대평가 되어 있다. 기업을 움직이기에는 턱없이 부족한 근거들인 것이다.

1. 소비자는 정말 변화했는가?

소비자의 변화부터 살펴보자. 소비자들은 정말 변화했을까? 여기서 이야기하는 소비자들의 변화란, 제품을 구매할 때 예전처럼 디자인이나 가격, 성능만을 보는 것이 아니라 '사회적 책임을 다한 기업의 제품' 여부도 중요하게 보는 소비자들의 증가를 의미한다. 얼핏 보면 CSR을 바라보는 소비자들의 인식이 많이 변한 것 같지만 기업을 변화시키는 수준에는 한참 부족하다.

과장된 설문조사 결과들

소비자들이 바뀌고 있으므로 기업 또한 변할 수밖에 없다는 주장의 주요 근거는 윤리적 소비와 관련된 설문조사 결과들이다. 소비자들의 변화를 암시하는 설문조사의 결과는 분명히 존재한다. 예를 들면 다음과 같은 것들이다.

- '사회공헌활동 우수기업의 제품이 비싸더라도 구입할 의사가 있다.'
  - (78%)[20]
- '기업의 잘못된 행동을 발견했을 때, 다른 회사 제품이나 서비스로 바꾸는 것을 고려하겠다.' - (90%)[21]
- '사회적 책임을 잘하는 기업의 제품에 대한 구매할 의향이 있다.'
  - (55%)[22]

놀라운 수치들이다. 만약 소비자들이 정말로 이렇게 바뀌었다면, 대부분의 기업들은 매출의 격감을 막고, 고객들의 마음을 사로잡기 위해 사회적 책임 활동에 대한 투자를 늘릴 것이다. 그러나 냉정히 판단해보면 이러한 설문조사 결과들은 매우 과대포장되어 있을 가능성이 높다는 것을 알 수 있다. 이런 설문조사의 결과만 믿고 기업이 변화하기를 기다리는 것은 매우 순진한 판단이다.

과대포장 된 세 가지 근거들

설문조사 결과를 그대로 믿기 어려운 첫 번째 근거는, 조사결과와 실제 소비행동 사이의 연결고리가 매우 약하다는 것이다. '사회적 책임을 다하는 기업의 제품을 구매하는 것'은 보통 사람들이 보기에 '좋은 일' 임이 분명하다. 따라서 응답자들이 이런 질문지에 답할 때, 자신의 실제 마음보다 더 과하게 '좋은 일'이 중요하다는 답변을 했을 수 있다. 어차피 설문결과를 응답자가 책임을 지는 것은 아니기 때문이다. 따라서 소비자들의 이러한 응답 성향이 실질적인 소비행동으로 이어질지는 미지수이다. 실제 75%의 소비자가 사회 및 환경기준에 의거해 제품을 구매할 의향을 밝혔으나 실제로 언행이 일치한 사람들은 3%에 불과했다[23] 는 조사결과도 존재한다.

두 번째 근거는, 이러한 소비자의 변화가 기업의 매출에 영향을 끼칠 만한 시장이 매우 적다는 사실이다. 위의 모든 질문들은 소비자가 선택할 수 있는 제품들이 CSR을 제외한 부분에서는 모두 '동일한 상품성'을 가지고 있다는 것을 전제로 한다. 그러나 기업의 CSR 여부가 소비자 선택에 영향을 끼칠 만큼 비슷한 제품끼리 경쟁하는 시장은 거의 없다. 이미 각 기업들이 가격, 기능, 디자인과 같은 분야에서 치열한 경쟁을 벌이며 제품차별화를 위해 애쓰고 있기 때문이다. CSR의 차이가 제품의 가격이나 디자인의 차이를 얼마만큼 뒤집을 수 있을지는 알 수 없다. 따라서 가격이나 기능을 포기하고서라도 CSR을 중시하는 기업의 제품을 사겠다는 소수의 소비자들을 제외하면, 기업의 CSR 여부가 실제 소비자들의 선택에 끼치는 영향은 매우 작다고 봐야 한다.

마지막으로 우리가 봐야 할 것은 기업의 '기회비용'이다. CSR을 하려면 돈이 든다. 기부를 하든, 인력을 CSR 부분에 배치하든, 모든 CSR 행동은 자원의 투입이 필요하다. 따라서 이 설문조사 결과가 기업의 변화로까지 이어지려면, CSR에 자금을 투입하는 것이 동일한 자금을 디자인이나 품질에 투입하는 것보다 더 이익이라는 판단이 설 정도가 되어야 한다. 어떤 기업은 CSR에 대한 투자를 하지 않는 대신 제품에 투자함으로써 충분히 시장에서 성장해 나갈 생각을 할 수도 있기 때문이다.

따라서 위의 설문조사만으로는 이런 문제를 설명할 수 없다. 만약 위의 설문조사 문항을 CSR이 아닌 디자인이나 품질로 바꿔, '값이 비싸더라도 디자인이 우수한 제품을 구입할 것인가?' 라고 물어봤다면, 어떤 결과가 나왔을까? 아마 77%보다 더 많은 소비자들이 긍정적으로 대답할지도 모른다. 기회비용을 고려한다면 이런 질문들은 의미가 없다.

기회비용을 설명하기에 가장 대표적인 사례는 애플이다. 애플은 많은 애플 마니아들을 양산하고 가장 혁신적인 제품들로 손꼽히는 아이팟, 아이폰, 아이패드 등을 출시해온 IT 기업이다. 애플은 CSR을 제대로 하지 않는 기업으로 유명하다. 애플은 2011년, 중국 환경관련단체들이 29개의 다국적 첨단기술기업을 대상으로 실시한 환경평가에서 최하위를 기록했고[24], 위탁 제조업체인 팍스콘에서는 장기간 근무 등으로 인한 노동착취 환경을 이기지 못한 노동자들이 잇달아 자살하는 사건이 일어나기도 했다. 심지어 1997년, 스티브 잡스는 애플을 장악하자마자 1주일도 되지 않아 사회공헌 및 기부 프로그램을 모두 없애기도 했다.[25]

소비자의 변화를 주장하는 이들의 주장대로라면 애플의 명성은 떨어져야 하고 고객들은 나쁜 기업인 애플에 대해 불매운동을 벌여야 한다. 그러나 자발적 CSR을 지지하는 입장에서 보면 안타까운 일이겠지만, 애플은 CSR과 관련된 비판을 감수하면서도 시장에서 보란 듯이 성공을 거두어왔다. CSR을 하지 않음으로써 생기는 위험요소들을 자신의 제품과 서비스로 모두 불식시켜 버렸다. 아이팟에서 아이패드로 이어지는 애플과 스티브 잡스의 성공담은 누구나 알 것이다. 심지어 애플의 제품 자체가 산업 공존 생태계를 만들어내며 사회공동가치를 공유하는 사회공헌이라고 이야기하는 이들까지 있었다.26) 이러한 사례는 기업이 다른 방법으로도 충분히 CSR과 관련된 소비자들의 변화를 이겨낼 수 있다는 사실을 입증한다.

과장된 불매운동의 영향력

소비자의 변화를 이야기할 때 제시되는 두 번째 근거는 소비자들의 불매운동 사례들이다. 특히 거의 모든 CSR 서적에서 언급되는 나이키의 사례는 눈여겨 볼만하다. 노동착취 공장이라는 의미의 스웨트샵Sweat shop으로 대변되는 나이키 불매운동은, 1996년 미국 잡지 〈라이프〉지에 12살 어린이가 나이키 로고가 새겨져 있는 축구화를 꿰매고 있는 사진이 실리면서 시작되었다. 나이키는 이를 협력업체들의 문제라고 항변했지만 소비자들은 불매운동으로 나이키에게 책임을 물었고, 전 세계적으로 나이키 제품을 생산하는 시설에서 이와 같은 아동착취가 벌어지고 있다는 사실이 추가로 알려지면서 불매 운동은 더욱 불타올랐다.

이 사례에 따르면 이 불매운동은 나이키에게 큰 악영향을 끼쳤다고 할 수 있다. 나이키의 주가는 불매운동 이후 폭락했고, 실적은 악화되어 손실을 기록하기도 했다고 한다. 몇몇 자료에서는 하락한 주가의 수준 및 영업 이익의 하락까지 구체적인 숫자(37%)를 들며

2-1 〈라이프〉지에 실린 나이키 사진

이야기 한다.

소비자의 변화가 기업을 변화시킬 것이라고 주장하는 사람들은, '이런 전철을 밟지 않으려면 기업들이 CSR에 신경을 써야 한다'고 주장한다. 잘 나가던 회사가 갑자기 주가의 37%가 하락하고 적자를 기록하다니, 만약 이런 주장이 사실이라면, 기업들이 진정성 있는 CSR을 하지 않을 수 없는 일이다.

과장된 악영향

나이키가 받은 악영향부터 분석해보자. 물론 당연히 악영향은 있었을 것이다. 다만 주가 폭락 및 영업이익 폭락에 대한 주장은 과장된 측면이 크다. 주가는 분명 하락했지만, '갑작스럽게 하락한' 폭락은 아니었다. CSR 자료에서 인용되는 나이키 사례를 보면 〈라이프〉지에 사진이 나온 뒤 곧장 주가하락이 시작되는 것처럼 느껴지는데, 이는 사실이 아니다. 〈라이프〉지가 발간된 1996년 6월부터 10월 25일까지의 주가는 99.3달러에서 121달러까지 오히려 상승했다. 물론 그 이후 나이키의 주가는 1998년도 6월 1일 45.8달러가 되는데, 중간에 액면분할이 한번 있었던 것을 감안하면, 91.6달러로 하락한 셈이다. 즉 2년에 걸쳐 99.3달러에서

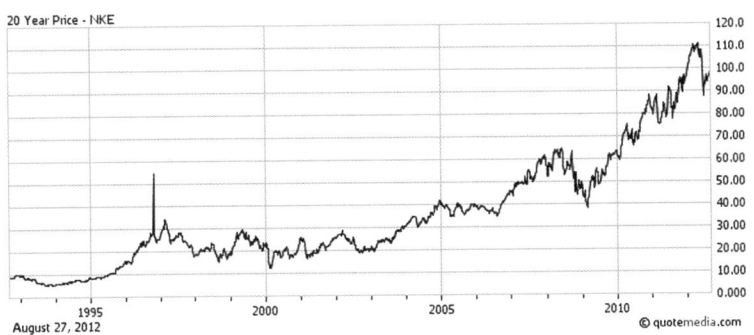

2-2 나이키 주가 추이(quotemedia.com)

91.6달러로 8달러 정도가 하락했다. 이것을 두고 폭락이라고 하기에는 조금 무리가 있다. 게다가 주가는 떨어졌어도 매출은 꾸준히 늘어났다. 1997년 미국 시장에서의 매출은 무려 43.7% 증가했으며27), 순이익Net Income 역시 43.9% 증가하였다. 재무제표가 1996년 6월1일부터 1997년 5월 31일까지의 실적을 나타낸다는 것을 감안한다면, 〈라이프〉지의 충격적인 사진이 소비자 변화를 주장하는 사람들이 생각했던 것만큼의 효과는 없었다고 할 수 있다.

적자를 기록한 부분도 살펴보자. 1998년의 IR 자료를 보면 그 해 나이키의 실적이 크게 악화된 것은 사실이다. 그러나 이 역시 과장된 측면이 있다. 이 실적 악화를 평가하기 전에 알아둬야 할 것이 두 가지 있다. 첫 번째는 아시아에 불어닥친 IMF 위기라는 시대적 상황이다. 나이키의 경우, 13.1%의 매출이 아시아로부터 나오고 있었는데28), 이 금융위기의 여파로 아시아 시장에서 3,460만 달러의 영업적자를 기록한다.29)

두 번째는 1998년에 나이키가 구조조정Restructuring을 진행했었다는 사실이다. 사실 이 4분기의 적자는 12,990만 달러에 달하는 구조조정 비용이 반영되었기 때문이라고 할 수 있다. 회사의 IR 보고서에는 실적이 악화된 이유로 위의 두 가지 이유와 함께 갈색 신발들의 약진을 언급하고 있으며, 아동학대에 관한 문제는 실적 악화를 일으킨 여러 이유 중 하나로 지적될 뿐이다.

IMF나 구조조정을 제외하더라도 분명 1998년의 실적은 1997년보다는 나빠져 있었고, 지난 3년간 나이키가 보여준 가파른 성장이 한 템포 쉬어가는 기간이었다. 또한 1999년도에도 매출 부진이 이어지는 것으로 유추해보건대 아동착취의 문제는 분명히 나이키의 명성에 흠집을 남겼음에 분명하다.

그러나 우리가 생각해야 할 것은, 국내에서 회자되는 나이키의 사례는 상당부분 과장되었으며, 기업에게 CSR에 대한 행동적 변화를 이끌어 내기에는 상당히 빈약한 근거라는 사실이다.

2. 투자자는 정말 변화했는가?

시장의 변화가 기업이 CSR을 하지 않을 수 없게 만든다고 주장하는 사람들이 꼽는 두 번째 근거는 투자자들의 변화이다. 투자자들이 점점 '지속가능경영'이나 '사회적 책임'을 다하는 기업에게 투자하려는 성향을 보이면서, 투자자들의 관심을 끌어야 하는 기업이 CSR에 관심을 둘 수밖에 없다는 주장이다. 이들은 CSR 우수기업들의 주가가 그렇지 않은 기업들보다 높은 상승률을 보였다는 것을 근거로 들면서, CSR에 적극적으로 투자하는 것이 결국 기업에게 재무적인 성과를 가져다준다고 주장한다.

과연 그럴까? 주가에 긍정적인 영향을 끼치고 보다 많은 투자자들에게 매력적인 기업으로 다가갈 수 있는 방법이 있다면, 기업들이 그런 방식을 채택하지 않을 리가 없다. 하지만 우리가 1부에서 살펴본 것처럼 현실에서의 기업들은 적어도 CSR 낙관론에 비해 기대 이하의 움직임을 보이고 있다.

투자자의 변화 부분에서는 어떤 부분이 문제가 있기에 기업들의 변화를 이끌어 내지 못하고 있는 것일까?

CSR을 한다고 재무적 성과가 좋아지지는 않는다.

먼저 CSR 관련 자료에 자주 등장하는 '사회적 책임을 하는 기업이 경

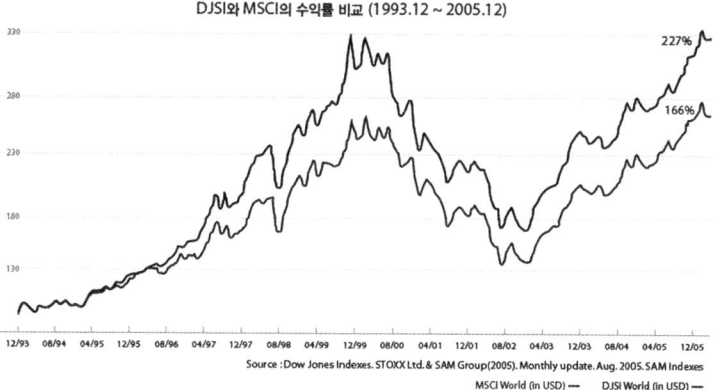

2-3 자주 인용되는 DJSI-MCSI지수 비교(출처: Dow Jones Indexs, SAM)

영성과도 좋다'는 주장부터 알아보자. 이 주장을 할 때 늘 동반되는 자료가 바로 DJSI-MSCI^{Morgan Stanly Capital International} 주가상승 비교 그래프이다. 정확히 말하자면, DJSI월드와 MSCI월드지수의 상승률 차이를 나타낸 그래프이다.

DJSI월드는 1부에서 살펴보았듯이 나름대로 CSR을 우수하게 이행하고 있는 기업들만 따로 모아서 주가지수를 만든 것이고, MCSI월드는 모건스탠리의 자회사인 MCSI에서 자체적으로 선정하는 24개 선진국 기업들의 주가지수를 종합한 지수이다. 두 지수의 1993년 12월부터 2005년 12월까지의 수익률을 비교한 이 그래프에서 DJSI의 수익률은 227%로 MSCI의 166%를 크게 앞선다. 이 그래프가 사실이라는 데는 이견이 없다.

하지만 보다 냉정하게 DJSI를 분석해보면, 'CSR을 열심히 하면 재무적 성과도 따라온다'는 주장의 설득력이 부족함을 알 수 있다.

현재를 기준으로 본다면 상황은 다르다

먼저 가장 최근까지 집계된 자료를 보면, DJSI의 수익률이 결코 다른 지수들보다 높지 않다. DJSI를 관리하는 곳은 스위스에 위치한

SAM Sustainable Asset Management 이라는 기관이다. 여기서는 매년 DJSI의 연간 수익률을 분석한 자료를 공개하는데, 이 자료를 보면 DJSI에 편입된 기업들의 주가상승률이 비교대상인 기업들의 주가상승률보다 결코 높지 않음을 알 수 있다.

최근인 2011년 12월에 발간된 자료에 따르면30), 이 지수가 실제 시작된 1999년 8월부터 DJSI의 누적수익률은 15.66%로, MSCI의 수익률인 19.11%에 뒤진다. 재미있는 것은 2009년 10월부터 시작된 DJSI Korea지수의 추이인데, 지속가능경영 기업들을 대상으로 한 DJSI Korea의 누적수익률은 4.60%로 일반 기업들을 대상으로 한 DJ Korea의 누적수익

1 Month	-1.25%	-0.89%
3 Months	0.47%	3.93%
YTD 2011	-12.71%	-9.27%
1 Year	-12.71%	-9.27%
3 Year**	58.49%	70.16%
Since Inception*	4.60%	11.80%
2010	20.52%	21.32%
2011	-12.71%	-9.27%

* October 20, 2009
**based on backtracking data

2-4 DJSI Korea 수익률 비교(2011.12 기준)(출처;SAM)

	DJSI World	DJTSM GlblLrgT**	MSCI World
1 Month	-0.93%	-0.28%	-0.06%
3 Months	6.64%	6.83%	7.59%
YTD 2011	-7.88%	-7.68%	-5.54%
1 Year	-7.88%	-7.68%	-5.54%
3 Years	33.50%	40.68%	37.23%
5 Years	-14.99%	-9.07%	-11.29%
Since Inception*	15.66%	27.63%	19.11%
2000	-16.90%	-14.90%	-13.18%
2001	-15.54%	-17.20%	-16.82%
2002	-21.26%	-18.04%	-19.89%
2003	36.41%	35.07%	33.13%
2004	12.84%	15.90%	14.72%
2005	9.12%	11.25%	9.49%
2006	24.08%	21.36%	20.07%
2007	11.67%	12.49%	9.04%
2008	-42.98%	-42.03%	-40.71%
2009	36.06%	35.35%	29.99%
2010	6.52%	13.77%	11.76%
2011	-7.88%	-7.68%	-5.54%

* August 31, 1999
**Dow Jones Global Large-Cap Total Stock Market Index

2-5 DJSI World 수익률 비교(2011.12 기준)(출처;SAM)

률인 11.80%의 절반에도 못 미친다. 지수가 만들어지기 이전의 주가를 역으로 추적하여 계산한 3년 누적수익률에서도 DJSI Korea의 누적수익률은 58.49%로 DJ Korea의 70.16%에 크게 못 미친다. 즉 CSR 우수기업들의 주가상승률이 다른 기업들의 주가상승률보다 높다고 주장하는 것은 현재까지의 누적수익률을 두고 본다면, 설득력이 떨어진다는 것을 알 수 있다. 즉 주가상승의 이유가 CSR을 이행했기 때문이라고 할 수만은 없다는

것이다.

백 번 양보해서 위의 사실들을 모두 무시하고, DJSI의 수익률이 다른 기업들의 수익률보다 훨씬 높다고 가정해보자. 충분히 발생 가능한 일이다. 지속가능경영에 신경을 쓰고, ESG에서 모두 우수한 평가를 받는 기업 주식의 수익률이 다른 기업들의 수익률보다 더 높을 것이라는 주장은 충분히 설득력이 있다. 굳이 DJSI가 아니더라도 FTSE4Good 등 CSR 우수기업들을 묶은 지수들은 많기 때문에 실제 CSR에 신경을 쓰는 기업의 누적수익률이 일반기업들보다 높은 지수들도 나올 수 있다.

그러나 그렇다고 하더라도 CSR이 주가상승을 견인한다는 주장에는 동의하기 어렵다. CSR을 잘 하는 것과, 주가 상승률 사이에 상관관계가 있다고 해서 그것이 인과관계를 나타내는 것은 아니기 때문이다. 다시 DJSI가 MSCI보다 높은 주가상승률을 보였던 비교 그래프로 돌아가서 생각해보자.

이 그래프를 놓고 누군가는 '사회적 책임을 다하면 평균보다 높은 주가상승률을 보인다'라고 해석할 수도 있겠지만, 거꾸로, '주가상승률이 높은 우량기업들이 사회적 책임을 더 많이 했다'라고 해석할 수도 있다. 어느 것을 원인으로 생각하고 어느 것을 결과로 생각하느냐에 따라 해석이 달라질 수 있는 것이다. 보통 다른 기업들보다 높은 매출과 수익을 얻는 업계 1위 기업이 적자에 허덕이는 하위 기업보다 사회적 책임에 더 신경을 쓸 여력이 높다는 상황을 고려한다면, 두 번째의 해석 역시 설득력을 가질 수 있다.

나쁜 기업들의 성적도 좋다

나쁜 기업들이 얻은 좋은 성과는, CSR을 많이 할수록 주가도 올라간다는 주장의 신빙성을 약하게 한다. 착한 기업이 성과도 좋다는 주장이 성립하기 위해서는 사회적 책임을 하지 않는 기업들, 즉 부도덕한 기업들의 주가 상승률이 평균 이하여야 한다. 그러나 아쉽게도 그 반대의 현상들도 포착된다.

2-6 VICE 펀드 로고(Logo)

국내에는 잘 알려지지 않았지만 VICE 펀드라는 것이 있다. VICE 펀드는 말 그대로 사회적 책임의 관점에서 보았을 때 사회에 해악을 끼치는 산업에 속해 있는 기업들, 즉 도박, 담배, 술, 그리고 무기 관련 회사에 투자하는 펀드를 의미한다. 그런데 이러한 VICE 펀드의 수익률이 일반적인 펀드들보다 높은 수익률을 보인다. 2011년 12월을 기준으로 했을 때 이 펀드의 연평균 수익률은 8.20%로, S&P500의 5.54%보다 더 높은 수익률을 보이고 있다.

이런 현상은 국내에서도 나타난다. 'Fn가이드'에 따르면 국순당이나 강원랜드, 파라다이스 등 국내 증시에 상장된 술 담배 도박 관련 주식들의 2011년 12월 말을 기준으로 한 지난 4년간의 주가 상승률은 27.14%였다. 같은 기간의 종합주가지수 상승률인 7.76%보다 훨씬 높았다.

2-7 VICE 펀드와 S&P 수익률 그래프(08.1~11.12)(출처: Vicefund.com)

기업	수익률
파라다이스	153.78%
무학	119.76%
국순당	53.86%
코텍	52.94%
강원랜드	11.93%
KT&G	3.17%
진로발효	-12.64%
풍국주정	-15.83%
보해양조	-45.19%
MH에탄올	-50.36%
평균수익률	27.14%
시총가중평균 수익률	7.76%

2-8 술 / 도 박 / 담 배 / 주 식 의 4년 수 익 률
(08.1~11.12)(출처: Fn가이드)

사회적으로 지탄을 받는 기업 중에 높은 주가수익률을 주식들도 많다. 그 중 가장 대표적인 기업은 미국의 담배회사인 필립모리스이다.[31]

필립모리스가 상장된 이래 이 주식이 기록한 연간 수익률은 무려 19.75%로, S&P500의 주식들 중 최고의 장기투자 수익률을 기록하였다. 만약 필립모리스사가 상장된 1957년 2월에 1,000달러를 투자하고 배당금 등을 계속 재투자 했다면, 이 연구가 발표된 2003년 12월에는 무려 460만 달러로 늘어났다는 의미이다. 같은 금액을 S&P Index에 투자했다면 125,000달러에 그쳤을 것이라는 사실을 감안한다면, 이 담배회사 주식의 수익률이 얼마나 대단하였는지를 알 수 있다.

현재 우수기업의 과거 수익률은 의미가 없다

몇몇 자료에서는 현재 시점에서 CSR 우수기업을 선정한 후, 이들 기업의 과거부터 현재까지의 주가수익률을 일반 기업들의 주가 상승률과 비교하기도 한다. 예를 들어 '모 기관에서 CSR 우수기업들을 선발했는데, 이들의 과거 5년간의 주가 상승률을 계산해보니 다른 기업들보다 월등히 높았다' 와 같은 자료이다. 이것도 얼핏 들으면 맞는 말처럼 보인다.

그러나 이러한 조사들에는 중요한 허점이 있다. 현재의 CSR 우수기업들이 과거 수익률계산을 시작한 그 시점에도 CSR 우수기업이었는지는지 알 수 없기 때문이다. DJSI처럼 처음부터 CSR 우수기업들을 선정하여 이들 기업의 주가상승률을 매년 발표하면 설득력이 있겠지만 과거 시

작 시점의 CSR 상태가 어떠했는지 전혀 증명도 되지 않는 기업들의 리스트를 가지고, 주가상승률을 비교하는 것은 의미가 없다. 만약 과거 시점을 기준으로 CSR 우수기업을 산정하고 그들의 주가수익률을 계산해 본다면 전혀 다른 결과가 나왔을 수도 있기 때문이다. 이러한 자료들은 CSR이 중요하다고 생각하는 사람들끼리의 자화자찬에는 유용하게 쓰이겠지만, 기업들을 설득시키기에는 사실 역부족일 수밖에 없다.

사회책임투자의 효과는 생각보다 작다

투자자의 변화가 기업의 변화를 이끌 것이라는 주장에 뒷받침되는 두 번째 근거는 SRI Socially Responsible Investment의 확산이다. 기업의 재무적인 성과에만 집중해서 투자대상을 선정해오던 투자자들이 BP의 원유유출사고로 인한 주가하락이나 엔론 사태를 경험하면서, 점점 투자 대상을 선정할 때 윤리경영이나 환경경영과 같은 CSR 요소들을 중요하게 생각

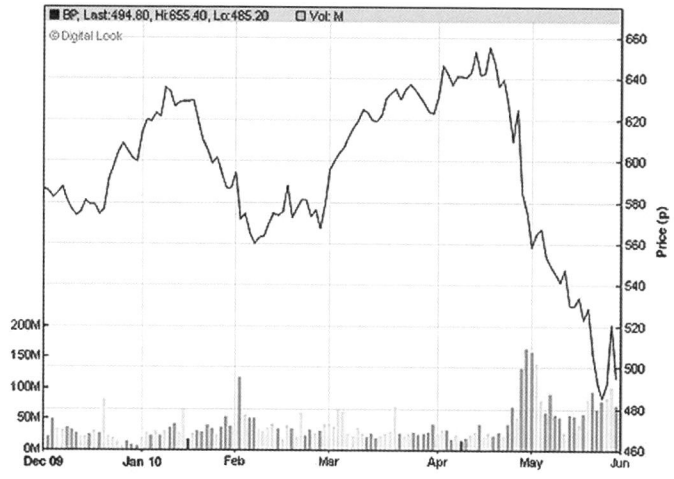

2-9 BP 주가 추이(출처: digital look)

하기 시작했다는 것이다.

1부에서 살펴본 것처럼 SRI는 점점 커지고 있다. 맞는 말이다. 기업은 상장기업이든 아니든 대부분 외부에서 투자를 받아서 사업을 진행하기 때문에 투자자들의 성향 변화로부터 자유로울 수 없다. SRI 펀드의 비중이 늘어난다면 기업들이 변할 것이라는 주장은 설득력이 있어 보인다. 하지만 얼핏 들으면 맞는 것처럼 들리는 이 주장에도 분명한 한계가 있다.

SRI의 가장 큰 문제점, 차별성

SRI의 확산이 기업을 변화시키려면, 일반 국민들이 사회적 책임이 부족하다고 생각하는 국내 대부분의 대기업들이 SRI지수에서 빠져 있어야 한다. 그래야 이 기업들이 SRI지수에 편입되기 위해 사회적 책임에 있어 부족한 부분을 메울 노력을 할 것이기 때문이다.

현실은 그렇지 못하다. 국내보다 다양하고 많은 기업들이 공생하고 있는 미국이나 유럽과 달리 시장이 작은 우리나라에서는 이러한 차별성이 무의미하다. 한국의 대표적인 기업들은 이미 SRI의 종목군 안에 포함되어 있기 때문이다.

SRI 중 가장 대표적이라고 할 수 있는 DJSI Korea를 살펴보면, 시가총액 상위 20위의 기업들 중, 무려 75%의 기업이 DJSI에 포함되어 있다. 특이하게도 담배를 판매하는 KT&G 역시 DJSI에 포함되어 있다. 또한 한국 증권거래소에서 주관하는 KRX^{한국거래소} SRI 지수에는 무려 85%의 시가 총액 20위 기업들이 포함되어 있다. 즉 주요 기업의 대부분이 이미 SRI 펀드에 편입이 되어 있는 상황에서, SRI 펀드의 확산으로 대기업의 문제들을 해결한다는 것은 불가능하다.

편입종목별로 살펴봐도 그렇다. 두 SRI 지수^{DJSI Korea와 KRX SRI}에 모두 포함되어 있는 기업들은, CSR 우수기업이기는 해도 개선의 필요성이 전혀 없는 기업들은 아니다. 이 두 지수에는 국내 대표적인 CSR 우수기업들이라고 평가를 받는 삼성전자, 포스코, SK텔레콤 등이 포함되어 있다.

이 기업들은 CSR 우수기업이긴 하지만, 상생경영이나, 고객정보보호 등 사회적 책임 강화에 대한 사회의 요구로부터 자유롭지 못한 기업들이기도 한다.

SRI의 확산을 이야기하면서, "이제 삼성전자가 보다 노동자 관련 문제에 정성껏 대응하겠구나"라거나 "KT나 SK텔레콤이 이제 고객정보를 조금 더 소중하게 다루겠구나"와 같은 기대를 하는 것은 순진한 생각이다.

SRI 펀드의 확산은 기업들에게 심리적으로 CSR의 중요성을 인식하게 되는 계기를 만들어 주기는 하겠지만, 그 강도는 "지금처럼 열심히 하자" 정도일 뿐, 지금보다 더 나은 사회적 책임 이행을 요구하는 수준은 되지 못할 것이다.

SRI 편입은 그렇게 중요하지 않다.

물론 SRI 펀드가 영향력이 아주 없다는 뜻은 아니다. SRI에 시가총액 상위기업들이 모두 몰려 있더라도 CSR과 관련된 하자가 발견되면 지수 안에 계속 편입되어 있을 수 없다. 그렇기 때문에 SRI의 확산이 기업들로 하여금 CSR에 지속적인 관심을 가지게끔 하는 효과가 있다고 주장할 수도 있다. 이와 관련되어 자주 나오는 이야기가 현대동차가 덴마크의 공적

> **Exclusion of Hyundai Motor Company due to bribery**
>
> In August 2009, ATP excluded Hyundai Motor Company based in South Korea based on allegations of bribery. The allegations against the company were evidently well-founded. The company's CEO, who is also chairman of the Supervisory Board, had admitted to and been sentenced for having approved the establishment of a USD 100 million 'slush fund' for bribery of banks, politicians and civil servants.
>
> Since the chairman was nevertheless re-elected by the Annual General Meeting and continued as CEO, and in the absence of documentation of internal systems that could prevent this from reoccurring, ATP decided that it was not worthwhile to enter in to targeted dialogue and therefore decided to exclude the company.

2-10 ATP의 현대차 제외 본문(출처: APT group docial responsibility investments 2009)

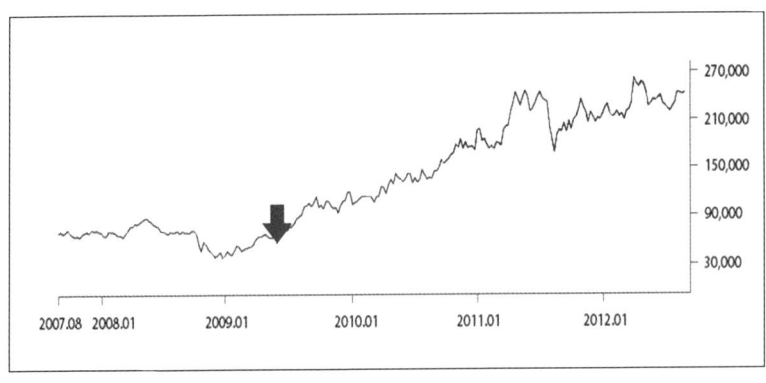

2-11 현대자동차 주가 추이(출처: Naver 금융)

연금인 ATP의 투자종목에서 제외된 사례이다.

사회책임투자를 표방하는 ATP는 2009년 8월 현대자동차를 투자대상에서 제외했다. 뇌물수수라는 불미스러운 사건bribery에 연루된 CEO가 아무런 재발 방지에 대한 논의 없이 이사회에서 CEO로 다시 선출되자, 현대자동차를 투자 종목에서 제외시킨 것이다.[32]

ATP가 현대자동차를 제외한 직후, 이 사건은 국내에서 SRI를 설명할 때마다 빠지지 않고 소개되는 단골 사례가 되었는데, 이 사건이 영향을 끼쳤는지는 모르지만 현대자동차는 아직 DJSI에 포함되지 못하고 있다.

원래 SRI의 확산이 기업을 바꿀 것이라는 주장 대로라면, 현대자동차 주가는 이때를 기점으로 세계의 SRI들로부터 외면을 받음과 동시에 크게 하락했어야 맞다. 그러나 SRI에서의 제외가 현대자동차의 주가에 큰 충격을 주지는 못했던 것으로 보인다. 당시 8,8100원이었던 주가는 현재 226,000원(2012년 1월 16일 기준)으로 무려 156.5% 상승했다. 같은 기간의 종합주가지수의 상승이 19.4%(1557 →1859)에 그쳤던 것을 감안하면, ATP의 투자 제외 소식은 현대차의 주가에 거의 영향을 끼치지 못했다고 할 수 있다.

DJSI 자체의 문제

마지막 SRI의 문제는 바로 편입종목의 선정방식이다. 국내에도 여러 종류의 SRI가 있고, 각 SRI마다 나름대로의 지속가능 기업을 선별하는 기준을 가지고 있다. 이 중 가장 대표적인 DJSI의 편입종목 선정방식을 살펴보자.

DJSI에 대한 일반인들의 인식 자체가 조금 과장된 측면이 있다. DJSI 편입에 관한 기사에는 대부분 '어떠 어떠한 기업이 DJSI에 편입되었다'는 이야기만 나오지, 이 기업이 어떤 방식을 거쳐서 선정되었는지는 잘 안 나오기 때문이다. 따라서 DJSI에 대한 충분한 정보가 없는 상태에서 이러한 정보들을 접할 경우 DJSI가 마치 독립적인 기관에서 매우 엄격한 심사과정을 통하여 국내기업들을 하나하나 평가한 후 우수기업들을 선별한 것으로 알기 쉽다. 그러나 현실은 그렇지 않다.

일반적으로 DJSI 편입에 대한 평가는 기본적으로 기업에서 보내온 자료를 가지고 시작한다. DJSI를 운영하는 SAM이라는 회사에서 각 산업별 질문 및 기준들을 마련하면, DJSI에 관심이 있는 기업들은 그 무려 80페이지가 넘는 평가서를 채워서 다시 보내야 한다. 물론 나름대로의 검증 방식을 거치긴 하겠지만, 외부기관에서 기업의 제대로 된 정보를 캐는 것이 현실적으로 매우 어려운 상황임을 가정하면, 상당 수준을 기업이 공개한 자료에 의거하여 판단한다고 볼 수 있다.

이러한 방식으로는, CSR에 대해 노력하는 기업들을 솎아내기 어렵다. 그저 CSR이 아닌 DJSI 편입 자체에 신경을 쓰는 기업들이 오히려 선정될 위험도 있다. 가장 가까운 사례가 올림푸스사의 사례이다. 올림푸스는 2004년부터 UNGC에 가입한 기업이고, 줄곧 DJSI Asia pacific의 편입종목이었다. 그러나 2011년 12월 16일에 제외되었다. 10년 동안이나 대규모 손실을 분식회계로 감추어온 회계부정 스캔들 때문이었다. 이 사건은 아직도 진행 중이며, 현재 올림푸스는 상장 폐지설까지 나오고 있는 실정이다. 매년 실시되는 지속가능경영 평가는 올림푸스의 이러한 불투명한 모습을 전혀 눈치채지 못했다. 우리가 앞 단원에서 살펴본 BP 역시 DJSI의 편입종목이었다. 이런 사례들을 보면 DJSI에 편입되었다고 해서 꼭 '착한 기업'은 아니라는 것을 알 수 있다.

3. 직원들은 정말 변했는가?

기업환경의 변화가 기업을 변화시킬 것이라고 주장하는 사람들이 제시하는 또 다른 근거는 직원들의 변화이다. 간단히 요약하면, CSR에 대한 인식이 사회적으로 확산되면서 근로자들이나 예비 근로자들이 직장을 선택할 때 중요한 기준으로 여기기 시작했다는 것이다. 따라서 기업이 인재를 유치하고, 훌륭한 인재들이 떠나지 않도록 하기 위해서라도 CSR을 열심히 해야 한다는 논리이다.

맞는 말이다. 누구나 같은 조건이라면, 다른 사람에게 좋은 일을 한다고 칭찬을 받을 수 있는 곳에서 일하고 싶어 한다. 그러나 이 변화도 역시 조금은 과장된 측면이 있다. 직원들의 변화를 조금 더 자세히 분석하기 위해서, 직원의 변화를 기존 직원들의 변화와 외부 잠재직원들의 변화 두 가지로 나누어 생각해보자.

CSR을 많이 하는 것이 사기 진작에 도움이 될까?

CSR을 많이 하면 직원이 좋아할까?
기존 직원들이 기업의 CSR 관련 이슈와 마주할 때는 크게 두 가지로 구별된다. 하나는 BP나 올림푸스의 사태처럼 기업이 부정적인 사건에 휘말렸을 때이고 하나는 기업이 NGO나 정부로부터 상을 타는 등 사회적으로 좋은 평가를 받거나 근로자 본인이 기업의 자원봉사에 참가하여 좋은 경험을 할 때이다.

이중 전자의 경우에는 당연히 CSR의 이행 여부가 직원들의 사기에 영향을 미친다. 근로자의 관점에서 본다면, 본인은 열심히 일했지만 그 일을 통해 벌어들인 수익이 엉뚱한 곳에 사용되었다든지, 자신이 열심히 한 일이 결과적으로 사회에 해악을 끼친 것이 된다면 사기가 떨어질 수밖에 없다. 게다가 근로자들이 사회적 책임에 대해 과거보다 훨씬 더 많이 이해하고 중요하게 생각하고 있다는 점을 감안하면, 기업이 사회적으로 명백한 잘못을 저질렀을 때 해당 기업의 근로자들이 느끼는 박탈감은 과거에 비해 더욱 커졌을 것이다.

그러나 기업의 긍정적인 행동들을 근로자가 접했을 때는 상황이 다르다. CSR의 특성상 잘한 일보다 못한 일에 대한 기억이 오래가기 때문에 웬만큼 좋은 평가를 장기적으로 그리고 지속적으로 반복해서 받지 않고서는 기업에 대한 좋은 평가가 근로자에게 많은 영향을 끼치기는 어렵다. 우리나라에서 기업이 사회적 책임 측면에 대해 좋은 평가를 받는 일은 많지 않고, CSR에 대해 긍정적인 평가를 받는다고 하더라도 대부분은 다른 기업들과 함께 언론에 노출되는 경우가 많기 때문이다. 우리나라 기업들 중 근로자들의 마음을 움직일 만큼 좋은 평가를 대중들로부터 받고 있는 기업은 유한킴벌리 정도가 유일하다.

직원들의 대답이 지니고 있는 함정

물론 직원들은 '우리 회사가 사회적 책임을 많이 하는 기업(혹은 사회공헌을 많이 하는 기업)이었으면 좋겠다'라고 생각할 수 있다. 이 경우에도 사회공헌에 투입되는 비용을 생각한다면 결과는 달라질 수 있다. 아무런 조건이 없다면, 누구나 사회적 책임을 적게 하는 기업보다는 많이 하는 기업에서 일하기를 원할 것이다. 그러나 사회공헌에 투입되는 비용의 일부를 직원들에게 보너스로 나누어 준다고 가정했을 때도, 직원들은 위와 같은 반응을 보일지는 의문이다.

  NHN의 예를 들어보자. NHN은 우리나라의 대표 포털인 네이버로 유명한 기업이며, 매출의 1%를 기부하고 있는 사회공헌 우수기업이다33). 2010년을 기준으로 매출 1조 3,000억 원의 1%가 넘는 148억을 기부금으로 지출했다.34) 보통 기업들이 0.24% 수준을 기부금으로 지출하는 것을 감안하면, 이는 정말 높은 수준이라고 할 수 있다. 그리고 온라인 기부 포털인 해피빈을 통해 국내 기부문화 개선에 크게 기여하는 등 질적인 측면에서도 높은 수준의 사회공헌을 하고 있는 기업이다.

  당신이 NHN과 비슷한 규모의 기업에 다니는 직원이라고 가정해보자. '우리도 NHN처럼 사회공헌을 많이 했으면 좋겠다' 라고 쉽게 생각할 수 있을까? 당신이 다니는 회사는 매출과 직원 수(6천 명)는 NHN과 비슷한데 사회공헌만 업계평균 수준인 0.24%, 즉 31억 원을 작년에 기부했다.

  적어도 기부금을 기준으로 NHN 수준의 사회공헌 활동을 위해서는 117억을 더 환원해야 한다. 그런데 이 117억으로 할 수 있는 일은 사회공헌 말고도 많다. 직원 전원에게 200만 원 수준의 인센티브를 나누어줄 수 있는 돈이며, 이를 사내 어린이집이나 식당 개선 자금으로 쓸 수도 있다. 만약에 직원들에게 117억을 모두 기부하는 것과 이중 50%인 58억을 사내 복지프로그램 강화에 사용하고 반만 기부하는 것을 투표한다면 어떻게 될까? 적어도 CSR 낙관론 측에서 이야기하는 것처럼 'CSR을 중시하는 직원들을 위해 CSR을 강화해야 한다' 는 주장과는 배치되는 결과가 나올 수도 있다. 직원의 입장에서 볼 때 사회적 책임에 대한 기업의 투자는 다다익선이 아니다. 적정한 사회공헌의 수준에 대해 고민하지 않고,

CSR을 열심히 하면 직원들이 좋아하고 업무의 효율성이 오를 것이라고 주장하는 것은 어떻게 보면 매우 위험한 주장이다.

자원봉사를 많이 하면 직원들이 좋아할까?

이번엔 자원봉사를 살펴보자. 자원봉사는 직원들이 가장 직접적으로 체험할 수 있는 기업의 CSR 영역 중 하나이다. 이 영역과 관련된 질문들은 다음과 같은 것들이다. 정말 우리가 1부에서 '팀버랜드'의 사례를 통해 살펴본 것처럼, 직원 자원봉사와 같은 프로그램이 직원들의 사기 진작에 도움이 될까? 도움이 된다면 얼마나 될까?

국내기업들은 "직원 자원봉사를 장려하면 직원들의 사기 진작에 도움이 된다"라는 주장을 너무 굳게 믿고 있는 것 같다. 사회공헌에 많은 관심을 가지고 있는 국내 대기업들 일수록 이러한 현상은 두드러진다. 1995년에 사회봉사단을 발족하는 등 우리나라 임직원 자원봉사 문화를 선도해온 삼성그룹의 경우, 2011년에 1인당 봉사시간이 9.2시간, 연인원 27만 명이 자원봉사에 참여 했다.36) 가장 활발하게 임직원 자원봉사를 독려하는 기업 중 한 곳인 SK텔레콤은 전체 임직원의 94%가 1인당 17시간의 자원봉사에 참여하고 있다. 이 외에도 많은 기업들이 근무시간 내에 자원봉사를 가는 것을 허용하거나, 자원봉사 동아리 설립을 장려하는 등 정책적인 배려를 아끼지 않고 있다.

필자는 각 기업과 직원들의 자원봉사정신을 매도하고 싶은 마음은 조금도 없다. 자원봉사 자체는 훌륭한 것이고, 존경받아 마땅한 일이다. 그리고 1부에서 살펴본 팀버랜드의 사례처럼 기업이 자원봉사를 통해 사회와 함께 발전해나가는 모범 사례를 보여준 것도 사실이다. 자원봉사를 했을 때 직원들의 사기가 올라가고 업무 몰입이 강화될 수 있다면, 임직원의 자원봉사는 분명 기업에 이로운 활동일 것이다. 그럼에도 불구하고 CSR 낙관론의 접근방식(자원봉사를 많이 하면 기업의 성과와 이어지니까 많이 하라는 논리)은 몇 가지 문제점을 가지고 있다.

'비용'을 계산해보면 긍정적이지만은 않을 수 있다

자원봉사가 기업에게 긍정적인 영향을 끼친다는 것은 쉽게 반박하기 어려운 명제이다. 그러나 자원봉사를 위해 기업이 일정 수준의 비용을 지출해야 한다면, 자원봉사가 기업에게 긍정적인 영향만 끼친다고는 볼 수 없다. 그 긍정적인 영향이 기업이 지출하는 비용을 상쇄할 수 있는지를 따져봐야 한다.

우리나라 대기업들의 경우, 자원봉사를 장려하기 위해 봉사활동을 대부분 근무시간으로 인정해 주고 있다. 즉 임직원이 1인당 8시간 자원봉사를 했고 이 직원이 받는 하루치의 월급이 하루의 생산성과 동일하다고 가정하면, 기업은 이 임직원에게 근무시간 내 자원봉사를 허용함으로써 하루치의 월급을 사회에 지출한 셈이 된다.

이 논리를 위에서 이야기한 SK텔레콤의 사례에 대입해보자. SK텔레콤의 임직원 94%가 17시간의 봉사활동을 했으므로, SK텔레콤은 대략 1인당 16시간, 즉 이틀 치의 월급을 자원봉사에 투입했다고 할 수 있다. 언론에 보도된 SK텔레콤 평균 연봉이 6,400만 원 선이고, 근로자 수가 5,000명, 1년 동안의 근로일이 대략 260일 정도라고 한다면, SK텔레콤은 1년에 약 25억 원을 자원봉사 비용으로 사용한 것이 된다. 물론 자원봉사 활동을 기획하고, 관리하고, 자원봉사를 위한 물품들을 구매하는 비용을 제외한 순수한 인건비만 따졌을 때의 이야기이다. 과연 자원봉사가 이만한 의미가 있을지는 한 번 분석해봐야 한다.

국내기업들은 이미 너무 많이 하고 있다

또 다른 쟁점은 국내기업들의 과도한 직원 자원봉사 시간이다. 기업에서 이야기하는 자원봉사가 정말 순기능을 발휘하려면, 자원봉사가 정말 '자원' 봉사여야 한다. 물론 직원들이 등을 떠밀려서 봉사활동에 나가지는 않았을 것이다. 그러나 몇몇 자료들을 맞춰보면, 1인당 15시간 이상에 이르는 높은 자원봉사 시간은 상당히 과열된 상태라는 것을 알 수 있다. 직원들의 사기를 위해서 CSR의 일환으로 자원봉사를 해야 한다는 논리가 더 이상 필요 없을 정도이다.

먼저 우리나라 성인들의 평균 자원봉사 시간을 보자, 사단법인 '한국자원봉사문화'의 '전국자원봉사활동 실태조사'(2011)에 따르면, 우리나라 국민들의 평균 자원봉사 참여율은 21.4%이다. 일단 70~90%에 이르는 몇몇 대기업들의 임직원 자원봉사 참여 비율보단 훨씬 적은 수치임을 알 수 있다. 대기업 직원들이 정말 착한 사람들만 모여서 업무도 미루고 꼭 자원봉사를 하겠다고 한 것이라고 보기에는 차이가 크다. 임직원 자원봉사를 하면 가장 먼저 떠올려지는 기업인 팀버랜드의 자원봉사 참여율도 68%~78%에 불과하다. 팀버랜드는 Path of Service라는 프로그램으로 정규 근로자 1인당 40시간의 유상 자원봉사 시간을 주는데, 이 시간에 대한 소진율도 38% 정도이다.37) 즉 팀버랜드 직원들의 1인당 자원봉사 시간은 15시간 정도라고 할 수 있다.

물론 이 수치는 우리나라 기업들의 평균인 10시간38)보다는 높은 수준이다. 그렇지만, 팀버랜드는 기업 자원봉사의 대명사로 불릴 만한 기업이고 이 기업의 직원들은 자원봉사에 익숙한 사람들로, 팀버랜드의 자원봉사 문화를 보고 입사를 결정했을 수도 있다. 이런 사람들의 자원봉사 시간이 1년에 15시간인데 과연 10시간도 넘는 임직원 자원봉사를 장려하는 것이 과연 합당한지 따져 봐야 한다. 만약 그렇지 않다면, 각 기업별로 몇

시간 정도의 자원봉사를 장려하는 것이 적절한지도 진지하게 고민해봐야 한다. 이러한 고민 없이, "자원봉사를 하면 직원들이 좋아하니, CSR 우수기업이 되기 위해 자원봉사를 많이 해야 한다"고 주장하는 것은 무책임하다고 할 수 있다.

CSR은 직장선택에 영향을 끼칠까?

직원의 변화가 기업을 움직일 것이라는 주장의 두 번째 근거는, 예비 직원들의 심경 변화이다. 즉 자신이 일할 기업을 선택할 때 CSR 수준을 고려하는 예비 취업자나 이직자들의 비중이 점점 높아졌기 때문에 우수 인재를 유치하기 위해 기업이 CSR을 자발적으로 강화해 나갈 것이라는 주장이다. 그러나 이 주장 역시 기업을 움직이기에는 매우 부족하며, 과대평가되어 있다.

이 주장의 근거로 주로 제시되는 것은 직업선택과 관련한 설문조사 결과들이다. 예를 들면, 직장 선택의 기준을 묻는 질문에, '기업의 윤리성'이나, '기업의 사회적 책임 여부'에 답하는 비율이 늘어난 결과들이 주로 사용된다. IBE(institution of Business Ethics)에서 2005년에 발표한 설문조사 결과에 따르면, 직장선택의 기준을 묻는 질문에 대해 윤리경영 여부를 고려한다고 답한 직원이 28%에 달했다. 이 설문조사 결과는 CSR 관련 서적에 종종 인용된다. 상식적으로, 보통 사람들은 환경파괴나, 부정회계와 같은 사회적인 이슈에 직면해 있는 기업보다는 사회에서 소위 '착한 기업'이라고 불리는 기업에 더 가고 싶어 할 것이므로 이런 설문조사 결과들은 어찌 보면 당연하다.

그러나 이러한 사실을 그대로 받아들이는 것은 매우 위험하다. 그 이유는 세 가지이다.

첫 번째 이유는 단어의 모호성이다. 이런 여론조사는 대부분 기업의 사회적 책임을 묻기보다는 기업의 명성이나, 윤리 경

2-12 직장선택 기준 설문조사(출처: IBE)

영 등, 우리가 보통 생각하는 사회적 책임과는 약간 다른 의미의 단어를 사용한다. 기업의 명성을 결정하는 요소에는 사회적 책임뿐만 아니라 높은 이익률, 가파른 성장세 등 CSR과는 관계없는 요소들이 포함될 수 있다. 따라서 설문의 결과가 과대포장 되기 쉬운 구조이다.

두 번째 이유는 복수응답이다. 위에서 예를 든 IBE의 설문조사도 복수응답이 가능한 설문이다. 28%라는 숫자만 놓고 보면 매우 높은 것 같지만, 사실은 그렇지 않다. 1위인 직업 안정성이 47%, 연봉이 42% 등 전통적인 직업선택 기준들이 윤리경영보다 훨씬 높은 비율로 상위에 포함되어 있고, 윤리경영은 6위에 머물러 있다. 즉 28%의 응답자가 "윤리경영을 직업선택에 고려한다"라고 대답한 것은 맞지만, 그 응답자가 "연봉이나 직업 안정성이 떨어져도 나는 윤리경영이 확실한 기업에 가겠다"라고 대답했는지 여부는 알 수 없다. 오히려 이 조사결과 대로라면, CSR에 투자할 바엔 직원들의 연봉을 올려주는 것이 더 구직 경쟁력 강화에 도움이 될 수 있다.

마지막 이유는, 실제 구직자들과 기업의 접점인 주요 구직 전문기관의 CSR에 대한 인식이다. CSR을 다루는 매체가 아닌 일반적인 구직 전문기관에서 추진한 '전통적인' 직장선택 관련 설문조사에서는 아예 CSR이 선택 답안에도 포함되어 있지 않은 경우가 많다. 물론 조직 문화, 기업

인지도와 같은 문항이 있기는 하지만 이를 CSR이라고 말하기에는 조금 억지스럽다. 최근 한 온라인 취업 포털에서 실시한 설문조사에 따르면, 구직자들이 가장 중요하게 생각하는 것은 연봉(37.8%)이었고, 복리후생(22.6%)이 뒤를 이었다. 그리고 기업인지도와 조직문화는 각각 10.8%와 6.2%로 낮은 순위에 머물렀다.39) 실제로 '기업의 사회적 책임 여부'를 문항에 넣었으면 어떤 결과가 나왔을지는 알 수 없다. 그렇지만, 이렇게 CSR을 배제하고 설문조사를 만들었다는 사실을 통해, 우리는 진짜 시장에서 구직자들을 접하는 전문업체들이 정작 "구직자들이 입사 희망기업을 정할 때 CSR을 비중 있게 고려할 것이다"라는 점은 고려하고 있지 않다는 사실을 알 수 있다.

기업의 미션은 어디로 갔는가?

직원의 변화에 대해서 마지막으로 거론할 점은, 기업의 미션과 관련된 내용이다. CSR 낙관론자들의 주장은 "사회적 책임을 중요시하는 직원들이 늘어났기 때문에 기업은 사회공헌이나 임직원 자원봉사를 늘리게 될 것이다"라는 것이다. 그렇지만 필자는 좀 다르게 생각한다. 직원들이 변하면 변할수록 가뜩이나 많이 해오고 있는 사회공헌이나 임직원 자원봉사를 늘리기 전에 먼저 기업의 핵심 사업이 사회에 기여하는 부분을 정리하고 이를 구성원과 공유해야 한다. 본업에 충실한 것이 가장 사회에 기여하는 일임을 강조하는 것이다.

자원봉사나 사회공헌으로 이 문제를 해결하려고 할 경우, 기업의 핵심 산업은 상대적으로 '나쁜 사업'으로 고착될 수 있다. 특히 임직원 자원봉사를 본업과 관계없는 분야에서, 강제성이 섞인 채 실시하는 경우는 더욱 그렇다. 자원봉사를 할 때도 보통 기업의 로고가 찍힌 옷을 입고 하기 때문에 직원들로서는 어차피 봉사활동도 업무시간의 연장이다. 직원의 입장에서는 근무시간에 본업과 아무 상관없는 자원봉사를 나가서 어린이들과 8시간을 보내는 것이 과연 사무실에서 8시간 일하는 것보다 가치 있는 일인가를 고민할 것이다.

기업은 핵심 산업의 추진을 통해서도 충분히 직원들에게 사회적 사명감을 심어줄 수 있다. 법을 안 지키는 기업은 분명히 나쁜 기업이지만, 사실 사업 자체만 본다면 나쁜 사업이란 건 없다. 법을 지킨다는 가정 하에 기업은 소비자를 만족시키는 행위를 통해 존재를 유지한다.

친환경 식품이 소비자들의 건강을 좋게 해주는 가치 있는 일을 한다면, (법적으로 허용되는 수준이라면) 일반적인 저가 식품들도 소비자들을 '적은 돈으로 배부르게 해주는' 가치 있는 일을 한다고 할 수 있다. 골목 상권 침해 논란에 휩싸이는 대형 마트들은 소비자들에게 양질의 제품을 최대한 싸게 살 수 있게 하는 사회적 가치를 만들고 있으며, 통신회사들도 모든 사회구성원의 의사소통을 보다 자유롭게 해준다는 사회적 가치로 자신의 사업을 포장할 수 있다. 규모가 있는 기업들 치고, 홈페이지에 그럴듯한 기업의 미션을 정리해놓지 않은 기업은 없다.

기업은 좀 더 자신의 사업이 만들어내는 사회적 가치에 자신감을 가질 필요가 있다. 기업은 사회적 가치를 중요시 하는 직원들을 만족시키기 위해 사회공헌이나 자원봉사 활동을 무작정 늘리는 것이 아니라, 기업 본업이 가지고 있는 사회적 가치를 정리해보는 시간을 갖는 것이 필요하다.

자발적으로 하고 싶어 하는 구성원들을 막는 것은 문제가 되겠지만, 회사 차원에서 무작정 자원봉사를 장려하는 것 또한 과연 옳은 일인지는 알 수 없다.

4. 경영진은 정말 변화했는가?

네 번째로 거론되는 것은 경영진의 변화이다. 간략하게 요약하면, 이익 추구뿐 아니라 사회적 가치를 훼손하지 않는 것도 중요하다는 것을 깨닫게 된 CEO들이 많아지면서, 이들이 경영하는 기업들을 필두로 CSR이 확산될 것이라는 주장이다. CEO들의 언론 인터뷰나 CSR 관련 컨퍼런스에서의 발언들, 즉 "이제는 CSR의 시대입니다" "우리 기업은 기업의 이익이 사회의 이익과 연결되어야 의미 있다고 생각합니다"와 같은 이야기들이 이런 주장에 대한 근거로 제시된다.

CSR을 수행하는 데는 CEO의 의지가 중요하다. 와튼스쿨에서 윤리경영을 가르치는 다이애나 로버트슨 교수는 "다른 분야보다 특히 CSR 활동은 경영진의 의지가 중요하다. 기업의 장기적 성장을 위해 지금 당장 투자하고 시작하겠다고 마음먹어야 한다"라고 주장한다.40)

CSR을 다루는 대부분의 책에서도 CSR을 도입할 때 중요한 요소로 경영진의 의지를 언급한다. 유한 킴벌리나 바디샵 등 소위 CSR의 모범사례로 꼽히는 이들이 그동안 CSR을 지속적으로 추진해올 수 있었던 것은 모두 CEO들의 적극적인 지원이 있었기 때문이었다. 우리나라의 경우에도, 1부에서 소개한 CEO들의 노력이 있었기에 오늘날의 CSR 수준까지 올라올 수 있었다. 그러나 CEO가 변화했다고 해서, 기업도 곧 변화할 것이라고 생각하는 것은 매우 순진한 접근이다. 왜 그럴까? 몇 가지 이유가 있다.

외부 인터뷰임을 고려해야 한다.

먼저 CEO의 발언에는 본인의 진심이 100% 반영되지 않았을 확률이 크다. 당신이 CEO라고 생각해보자. 언론 인터뷰에서 기자가 'CSR에 대해서 어떻게 생각하십니까?' 라고 물었을 때, 과연 어떤 대답을 할 수 있을까? 컨퍼런스나 공개회의 석상에서도 마찬가지다. 좋든 싫든 CSR과 관련해서는 긍정적인 답변을 해야 한다. 지속가능 보고서를 내지 않고 있다면, '곧 낼 계획이다' 라고 해야 하고, 독립적으로 사회공헌팀이 꾸려져 있지 않다고 하더라도, '경영 상황을 판단해 사회공헌팀의 신설을 적극적으로 검토하겠다' 정도는 대답해야 한다. 이렇게 이야기하지 않을 경우, 해당기업은 '사회적 책임'을 다하지 않는 나쁜 기업이라는 오명을 쓰기 쉽다.

CEO의 발언에 귀를 기울이는 사회구성원들은 CSR이 좋다는 것쯤은 알고 있다. 우리가 '소비자는 정말 변화했는가'에서 살펴본 것처럼, 대부분의 소비자들은 CSR을 실제 소비에 접목시키지는 못하고 있지만, 적어도 CSR이 좋다는 것은 알고 있다. 따라서 기업의 CEO라면 외부와 접촉할 기회가 왔을 때, 최대한 긍정적인 방향으로 대답할 수밖에 없다. 이 인터뷰의 내용에 따라 자신이 '사회를 등한시 하는 CEO'로 인식되고 기업의 브랜드 이미지에도 타격을 줄 수 있기 때문이다. 지금처럼 CSR에 대해 이런저런 말이 많은 상황에서 이러한 상황을 달가워할 CEO는 없다. 따라서 설령 당장 기부금의 감축을 이미 마음속으로 정해놓은 상황에서도, '사회공헌 기부금액은 경영 상태를 감안하되, 계속 늘려갈 수 있도록 최대한 노력을 아끼지 않겠다' 라고 말할 수밖에 없다. 같은 이유로 어느 정도 CSR에 자신 있는 기업이라면, 자사의 활동들을 최대한 포장해서 외부에 알리려고 할 것이다.

CEO의 임기 문제

다음으로 우리가 고려해야 할 부분은 CEO의 임기이다. 우리나라 전문

경영인의 경우 평균 재임기간이 3.5년에 불과하다.[41] 이 기간이 의미하는 바는 크다. 이 임기 내에 뚜렷한 성과를 내기 힘든 사업이라면, CEO로서도 이를 적극적으로 추진하기 어렵다는 것을 의미하기 때문이다. 임기를 이어나가기 위해서는 눈에 보이는 성과들이 필요하다. CEO의 임기뿐만 아니라 기업사회공헌을 담당하는 모든 임원들의 임기도 같은 문제를 가지고 있다.

CSR을 추진하는 데는 비용이 들어간다. 꼭 기부금과 같은 현금이 아니더라도, 생산 현장에 있어야 할 인력을 사회공헌 담당으로 배치하는 경우와 같이 기업의 자원이 투입되게 된다. 그에 비해 CSR 사업의 성과는 좀처럼 쉽게 나오지 않는다. 기업의 입장에서 기대할 수 있는 이익이라고 해야 '긍정적인 브랜드 인지도 상승' 정도다. 게다가 사회공헌 활동의 특성상 짧은 기간에 인지도 상승을 거두겠다고 사회공헌 프로그램 속에 기업의 이름을 적극적으로 알릴 수도 없다. 진정성 논란에 시달리며 전시성 활동이라고 비판을 받기 쉽기 때문이다. 사회구성원들은 한번에 1억 원을 기부한 사람의 이야기보다는 아무도 모르게 10년간 매년 1,000만 원씩 기부한 사람의 정체가 드디어 밝혀졌다는 이야기에 더욱 관심이 가지게 마련이다.

따라서 사회공헌 사업이 제대로 된 결과를 얻기 위해서는 적어도 10년 이상은 결과에 큰 신경을 쓰지 않고 사업을 추진할 수 있는 환경이 조성되어야 한다. 그런데 매 3년마다 새로운 평가를 받아야 하는 CEO가 과연 이러한 사업을 흔들리지 않고 추진해 나갈 수 있을지는 의문이다.

지속가능 경영보고서를 만드는 것과 같이 많은 비용이 소모되는 것이 아닐 뿐더러, '지속가능 경영보고서 발간 기업'이라는 눈에 보이는 결과를 보여줄 수 있는 행위가 아니라면, 한정된 임기의 CEO가 적극적으로 추진할 수 있는 사회공헌의 종류는 매우 제한적일 수밖에 없다.

제한된 CEO의 임기에서는 기업이 사회적 책임을 회피하는 선택을 할 확률이 오히려 높아질 수 있다. CEO의 평가가 일반적으로 매출이나 영업이익률 등의 지표를 통해 이루어 진다는 것을 고려한다면, 바로 눈앞에 시장 확대의 기회가 있음에도 불구하고, 사회적 책임 때문에 이를 포기하기는 어렵기 때문이다.

SSM 사례를 예로 들어보자. CSR에 관심이 많은 CEO라면 SSM에 진출하기보다 오히려 대형 할인점과 재래시장이 지역사회 상권을 공동 개발하는 모델을 만들어 사회의 지지도 얻고 장기적으로 자신의 기업이 시장에서도 사회에서도 승자가 되는 시나리오를 그릴 수 있다. 그러나 이러한 시나리오가 주주들을 납득시킬 만한 결과를 가져오기까지는 적지 않은 시간이 걸린다. 아마 그 이전에 이 시나리오를 실행하면서 정체된 기업의 매출은 경쟁업체의 SSM 매출 증가와 비교되면서 주주들의 비판을 사게 될 것이다.

CEO의 의지를 거론하는 것 자체가 빈약한 근거의 반증

마지막으로 말하고 싶은 것은 아직도 경영진의 '의지'에 의지하는 현실이다. 기업이 CSR을 하는 이유가 CEO의 의지 때문이라고 하는 것은, CSR이 아직 기업 경영활동의 변두리에 있으며 기업 이윤과 큰 상관이 없다고 인정하는 것과 같다. CSR이 정말 기업에게 필요하고 이를 통해 기업에게 '이윤도 창출하고 사회로부터 사랑도 받는' 성과를 창출해 줄 수 있다면, CSR은 기업의 경영활동에 자연스럽게 녹아들 수 있다. 우리가 앞에서 살펴본 고객들의 변화, 투자자들의 변화가 모두 사실이라면, CEO의 의지는 필요가 없다. 가장 전략적인 판단을 내려야 하는 CEO로서는 하기 싫어도 전략적인 판단에 따라 CSR을 추진할 것이기 때문이다.

하지만 아직도 대부분의 CSR이 CEO의 의지에 기대고 있다는 사실은 CSR이 자력으로 존재의 이유를 입증하지 못했다는 것에 대한 반증이다.

5. 국제적인 공조는 정말 이루어지고 있는가?

자발적 CSR 주장을 뒷받침하기 위해 제시되는 마지막 근거는 국제적인 공조이다. 우리나라 CSR의 열풍이 아직 미흡하다고 하더라도 이미 세계적으로 CSR에 대한 진지한 접근이 이루어지고 있기 때문에 기업이 이를 무시할 수는 없을 것이라는 주장이다. 그러나 국제적인 협력에 대한 부분은 대부분 과장되어 있거나 국내기업들에게 영향을 끼치기엔 아직 넘어야 할 장애물이 많다.

과장된 영향력

가장 먼저 보아야 할 것은, 이런 국제 공조의 과장된 영향력이다. 우리가 흔히 이야기하는 국제 공조 사례들은 사실 강제력이 거의 없거나, 기업들을 움직이는 데 턱없이 부족한 경우가 대부분이다. 예를 들어 UNGC를 보자. UNGC는 사회적 책임에 관한 국제협약으로 1부에서 살펴본 것처럼 국내에도 많은 기업들이 가입되어 있다. 어떤 사람들은 점점 많은 기업들이 UNGC에 가입하는 현상을 근거로 기업들이 점차 CSR을 강화할 것이라고 말하기도 한다.

그러나 사실 UNGC는 이렇다 할 강제력이 없는 기구이다. UNGC의 가입을 통해 기업의 지속가능성이나 사회적 책임을 이행하고자 하는 노력에 대해 인증을 받을 수는 있겠지만 UNGC에 가입했다고 해서 강제적으로 어떠한 행동을 이행해야 하는 수준은 아니다. 아마 강제력이 있다면 이렇게 많은 기업들이 참가하지는 않았을 것이다. 가입을 하지 않았다고 해서 실제적인 불이익이 주어지는 것도 아니다. 실제로 국내 최대기업인 삼성전자는 현재 UNGC에 가입되어 있지 않다.

   UNGC에서 그나마 기업을 변화시킬 수 있는 요인이라고 말할 수 있는 부분은 COP이다. UNGC에 가입한 기업들은 UNGC가 정한 10가지 법칙의 이행 여부에 대한 보고서인 COP를 매년 제출해야 한다. 그러나 이 COP 역시 어떠한 강제력을 담보하고 있지는 않다. 대기업들의 경우, 매년 내고 있는 지속가능경영 보고서 수준의 자료만 제출하면 된다. 실제 UNGC에 가입되어 있는 국내 대기업들은 대부분 지속가능경영 보고서를 그대로 COP로 제출하고 있다. 즉 UNGC에 가입되어 있는 기업의 수가 많아진다는 것은 결국 지속가능경영 보고서를 출간하는 기업들이 많아진다는 정도로만 해석될 수 있다. UNGC가 활성화 되는 것은 분명 CSR 측면에서는 환영할 일이지만, UNGC에 가입하는 기업이 많아진다고 해서 우리 사회가 점점 '기업들이 사회적 책임을 다하는 사회'로 변화할 것이라고 생각하는 것은 착각이다.

ISO26000

   국제공조를 이야기할 때 꼭 나올 수밖에 없는 것이 ISO26000이다. ISO26000이란, 기업을 포함한 정부, NGO 등 사회를 구성하는 모든 조직들이 지속가능 발전과 관련하여 지켜야 할 사항을 정리해 놓은 지침서라고 할 수 있다. 즉 CSR 국제표준이다. 2010년 11월에 제정되었으며, 지배구조, 인권, 노동, 환경, 소비자, 공정 운영, 지역사회 참여와 발전 등 7개의 핵심 주제로 이루어져 있다. 일단, ISO26000이 기업의 CSR 환경에 긍정적인 영향을 끼치는 것은 맞다. 처음으로 구체적인 CSR의 기준들을 명시한 국제표준이기 때문이다.

그러나 그 영향력은 상당히 과대평가 되어 있다. ISO26000이 발표되기 몇 달 전만 하더라도 처음에는 강제성이 있다거나 무역장벽으로 기능할 것이라며 이 표준의 영향력을 두고 많은 설이 난무했다. ISO26000이 발효되는 순간 ISO26000이 제시하는 기준을 만족시키지 못한 기업은 수출이 막히는 등 큰 불이익을 당할 것 같은 분위기가 조성되었다. 그리고 이러한 분위기는 ISO26000이 우리 기업들을 바꿀 것이라는 주장으로 이어졌다.

그러나 "ISO26000이 발효되면 기업들이 변화할 것이다"라고 주장하는 것은 너무 앞서나간 생각이었다. 엄밀히 말해서 ISO26000이 무역장벽으로 사용될 일은 아직 없다. 현재 ISO26000은 무역장벽은커녕 기업의 사회적 책임 여부를 인증하는 도구로도 사용할 수 없게 되어 있다. 아예 그렇게 사용되지 못하도록 명문화 되어 있는 것이다. 물론 ISO26000은 계속 개선될 것이며, 언젠가는 강력한 힘을 가지게 될지도 모른다. 하지만 설령 그렇다고 하더라도 DJSI에 포진되어 있는 우리 기업들의 대외 성적표를 보았을 때, 이 기준이 우리 기업들을 크게 바꿀 수 있을 것 같지는 않다.

넘어야 할 장애물

CSR을 둘러싼 국제협력은 당장 성과가 나타날 것처럼 보이지만 사실은 그렇지 않다. 각 국가마다 정치적, 경제적으로 처한 상황이 다르기 때문에 뚜렷한 합의를 이끌어 내기가 매우 어렵기 때문이다.

대표적인 사례가 탄소배출권 제도이다. 탄소배출권 거래제란, 지구온난화의 원인으로 지목되어온 온실가스의 배출을 줄이기 위해 국가나 기업별로 미리 정해둔 허용치보다 초과된 양의 탄소를 배출하면 '탄소배출권 거래소'에서 이를 사도록 하고, 남으면 이를 팔수 있게 하는 제도이다. 즉 현재의 탄소배출 수준을 줄이지 않는다면 그에 상응하는 금액을 기업이 더 지출하게 되는 제도라고 할 수 있다. 현재 EU를 중심으로 세계 여러 나라에서 탄소배출에 대한 비용을 부과하는 제도를 도입하거나 도입 계획을 발표하고 있다

탄소배출권 제도는 매우 강력한 힘을 가지고 있다. 기업의 비용 증가와 직결되기 때문이다. 이익의 극대화를 우선으로 생각하는 기업의 입장에서는 수 십억 원에서 수 백 억 원에 이르는 비용이 추가되는 것을 막기 위해 탄소배출을 최소화하는 방안을 고민할 수밖에 없다. 이런 유의 제도가 정착만 되면 혹은 정착되는 분위기만 확실히 조성되면 기업들은 너도나도 사회적 책임을 다하기 위해 보다 노력하게 될 것이다.

그러나 이 법안이 빠르게 확산되기는 매우 어려워 보인다. EU 정도를 제외하고는 이 법안의 실행에 적극적인 국가가 적기 때문이다. EU가 해외 항공사에게 탄소배출권 거래제ETS: Emission Trading Scheme를 통보한 사례가 대표적이다. 2005년부터 ETS를 시행 중인 EU에서는 올해 우리나라의 대한항공과 아시아나 항공을 포함한 역내에 취항하는 해외 항공사들에 대해 탄소배출권 거래제를 실시한다고 통보한 바 있다. 이 조치가 시행되면 대한항공과 아시아나항공이 현재의 탄소배출량을 줄이지 않았을 때 부담해야 할 비용은 내년에만 120억 원에 이를 것으로 전망된다.

CSR 낙관론자들의 주장 대로라면, 국제 공조의 관점에서 '환경'이라는 사회적 가치를 지키는 이 제도는 즉각 수용되어야 한다. 그리고 이 때문에 기업이 탄소배출량에 신경을 쓸 수밖에 없는 상황이 펼쳐져야 한다. 그렇지만 현실은 그렇지 않다. 탄소배출량 감소에 공감하는 국가들도 이

제도의 빠른 도입에는 제동을 걸었다. 미국은 힐러리 클린턴 국무장관 명의로 항의서한을 발송해 보복 조치에 대해 언급했으며, 중국은 '중국 내의 어떠한 항공사들도 운임 인상을 불러올 수 있는 EU의 탄소배출권 거래 시스템 참여를 금지한다'고 압박하기도 했다. 떠들썩하던 국제 공조가 정작 현실에서는 잘 구현되지 못한 경우이다.

CSR을 둘러싼 국제 공조는 각국의 이해관계가 첨예하게 얽혀 있어서 극적인 타결점을 찾기가 힘들다. 기후 변화가 1992년부터 논의되기 시작한 비교적 널리 알려지고 심각성이 인식된 문제라는 것을 감안하면 CSR의 다른 분야들의 국제 공조는 아마 더욱 합의되기 어려울 것이다.

따라서 국제적인 흐름을 운운하며 "우리 기업도 이젠 바뀔 것이다"라고 주장하는 것은 너무 안일한 생각이다. 물론 크게 본다면 기업이 변하긴 했다. 30여 년에 걸친 노력 끝에 이제는 탄소배출권 거래제도는 (도입은 되지 않았지만) 더 이상 낯설지 않은 개념이 되었다. 그러나 이런 흐름을 확대해석하여 기업의 변화를 낙관하는 시각은 옳지 못하다. 국제 공조만 바라보고 있다면 기업은 기대만큼 변하지 않을 것이다.

6. 무비판적으로 수용되어왔던 CSR 낙관론

앞서 우리는 그동안 우리가 알아보았던 5가지의 낙관적 근거들이 매우 과대평가되어 있다는 점에 대해 알아보았다. 그동안 CSR의 낙관론을 뒷받침하는 근거들은 너무 무비판적으로 수용되어 왔다. 그동안 우리 사회는 CSR을 둘러싼 5가지 변화들, 즉 소비자나 투자자, CEO, 임직원, 그리고 국제사회의 변화를 이야기하면서 이런 변화가 유의미하고 기업을 변화시킬 수 있을 것이라고 너무 쉽게 인정해 왔다.

이번에는 이런 근거들이 어떤 사회 분위기 속에서 무비판적으로 수용되어왔는지 알아보자.

CSR에 우호적인 언론과 책들

많은 책들과 언론에서 CSR은 늘 환영받는 주제였다. 국내 언론이나 책, 블로그 등을 보면 CSR 낙관론을 제시하는 위의 근거들에 대해 조금이라도 비판적인 시각에서 분석한 글을 찾기는 매우 어렵다.

우리나라에서 출간된 CSR 관련도서 중에서 위의 근거들을 비판적으로 분석한 책으로는 클린턴 대통령 시절 노동부장관을 지낸 로버트 라이시Robert Reich가 쓴 《슈퍼자본주의Supercaptialism》와 UC 버클리대학 데이비드 보겔David Vogel의 《기업은 왜 사회적 책임에 주목하는가Market for Virtue》 정도뿐이다. 이 두 책에서 저자들은 소비자, 투자자, 직원들의 변화에 대해서 나름대로 냉정하게 분석하면서 이 변화들이 과대평가되었음을 지적하고 있다. (이 책에서도 이 두 책에서 나온 내용들을 다수 참고하였다.)

하지만 대부분의 책들은 CSR을 매우 우호적이고 낙관적으로 다루고 있으며, 대개 앞에서 말한 5가지 사회의 변화들과 나이키나 엔론의 사례 그리고 팀버랜드와 같이 성공적인 기업사회공헌 사례들을 통해 착해지지 않은 기업들은 도태되는 시대가 올 것이라고 역설한다.

CSR에 대해 우호적인 성향은 언론에서도 쉽게 볼 수 있다. 우리나라의 언론들은 보수와 진보를 막론하고 CSR에 대해 우호적인 시각을 가지고 있다. 우리나라 언론들이 CSR에 대해서 얼마나 우호적인 시각을 가지고 있는지는 우리나라의 언론들과 미국의 언론들이 CSR을 바라보는 시선을 분석한 조사[42]를 보면 알 수 있다. 이 조사에서 한국의 언론들은 CSR에 대해 비판적인 견해를 거의 내비치지 않는 것으로 조사되었다. 여기서의 비판적인 견해란, 다음과 같은 접근을 의미한다.

'공적 영역의 문제를 사적 기업이 해결하는 것은 무리이며, CSR은 이윤추구를 위해 기업이 뒤집어쓴 가면일 뿐이다. 기업은 적은 돈으로 악화된 기업 이미지를 회복시키기 위해 CSR을 이용하지만, 가시적인 효과도 없는 CSR에 쓸데없이 예산을 낭비함으로써 기업경영의 효율성이 저하되고 시장이 왜곡된다.' 43)

한국 언론의 경우 85.7%가 우호적, 14.3%가 중립적인 입장에서 CSR에 대한 기사가 작성되었고, 비판적인 입장에서 쓴 기사는 하나도 없었다. 이는 9.8%의 기사가 비판적인(비우호적인) 시각에서 작성된 것으로 나타난 미국의 사례와 비교되는 수치이다.

언제나 긍정적인 시각에서 CSR을 바라보다 보니, 기업의 변화를 유발할 사회의 변화들도 자주 언론에 오르내린다. '착한 기업이 역시 수익률도 좋았다' 거나, '사회적 책임을 완수하는 착한 기업만이 살아남는다' 와 같은 헤드라인들이 그 예이다.

물론 이런 언론과 책들의 역할이 나쁘다는 것은 아니다. 이런 책이나 언론 그리고 CSR의 중요성을 주장하는 개인들의 역할이 있었기 때문에 그나마 우리 사회의 CSR이 빠르게 정착할 수 있었기 때문이다.

그러나 현실적인 발전을 위해서는 냉정한 분석이 필요하다. 장밋빛 전망만 가지고 있는 CSR은 실질적인 사회의 변화를 이끌어내지 못하고 그저 기업들의 자화자찬과 사회구성원들의 허무한 요구로 끝나버릴 수 있다. '기업의 최대 사회적 책임은 고용' 이라든지, '기업은 열심히 경영만 하면 된다' 와 같은 CSR 비판론자들의 의견을 단순히 시대에 뒤떨어진 시각이라고만 치부한다면 기업을 변화시키기 위한 발전적인 논의는 성립되기 어려울 것이다.

한번만 더 생각해보면 말이 되지 않는 논리들

가끔 CSR의 당위성을 주장하기 위해 잘못된 논리가 사용되기도 한다. 무비판적으로 CSR은 무조건 좋은 것, 기업이 꼭 해야 하는 것으로 인식하는 사회의 분위기 덕이다. 가장 대표적인 잘못된 논리 중 하나는 다음과 같다.

① 나이키와 엔론 사태를 거론
② CSR의 중요성을 주장
③ CSR 중의 하나는 사회공헌이라고 설명
④ 따라서 기업은 기부를 더 많이 해야 한다는 결론의 도출

얼핏 보면 맞는 말처럼 보인다. 그러나 이 논리는 잘못되었다. 먼저, ①번에서 ②번으로 넘어가는 논리는 맞다. 아동노동 착취기업이라는 오명을 쓰고 기업 명성의 하락 및 강력한 불매운동을 경험한 나이키나 분식회계를 한 경영진의 부도덕으로 인해 회사가 사라진 엔론의 사례를 볼 때 당연히 CSR은 중요하다. 사회적 책임을 이행하지 않음으로써 회사의 가치가 추락하거나 혹은 아예 망한 사례가 존재하기 때문이다. ③번도 맞는 말이다. CSR 중 하나는 사회공헌이고 특히, 우리나라의 경우 'CSR은 곧 사회공헌'이라고 생각하는 기업들도 많다.

그러나 ③에서 ④로 넘어가는 논리는 비약이다. 위의 주장을 다시 재구성해보면 다음과 같다.

A(아동노동 금지, 투명한 회계)가 중요하므로, A를 포함하고 있는 B(CSR)가 중요하다.
B는 C(사회공헌)를 포함하는데, 그러므로 C도 중요하다.

이상하지 않은가? 만약 이런 논리가 맞는다면 다음의 주장도 맞아야 한다.

'유재석이 나오면 재미가 있으므로, 유재석이 나오는 무한도전도 재미있다. 무한도전에는 길도 나온다. 그러므로 길도 재미있다.' (그저 왜 기존의 논리가 논리적으로 말이 안 되는지를 설명하려고 하고자 예를 든 것이니 이해해주기 바란다. 길도 재미있긴 하지만 어쨌든 이 논리는 잘못되었다.)

사실 회계의 투명성이나 노동자의 인권은 사회공헌과는 큰 상관이 없다. CSR 안에 투명한 회계도 있고 사회공헌도 있을 뿐이지 투명한 회계가 중요하다고 해서 사회공헌도 중요한 것은 아니다. 엔론 사태를 예로 들면서 사회공헌이 중요하다는 결론을 낸다는 것은 사실 억지논리가 끼어 있는 것이다.

물론 강연이나 블로그에서 글을 작성할 때 충분하지 않은 제한된 공간에서 논리를 풀어나가려고 하다 보니 벌어진 일일 수도 있다. 보통 이런 논리가 CSR에 대해 전혀 모르는 사람들을 대상으로 한국 기업들의 CSR 현실에 대해 설명할 때 사용된다는 점을 감안하면, 이런 방법으로 스토리를 엮을 수밖에 없었던 글쓴이의 상황도 충분히 이해할 수 있다.

그러나 문제는 이렇게 눈에 보이는 오류를 그동안 제대로 지적한 사람이 아무도 없을 정도로 우리 사회는 CSR을 무비판적으로 수용해 왔다는 것이다.

7. 비관적인 미래 : CSR에 신경을 쓸 기업들의 여유가 사라진다

매우 과장된 근거들에도 불구하고 그동안 기업들은 CSR을 너무 무비판적으로 수용해왔다. 물론 기업의 의사결정을 하는 실무진이나 임원들이 이런 부분에 대해 한 번도 진지하게 고민하지 않았다고 생각하기는 어렵다. 그러나 확실한 것은 기업들이 CSR에 대해서만큼은 국내외를 불문하고 가급적 협조적인 자세를 취해왔다는 것이다. 합리적이고 효율적인 사업을 지향하는 기업들이 CSR에 대해서만큼은 너그럽고 관대한 기준을 적용하며 'CSR을 해야 한다'고 수긍해 왔던 것이다.

이러한 너그러운 접근이 미래에도 지속된다면 매우 고마운 일이다. 많은 사람들이 이야기하는 것처럼 기업들은 자발적으로 착해지려고 노력할 것이다. 과장된 근거들의 거품이 꺼져도 기업이 계속 긍정적으로만 CSR을 생각해준다면 아주 느리게나마 지금과 같은 기업의 변화는 계속 이어질 수 있을지도 모른다. 그러나 아쉽게도 상황은 그렇게 녹록하지 않다.

CSR 성장기=경제 성장기

기업들이 CSR에 대한 투자에 대해 너그럽게 승인하기 시작한 것은 언제부터였을까? 국제 사회에서 CSR의 개념이 제대로 자리를 잡고 기업들이 본격적으로 CSR에 대해 고민하기 시작한 시점은 지금도 회자되고 있는 나이키 사건이 일어났을 때라고 할 수 있다. 그리고 이 CSR은 2001년 엔론 사태를 계기로 다시 점화된다. 국내의 경우, 사회공헌이나 CSR 개념이 본격적으로 도입된 것은 2003년 이후이다. 2003년 삼성SDI와 현대자동차, 한화석유화학 등 3개사가 지속가능 보고서를 국내 최초로 발간하였고44), 기업들도 본격적으로 사회공헌 비용을 늘리기 시작한 것이다.

CSR 활성화 시기는 경제적 호황기와 일치한다. 미국의 경우 나이키 사건이 일어난 1996년부터 엔론 사태가 터지기 시작한 2001년까지 다우존스가 5,500 수준에서 11,500 수준까지 거의 두 배 이상 오른 장기 호황기였다. 또한 엔론 사태의 여파가 지나가고 난 후, 미국발 금융위기가 일어났던 2008년 5월까지도 미국 증시는 상승을 거듭하던 호황기였다.

경제적인 호황기였기 때문에, 기업들은 눈앞의 이익을 더 늘리는 것보다는 장기적인 안목으로 기업의 가치를 높이는 데 투자하는 것에 대해 관대할 수 있었다. 즉 이익이 많이 나던 시기였기 때문에 CSR에 투자하라는 사회의 요구를 따르는 데 큰 문제가 없었다고 할 수 있다. 게다가 2002년도의 지수 하락을 가져온 주요 원인이 엔론과 월드컴 등의 회계부정사건이었음을 감안한다면, 이 하락마저 기업들에게는 CSR에 보다 신경을 써야만 하는 이유가 되었을 것이다.

한국의 경우도 마찬가지다. 한국에 CSR이라는 개념이 본격적으로 도입된 것은 엔론 사태가 지나간 후인 2003년부터였다. 이때부터 윤리경영이라는 개념을 도입하는 기업이 많아지고, 사회공헌 예산을 늘리는 기업도 많아지기 시작했다. 전 세계적인 호황기였던 때인 만큼, 우리나라의 경우도 예외는 아니

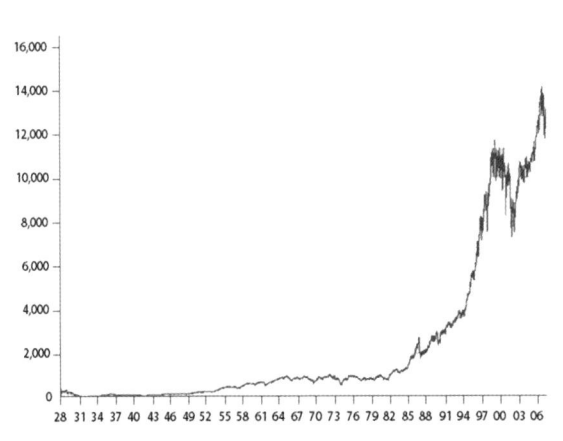

2-13 미국 증시의 추이(28-06)(출처: Fedprimerate.com)

었다. 우리나라의 종합주가지수는 2003년 662에서 (1월 3일) 미국발 금융위기가 들이닥친 시기인 2008년 5월에는 1,848포인트까지 3배 가량 상승했다.

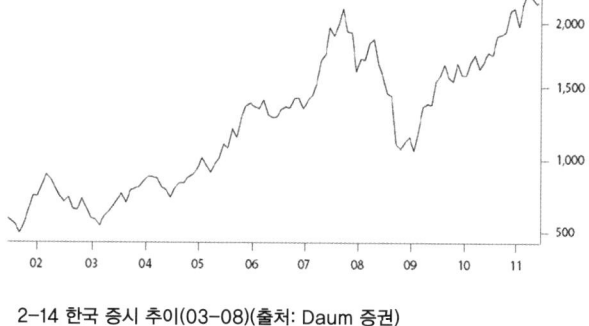

2-14 한국 증시 추이(03-08)(출처: Daum 증권)

호황기에는 기업들이 당장의 비용축소와 같은 문제들보다는, 기업의 장기적인 혹은 무형적인 이익에 보다 더 신경을 쓸 수 있는 환경이 조성된다. 그리고 이러한 관심은 CSR로도 이어졌다.

국내기업들의 사회공헌 예산을 보자. 전경련의 발표에 따르면, 국내 주요기업들의 사회공헌 예산은 전경련 집계 기준으로 2004년 1조 2,000억 원에서 2010년 2조 9,000억 원으로 약 1.34배가 늘어났다.

이렇게 사회공헌 예산이 늘어날 수 있었던 것은 사회공헌 예산의 투자수익률(ROI)에 대해 신경을 적게 썼기 때문에 가능한 일이었다. 예년보다 늘려야 되는지, 줄여야 되는지에 대해 고민은 많이 했겠지만 과연 이 금액이 우리 기업의 규모와 성격에 맞는 금액인가에 대해서는 고민하지 않았다. 사회의 요청에 맞추어 혹은 '다른 기업들도 다 하니까' 기부 규모를 늘려온 것이다. 이러한 두리뭉실한 의사 결정은 모두 우리 사회가 경제적으로 (적어도 지표상으로는) 호황기에 있었기 때문에 가능했다.

호황기의 끝 = CSR의 위기

이제 더 이상 호황기라고 할 수 없는 시기가 도래했다. 2008년 말의 금융위기를 시작으로 근래의 유럽 위기까지 전 세계가 불황기에 접어들면서 세계경제는 위기를 맞고 있다.

종합주가지수를 기준으로 보면 예전보다 상승했을 수도 있지만 미국발 금융위기와 유럽의 경제위기까지 겪고 있는 세계경제는 예전의 호황기와 분위기가 사뭇 다르다. 이제 더 이상 예전과 같은 호황기의 모습을 기대하기는 어렵게 됐다.

이렇게 되면, 과대평가된 근거들을 바탕으로 추진되었던 기업의 사회적 책임 활동들은 그 규모가 줄어들 수밖에 없다. 경제 불황 속에서 기업은 기부와 자원봉사 등 '착한 기업'이 되기 위한 노력에 투자되는 돈을 줄일 수밖에 없다. 이익을 나누기보다 그 나눌 이익을 만드는 것이 훨씬 급해졌기 때문이다.

예를 들어 CSR을 하는 데 드는 비용이 10억 원이라고 해보자. 예전 호황기 때, 예를 들어 영업이익이 400억 원씩 났을 때에는 사회적 책임을 다하는 기업이라는 좋은 소리 한번 듣고 10억 원의 비용을 지불하는 게 큰 일이 아니었을 수 있다. 기업의 이미지가 높아진다느니 직원 만족도가 높아진다느니 하며 이를 정당화하면 10억 원 정도의 예산은 너그러운 경영진과 주주들 모두 이해해 줄 수 있었다.

하지만 불황기에 접어들어 영업이익이 400억 원에서 20억 원으로 격감했다고 생각해보자. 이러한 상황에서 과연 어떤 기업이 이익의 50%를 손에 잡히지도 않는 사회적 가치를 위해서 투자할 수 있을까? 기존에 사용하던 10억 원의 비용도 줄여야 할 판이다. CSR과 관련한 신규사업의 추진은 더욱 어려워질 것이다. 만약 이 기업에서 새로운 CSR 활동, 예를 들어 보다 내용이 풍부한 지속가능경영 보고서를 만들거나 공장에서 배출되는 유해물질의 양을 획기적으로 줄이는 활동을 위해 추가로 자금을 투입하고자 할 때, 과연 몇 명의 CEO가 이를 인가해 줄 수 있을까? 호황기가 끝나고 불황기에 접어들면서 CSR에 있던 CEO들의 관심이 다시 기업의 생존이나 이익 창출로 돌아가는 상황이 온 것이다.

물론 회사 밖에서는 경영진들도 '불황이지만 우리는 CSR을 게을리 하지 않을 것이다' 라고 이야기할 것이다. 그러나 기업 CEO의 일차적인 책임은 시장이 기대하는 경영성과를 내는 데에 있는 만큼 호황기처럼 CSR에 기업의 자원을 투여하기는 힘들 수밖에 없다. '기업의 재무적인 성과를 내는 데 일조한다' 는 지극히 당연한 이유가 아닌, 'CEO의 의지' 를 근거로 전략부서나 재무부서와 같은 기업의 전통적인 부서들을 설득해온 CSR 사업은 기업에서의 중요도 면에서 위축될 수밖에 없다는 것을 쉽게 짐작할 수 있다.

즉 이제까지 기업이 보여준 사회적 책임 활동의 폭발적인 성장은 더 이상 보여주지 못할 가능성이 높다. 실제 미국 기업들의 경우, 경제위기가 시작된 2009년도에는 기부금액을 줄이겠다는 기업의 비중이 더 높았다.

과대평가 되었던 5가지 'CSR을 해야 하는 이유' 들을 무비판적으로 받아들이면서 기업들이 추진해 왔던 CSR 활동들은 그 적정 수준에 대해 다시 한 번 냉정한 평가를 받게 될 것이다. 그나마 다행인 것은 지금보다 사회적 책임 수준이 줄어들 것 같지는 않다는 것이다. 이미 CSR을 향한 사회의 눈높이가 높은 수준에 형성되어 있기 때문이다. 만약, 기업이 사회적 책임 수준을 지금보다 낮출 경우, 예를 들어 지속가능경영 보고서를 써오던 기업들이 슬그머니 발간을 중단할 경우, 해당 기업은 사회적 비판에 직면할 것이다. 소비자들이나 투자자들이 불매운동이나 투자금 회수와 같은 직접적인 행동에 들어가 기업 실적에 직접적인 영향을 주기는 어렵겠지만 언론에 좋지 않은 방향으로 기업의 이름이 오르는 것만으로도 기업에게는 부담이 된다. 즉 CSR 활동을 줄여나갈 때마다 거센 사회의 반발에 부딪힐 수밖에 없는 CSR의 특성상 기업들이 이를 줄여나가기는 어려울 것이다. 갑자기 CSR에 대한 노력을 중단하는 것은 그동안 쌓아왔던 이미지마저 모두 사라지게 할 수 있으므로 당연하다.

그러나 호황기 시절에 보여준 높은 CSR 성장률은 이제 제자리를 찾게 될 것이고, 기업들은 결국 높아진 사회적 기준을 만족시키고자 하는 노력을 더 이상 하기 힘들게 될 것이다. 보다 많은 기업들이 어린이들의 인권이 향상시키고 선진국 기준의 환경경영 가이드라인을 따르는 것은 물론, 개발도상국의 환경보전에도 앞장서는 꿈과 같은 이야기들은 점점 현실에서 멀어질 확률이 높다.

III

⚜

CSR의 미래변화

앞에서 우리는 CSR에 대해 너무 낙관적으로만 접근했던 우리사회의 모습에 대해 살펴보고, 또 이를 뒷받침하던 근거들이 얼마나 과장되어 있는지에 대해 살펴보았다.

그렇다면 앞으로의 CSR은 어떻게 될까? 이대로 CSR은 한때의 유행으로 끝날 것인가? 아니면 계속 기업 CEO들이 마음 속 깊이 새겨두어야 할 개념으로 남을 것인가? 이 장에서는 현재의 CSR의 상황에 대해서 진단하고 앞으로 CSR을 둘러싸고 어떤 변화들이 일어날지를 예측할 것이다.

1. CSR의 미래

다시 한 번 CSR이 놓여 있는 상황을 정리해 보자. CSR에 대한 사회의 기대는 어느 때보다 높아지고 있지만 기업이 자발적으로 그 기대를 충족시켜 줄 이유는 오히려 줄어들고 있다. 정작 사회적 책임의 실행 주체인 기업은 불황으로 인해 사회적 기대에 대해 시큰둥해 하는 상황이다. 이것이 현재 CSR이 처해 있는 우리 사회의 모습이다.

기업은 저절로 변하지 않는다

기업들의 겉모습만을 본다면, 20~30년 전에 비하면 분명히 착해졌다. 그런데 기업이 착해졌는지, 아니면 기업을 둘러싼 각종 규제에 '착한 기업을 만드는' 요소가 많이 포함되게 되어서인지는 알 수 없다. 2장에서 살펴본 '과대평가된 CSR의 이유들'을 본다면 기업이 착해져 보이는 것은 기업이 정말 바뀌었다기보다는 기업경영을 둘러싼 각종 법률(규제)이 더욱 촘촘해지고 사회의 요구를 보다 많이 반영할 수밖에 없게 됨으로써 그렇게 되었다고 할 수 있다. 실제 법보다 높은 내부의 기준을 가지고 경영활동을 엄격하게 통제하면서 (설령 그것이 기업의 이익에 반하는 일이라고 하더라도) 사업을 추진하는 기업은 거의 없기 때문이다.

기업을 둘러싼 규제들은 우리 사회의 끊임없는 노력의 산물이라고 할 수 있다. 환경 관련법이 정비되고, 노동법이 제 기능을 찾고, 소비자들의 권익을 보호하는 법률이 제대로 정비되기까지 얼마나 많은 정치적 사회적 노력들이 필요했는지를 생각해보면 알 수 있다.

이런 측면에서 봤을 때 기업이 그나마 변해온 것은 기업을 둘러싼 환경의 자연스러운 변화 때문이 아니라 기업환경을 조금이라도 더 사회 친화적으로 만들고자 하는 수많은 사람들의 노력이 있었기 때문이었다고 할 수 있다.

따라서 앞으로도 기업이 계속해서 스스로 착해질 것이라고 생각하면 오산이다. 지금껏 기업이 착해지게끔 하기 위해 부단한 노력이 필요했듯이 앞으로 기업이 더 착해지도록 만들기 위해서도 많은 노력이 필요하다. 지금처럼 'CSR을 하지 않는 기업은 도태될 것' 이라거나 'CSR은 기업의 이익에 도움이 된다' 는 낙관적 시각을 가지고 접근한다면 기업을 쉽게 움직일 수 없다. 분명한 것은 지금 CSR이 위기 상황에 놓여 있다는 것이다.

한때의 유행으로 끝날 수도 있다

더욱 비관적인 상황은 이대로 CSR이 한 때의 유행으로 사라져버릴 수도 있다는 것이다. 유행을 타고 기업들이 너도나도 도입했다가는 결국 기업의 수익 강화와 별다른 관련이 없는 것으로 드러나 소리소문 없이 사라진 사례는 얼마든지 있다. 가장 논리적이고 냉정한 의사결정 구조를 가지고 있을 법한 기업에서도 전혀 논리적이지 않은 일들은 종종 일어난다.

대표적인 사례는 CRM[47]과 글로벌 경영이다. 십 여 년 전에는 갑자기 CRM이 경영성과를 좌우한다며 그다지 고객관리가 필요하지도 않은 사업구조를 가지고 있는 기업에서도 고객정보를 녹여낸 마케팅 시스템 구축을 위해 의미 없는 투자를 하곤 했다. 지금의 CSR보다 훨씬 뜨거운 열풍이었다. 또 몇 년 전에는 글로벌 기업이 되어야 한다며 그다지 필요하지 않은 외국인 직원들을 뽑고, 한국인 직원들도 영어로 회의를 진행하도록 해서 오히려 생산성을 저해하는 결정을 했었던 적도 있다. 글로벌 기업화, CRM 등 다양한 기업경영의 개념들이 유행을 타고 모든 기업에게 필요한 것처럼 인식되다가 거품이 꺼졌듯이 CSR도 그런 개념들과 같은 전철을 밟을 수 있다. 이렇게 된다면, 착한 기업을 원하는 사회구성원들에게는 매우 암울한 일이 될 것이다.

사회적 비판은 커진다

기업이 CSR에 느리게 대응하면 기업들은 CSR이 수준을 낮추지 않았음에도 불구하고 사회로부터 점점 더 큰 비판을 받게 될 것이다. 이미 사회구성원들이 기업에게 기대하는 책임 수준은 상당히 올라와 있다. 인터넷의 발달로 기업의 잘못이나 비판거리가 쉽고 빠르게 확산될 수 있는 환경이 구축되었기 때문이다.

높아지는 기대

사회의 CSR에 대한 기대는 확실히 높아졌다. CSR 수준이 분명히 20년 전과 비교해 보면 확실히 발전했음에도 불구하고 CSR 확대에 대한 요구가 높아졌다는 것은 그만큼 사회구성원들의 CSR에 대한 기대가 높아졌다는 것을 의미한다. 이제 단지 법을 잘 지키고 환경을 파괴하지 않는 수준의 CSR로는 사회를 만족시킬 수 없다.

기대가 높아진 이유는 높은 수준의 CSR을 접할 수 있는 채널과 기회가 많아졌기 때문이다. 다양한 채널과 학습 기회를 통해 사회구성원들은 해외 CSR 우수기업들의 사례들과 나쁜 기업들이 사회에 끼친 해악들에 대해 접하게 되었다. 그리고 이들의 사례와 우리나라 기업들의 사례를 비교하면서 우리 기업들의 CSR을 평가하고 비판하기 시작했다.

이러한 현상은 더욱 강해질 것이다. 사회구성원들은 책이나, 블로그, 보고서 등을 통해 다양한 사례들을 접할 수 있다. 게다가 요즘에는 CSR에 대해 본격적으로 공부할 수 있는 환경도 만들어졌다. 많은 대학의 경영학부에서 지속가능경영에 관련된 수업을 신설한 데 이어 서울대, 연세대 그리고 KAIST 등 여러 대학의 MBA 과정에도 '기업윤리와 사회 책임'과 같은 CSR 관련 과목들이 개설되었다. 인하대는 2010년 국내 최초로 지속가능경영 MBA 과정을 설립하기도 했다. 또한 기업에서 주기적으로 직원들을 대상으로 실시하는 CSR 교육도 CSR에 대한 사회구성원들 인식을 향상시키는 데 일조해왔다.

　게다가 '사회적 기업'이나 '소셜 벤처'의 등장은 사회의 CSR에 대한 열망을 더욱 크게 만들 것이다. 물론 CSR과 사회적 기업은 완전히 다른 개념이지만 이익에만 집중하는 것이 아니라 자신의 사업이 지니는 사회적 가치에 대해서도 진지한 고민을 추구하는 사회적 기업가들의 등장과 이들에 대한 관심 증가는 국민들의 CSR에 대한 눈높이를 계속 높일 것이다.

정보의 빠른 확산

　기업에 대한 비판이 점점 더 높아질 것이라고 생각하는 두 번째 이유는 트위터나 페이스북과 같은 SNS를 통한 정보의 빠른 확산이다. 정보의 빠른 확산으로 인해 CSR과 관련된 정보들이 CSR에 대한 높은 사회적 관심과 맞물려 자주 이슈화 되고 있는 것이다. 과자에서 이물질이 발견되었다거나 음식점 체인에서 불친절한 점원을 만났다는 등의 이야기들은 SNS를 타고 급속하게 퍼져나간다. 전에 비해 확실히 사회는 기업의 잘못에 대해 더욱 민감하게 반응하는 흐름이 생겨나고 있는 것이다.

　물론 이런 사회구성원들의 인식 변화가 실제 소비행태에도 영향을 끼친다면 기업은 저절로 변할 것이다. '기업이 CSR을 해야 하는 첫 번째 이유인 '소비자의 변화'가 제대로 구현되면서 이익극대화를 추구하는 기업들이 알아서 사회적 책임을 다하게 될 것이기 때문이다.

　그러나 그럴 가능성은 여전히 희박하다. SNS의 여론과 실제 행동은 여전히 다른 패턴을 보인다. 현재의 상황만 봐도 그렇다. 한창 SSM의 폐해를 지적하는 기사들이 많이 오르내렸던 시절, 이 기사들의 댓글들을 보면

'할인마트에 가지 않겠다' '재래시장을 이용하자' 와 같은 내용이 압도적으로 많다. 하지만 현실 세계에서는 할인마트 이용객이 압도적으로 많다. 댓글로 대기업을 비판하던 사람들도 정작 소비는 할인마트에서 하는 셈이다.

  소비자들의 인식이 행동으로 이어지면 '기업이 사회적 책임을 다하는 사회'가 더욱 빨리 오겠지만 강제로 이들의 소비패턴을 바꿀 수는 없다. 따라서 이러한 CSR에 대한 사회적 기대는 그저 '불만'으로만 그치게 될 가능성이 크다.

2. 정부가 먼저 움직인다

  행동으로 이어지지 못하더라도 소비자들의 불만은 정치권을 자극하게 될것이다. 사회적 기대에 미치지 못하는 기업의 경영활동을 제한하는 규제의 도입을 통해 정치권은 사회로부터 지지를 얻을 수 있기 때문이다. 사회구성원들의 불만이 불매운동이나 소비패턴의 변화로 이어졌다면, 정치의 개입 없이도 기업들은 (자발적으로) 사회적 책임을 강화 했을 것이다. 그렇지만 구성원들의 불만이 SNS나 인터넷 상의 비판여론으로만 남아 있다면 이것은 기업보다 정치권의 변화를 이끌어내게 될 것이다. 즉 정부와 사회 그리고 기업 등 CSR을 둘러싼 주체들 중 가장 먼저 정부가 지지부진한 기업의 움직임을 개선하려는 시도를 하게 될 것이다.

  사실 그동안 우리 정부는 기업의 사회적 책임문제에 대해 소극적인 입장을 취해온 것이 사실이다. 지금까지의 정부는 그저 최소한의 사회적 책임 기준을 법으로 만들어 놓고, 그 이상의 사회적 책임은 철저히 기업의 자율에 맡겼다. 하지만 앞으로는 CSR에서 더 큰 역할을 하고자 할 것이다. 예를 들어 CSR과 관련된 법을 개정한다든지 기업의 정보를 공개하도록 하는 활동 등을 통해 기업의 CSR 활성화를 직접 유도하기 시작할 것이다. 정부는 그렇게 할 수 있는 충분한 힘을 가지고 있다. 그리고 정부가 나서준다면, CSR은 다른 경영 기법들과 다르게 유행을 타지 않고 지속될 수 있을 것이다.

이미 시작된 움직임

움직임은 이미 시작되었다. 2012년의 총선에서 각 당이 진보와 보수를 막론하고 '경제민주화'를 외치며 기업을 규제하는 정책을 본격적으로 쏟아냈던 것은 우연이 아니다. 민주통합당에서는 재벌개혁의 3대전략으로 경제력 집중 완화, 불공정 행위 엄단, 사회적 책임 강화를 선정했다. 새누리당에서도 일감 몰아주기 근절, 중소기업 사업영역 진출 금지 등을 골자로 하는 재벌정책을 내놓았는데, 이는 집권 초부터 비즈니스 프렌들리(친기업주의)를 외쳤던 이명박 정부의 정책과 대비되는 부분이다.

물론 한계는 있다. 현재 정당에서 내놓고 있는 정책들은 너무 규제 중심적이고, 몇몇 정책들은 예전부터 되풀이 되어오던 내용들이다. 정치권이다 보니 아무래도 담론이 중심이다. '이렇게 가야 한다'는 방향성에는 동의하면서도 당장 규제의 움직임이 있을 때마다 "'경제가 어렵네" "기업하기 어렵네"라는 푸념이 쏟아지는 현실에서 "이게 과연 가능할까"라는 의문은 남는다. 그렇지만 그 어느 때보다 기업의 사회적 책임에 대한 정치권의 관심이 높아졌다는 데 이견을 달기는 어렵다. 이러한 정치권의 관심은 어떤 방식으로든지 기업을 압박하기 시작할 것이며, 이런 움직임은 곧 본격적으로 정부를 움직이게 만들 것이다.

다른 국가들의 사례

사실 정치권에서 CSR에 대한 사회적 요구에 대응하는 것은 이상한 일이 아니다. 세계적인 관점에서 볼 때 이미 많은 국가에서 일어나고 있는 일이다. 세계화나 기업 시민활동, 지속가능한 개발 등의 개념이 도입된 20세기 말부터 정부는 CSR 이슈에 대해 정책적으로 접근해 오기 시작했다[48]. 유럽을 중심으로 각 국가별로 정부 차원에서 기업의 사회적 책임을 강화시키려는 노력을 계속해오고 있는 중이다.

정책적인 측면에서 CSR을 가장 잘 추진하고 있는 곳은 영국이다. 최초로 CSR 장관CSR minister을 임명했고, 정부 주도의 CSR 웹페이지 운영을 통해 CSR의 인식 확산 및 기업의 참여를 주관하고 있다. 또 2004년에 제정된 기업책임법The corporate Responsibility Law을 통해 기업들에게 매년 지속가능 경영보고서를 제출할 것을 요구하고 있다. 금융 분야에서도 이러한 정책은 이어진다. 지속가능경영 지수인 FTSE4Good을 운영하고 있고, 모든 연기금은 자신의 투자에 대해 환경적, 사회적 영향에 대해 공시하도록 만들었다.

프랑스 역시 정부 차원에서 CSR을 강하게 추진하고 있다. 지속가능을 담당하는 정부부처ministry for sustainability가 설립되어 있고, 2001년부터 상장된 모든 기업들은 환경적, 사회적 영향에 대한 보고서를 제출하는 것을 요구받고 있다. 또 공공영역에서 사업을 하려면 해당 기업이 '다국적 기업에 대한 OECD의 가이드라인'을 준수하고 있다는 것을 증명해야 하는 등 기업이 사회적 책임을 적극적으로 추진하도록 유도하기 위한 다양한 정책들을 개발해 놓고 있다.

스웨덴의 경우에는 외교부에서 CSR을 총괄하며 이를 통해 글로벌 리더로서의 입지를 다지고 있다. 특히 환경과 같은 글로벌 이슈에 초점을 맞추고 있으며, 1999년부터 기업의 경영활동이 환경에 미치는 영향을 의무적으로 공지하도록 하고 있다.49)

이렇게 다른 국가들의 사례를 참고할 때, 우리나라 정부의 대응은 매우 늦은 감이 있다. 앞에서 이야기한 것처럼 각 당에서는 CSR 관련 정책의 입안을 위해 노력하고 있지만, 아직 일부 CSR 선진국인 유럽 국가들처럼 국가 전체의 CSR 활성화 전략을 정부에서 고민하지는 않고 있기 때문이다. 동반성장위원회, 국민권익위원회 등 몇몇 정부 부처와 위원회에서 상생, 노동, 환경 등 CSR의 각 세부영역별로 대응하고 있기는 하지만 아직은 정부차원에서 CSR이 진지하게 다루어지지 않고 있는 것이 현실이다. 그러나 이제 곧 우리나라에도 정부가 CSR에 보다 깊숙하게 개입하게 되는 시기가 곧 올 것이다.

3. 기업에게 다가올 새로운 CSR

정부가 지금보다 CSR에 적극적으로 개입하게 되면, 기업들이 사회적 책임에 접근하는 방식에도 지금과 다른 변화가 생길 것이다.

지금까지의 기업중심적인 사고

사실 그동안 기업들은 매우 기업중심적인 관점에서 CSR을 바라봤다. CSR을 하면서 정작 사회나 정부가 무엇을 원하는 지에 대해서는 상대적으로 신경을 적게 써왔다. 오히려 기업들은 기업의 사회적 책임을 점점 더 기업의 관점에서 해석해 왔다. 즉 어떻게 하면 보다 더 사회에게 도움을 줄 수 있을까를 고민하기보다는, 어떻게 하면 사회적 책임을 기업의 이익에 더 연결시킬 수 있을까를 고민해왔다. 몇 년 전부터 유행했던 전략적 사회공헌 이니, CSV^{Creating Shared Value} / 공유가치 창출와 같은 개념이 그 결과물이다.

CSV^{Creating Shard Vaiue} : 마이클 포터^{Michael E. Porter} 교수와 마크 크레이머^{Mark R. Kramer FSG 50)} 대표가 제안한 개념. 기업에 대한 신뢰를 회복하고 자본주의에 대한 불신을 해소하려면 번 돈의 일부를 사회에 돌려주는 식의 기업의 사회적 책임 패러다임에서 벗어나, 기업이 강점을 갖고 있는 혁신역량을 사회문제 해결에 집중함으로써, 새로운 시장을 만들고 사회도 발전시킬 수 있다는 개념 [51].

상황이 이렇다보니, 요즘 CSR 전문 서적들에서는 기업들이 추구해야 할 사회공헌 사업의 방향으로 영국의 테스코가 미국 시장에 진출한 사례를 제시하고 있기도 하다. 테스코는 다른 나라 유통 매장의 진출에 거부감이 있었던 미국에 진출하기 위해 패스트푸드나 건조식품만 판매하는 '음식사막' 과도 같은 도심 빈민가에 주목했다. 빈민가에 신선한 과일과 야채를 판매하는 소규모 매장을 오픈해 주민들의 건강관리에 도움을 주면서 높은 매출을 올렸고 시장 확대와 함께 빠른 매장 확대도 이룰 수 있었던 것이다.[52]

물론, 기업이 사회적 책임을 기업의 이익과 결부시켜 생각하는 것은 좋은 흐름이다. 기업의 이익을 사회적 책임에 연결시킨다면, 모든 기업이 자발적으로 사회적 책임을 다하는 착한 기업이 되고자 할 것이기 때문이다.

그러나 이 말을 뒤집어 보면, 결국 기업이 하고 싶은 일만 하겠다는 것으로 해석될 수 있다. 만약 테스코의 사례가 사회적 책임의 사례라면, 우리 사회의 편의점은 늦은 시간 학원을 마치고 집에 귀가하는 배고픈 학생들을 돕는다는 식으로 포장될 수도 있다. 이런 방식으로라면 사회가 편의점업계에 요구하는 많은 사회적 책임들(최저임금제 활성화 등과 같은)은 소외되기 쉬울 수밖에 없다. 즉 기업의 관점에서 사회적 책임을 (때로는 자의적으로) 해석하는 사례가 많아지면 많아질수록, 결국 기업은 사회가 원하는 사회적 책임의 모습에서 점점 더 멀어질 수 있다.

기업에게 필요한 새로운 움직임

정부가 CSR에 관심을 쏟게 되는 상황이 오면, 기업은 지금 보다 더 사회(즉, 정부)가 원하는 방향이 무엇인지 보다 더 관심을 기울여야 한다. 즉 정부가 해결하고 싶어 하는 사회적 문제에 대해 어떤 식으로 기여할 수 있는지 고민해야 한다는 뜻이다. 그리고 정부의 정책 방향을 예측해 자사의 CSR에 적극 반영해야 한다. 예를 들어 정부가 저출산 문제를 해결하기 위해 기업들의 육아휴직 활성화 문제를 이슈화시키려는 움직임을 보인다면, 기업은 미리 자사의 육아휴직 현황에 대해 점검해 두어야 한다. 만약 육아휴직에 대해 사회적 기대보다 높은 수준으로 대처하고 있었다면 '육아휴직 모범기업'으로 인정받을 수 있도록 전략을 짜야 하고, 낮은 수준이라면 육아휴직 요구에 어떻게 대응할지 미리 방안을 준비해 두어야 한다. 정부의 자료공개 요구에 무대책으로 있다가 육아휴직에 인색한 기업이라고 낙인찍히기보다는 "현재는 매우 낮은 육아휴직 수준이지만, 회사차원에서 이 문제를 깊게 공감하고 있으며 여러 활성화 대책을 검토 중에 있다"라고 말하는 것이 훨씬 유리하기 때문이다.

이 모든 것의 성과는 기업이 정부의 정책 방향성에 대해 얼마만큼 먼저 눈치를 채고 준비를 하는지에 달려 있다. 기업의 CSR 부서는 지금보다 더 정부의 움직임에 관심을 가지고 지켜봐야 하고, 정부의 정책을 자사의 CSR에 어떻게 연계시킬 것인지 고민해야 한다.

IV

정부의 3가지 접근방법

앞에서 우리는 왜 정부가 기업의 사회적 책임 활성화에 개입할 시기가 다가오고 있는지 알아보았다. 경제가 불황기로 접어들면서 기업이 알아서 사회의 요구수준 만큼 사회적 책임을 다해야 할 이유는 많이 줄어든 반면, 기업의 사회적 책임에 대한 사회의 요구는 점점 높아지는 등 CSR에 대한 사회의 불만은 점점 커질 수밖에 없는 상황이다. 이에 따라 사회의 요구 대로 기업이 조금씩 변화할 수 있도록, 정치권에서 목소리를 내기 시작할 것이고, 결국 사회의 지지에 민감할 수밖에 없는 정부가 점점 더 CSR에 '참여' 하기 시작할 것이라는 예측이다.

그럼 앞으로의 정부의 개입은 어떤 방향으로 진행될 것인가?

현실적이고 전략적인 접근이 필요하다

기본적으로 정부의 정책은 사회구성원의 요구에 기반 한다. 사회구성원들 각자가 서로 다른 이해관계로 얽혀 있음을 감안하면 이들의 요구는 매우 다양할 수밖에 없다. "정부가 이런 수준의 제재를 가했으면 좋겠다." "CSR에서 적어도 이 부분만은 확실하게 고쳤으면 좋겠다" 등과 같은 질문에 대해 사람들은 개인마다 다양한 의견들을 가지고 있을 것이다. 어떤 사람은 사회공헌 예산의 증액을, 어떤 사람은 지배구조의 개선을, 어떤 사람은 노동자들의 권익 보호를 가장 중요한 문제로 꼽을 수도 있다.

정부는 시민사회의 지지를 얻어내기 위해 모든 요구를 다 들어주고 싶겠지만 그것은 불가능하다. 정부의 이러한 움직임은 기업들의 반발을 불러일으킬 것이기 때문이다. 지속가능경영 보고서의 의무적인 발간이나 복수노조의 허용, 육아휴직의 의무화 등 CSR에 대한 규제는 대부분 기업에게 작든 크든 새로운 비용을 발생시킨다. 비판적인 시각에서 본다면 기업의 경쟁력을 약화시킬 수도 있는 규제들이다. 그리고 그동안 드러내 놓고 말을 하지 못했지만 경제 활성화를 위해서 정부가 시장에 개입하는 것에 대해 불편한 시각을 가지고 있는 사람들도 많다. 이런 상황 속에서 일부 구성원이 아닌 전체 국가를 아울러야 하는 정부는 CSR을 활성화시킬 수 있는 정책들을 도입하기가 쉽지 않다.

따라서 정부는 매우 전략적으로 접근해야 한다. CSR에는 다양한 사회적 요구들이 포함되어 있지만 정부가 이를 해결하기 위해 쓸 수 있는 규제 카드는 분명한 한계가 있기 때문이다. 따라서 정부의 개입은 사회로부터 지지를 가장 이끌어내기 쉬운 분야나 기업이 쉽게 따라올 수 있는 분야부터 시작되어야 한다. 정치권에서는 우리 사회가 나가야 할 지향점을 가리키는 만큼 이런저런 거대담론들을 이야기할 수 있겠지만, 국가를 운영해야 하는 정부의 입장에서는 이런 거대담론들과 함께 이를 현실에 적용해 나가는 것도 깊이 고민해야 한다.

예를 들어 웬만한 기업은 꿈쩍도 하지 않을 '지배구조'에 대한 문제를 먼저 풀려고 하면, 정부의 CSR 노력은 무위에 그치게 될 확률이 높다. 지배구조 규제에 대한 찬반토론에 에너지를 소비하다가 흐지부지될 수도 있다. (물론 요즘처럼 여야 모두 '경제민주화'를 외치며 이 문제에 대해 진지하게 접근하는 시기에는 조금 다를 수도 있다.) 이런 무거운 주제를 앞에 내세운다면 오히려 기업과 사회, 그리고 정부가 타협점을 찾기 쉬운 분야는 시작도 못해보고 관심 밖으로 사라질 수도 있다. 어떤 분야에서 어떤 방법을 사용해야 가장 적은 사회적 비용으로 높은 성과를 올릴 수 있을지에 대한 고민 없이 단순히 '착한 기업이 되자'는 구호만 외친다면, 기업으로부터 실질적인 변화를 이끌어내기 힘들 것이다. 차라리 작더라도 현실적인 부분부터 하나하나 만들어나가는 노력이 필요하다.

이를 위해, 먼저 CSR의 재정의를 통해서 사회가 요구하는 CSR에 어떤 영역들이 있는지 살펴보고, 그 영역들 중 어느 부분을 우선순위로 가져가야 하는지 결정한 후 해당영역에서 기업의 변화를 이끌어 내기 위해 정부가 어떤 행동을 취할 수 있는지에 대해 알아보도록 하겠다.

1. CSR 재정의 하기

CSR에 대한 재정의 필요성

정부가 가장 먼저 해야 할 것은 CSR의 정의를 내리는 것이다. 많은 사람들이 기업의 사회적 책임이라는 말을 쉽게 사용하지만 사실 CSR의 정의가 명확하게 정해져 있는 것은 아니다. 가난한 이웃들에게 연탄을 전달해 주거나 환경친화적인 제품을 앞장서서 만드는 기업들을 칭찬할 때도 CSR이라는 단어를 사용하고, 공장의 폐수를 강에 버려서 환경을 오염시키거나 유통기한이 지난 식품을 팔다가 적발된 기업들을 비판할 때도

CSR이라는 용어를 사용한다. 즉 납세처럼 이미 정해진 법을 따르는 것부터 기업이 자발적으로 소외계층을 돕는 활동까지, 우리가 CSR이라고 부르는 경영활동의 범위는 매우 넓고 그 종류도 다양하다. 실제 이와 관련된 학술자료를 보면, 1980년부터 2003년까지 27명의 연구자가 37가지의 서로 다른 개념으로 CSR을 정의했다고 한다.53)

게다가 동일한 주제 내에서도, 사람마다 '어디까지가 사회적 책임인가?'에 대한 생각이 다르다. 같은 기부금의 중요성을 이야기하는 사람들 중에서도 기업들이 현재 내고 있는 기부금의 수준이 이미 충분하다고 할 수도 있고, 아니면 아직도 더 내야 한다고 주장할 수도 있다. 어쩌면 금액에는 만족하지만 '결국 생색내기 아니냐?'며 기업들의 진정성을 문제로 삼을 수도 있다. 또한 기업의 비즈니스를 사회문제에 접목시키는 모델을 빨리 개발하라고 요구할 수도 있다.

게다가 요즘에는 전략적 CSR이니, BOP니, CSV 그리고 CSR3.0과 같은 개념까지 나오면서 CSR의 범위를 정하기가 더욱 어려워졌다. 이러한 개념들은 분명 CSR과는 구분되는 개념들이지만 CSR의 새로운 영역이나 대안으로 사용되고 있다. 이들의 등장은 결과적으로 기업의 'CSR을 하겠다'라는 주장이 정확히 기업이 어떤 행동을 하겠다는 것인지를 더욱 헷갈리게 만들고 있다.

▶ BOP Bottom of the Pyramid : 1인당 연간소득 3,000달러(1일 8달러) 미만으로 생활하는 경제적 빈곤층을 의미. 1998년 미시건대학의 프리힐라드C. K. Prahalad 교수와 코넬대학의 하트Stuart L. Hart 교수가 처음 만든 개념이다. 보통 이 BOP 계층을 원조의 대상이 아니라 미래의 잠재시장으로 간주하여 이들에게 필요한 제품이나 서비스를 기존 시장과는 다른 방법으로 제공함으로써 기업은 수익을 확보하고 빈

곤층은 더 나은 후생수준을 누리는 것을 의미한다.54)

▶ CSR 3.0: 제이슨 사울이 그의 저서 《CSR3.0》(청년정신 펴냄)에서 제안한 개념. 사회문제에서 오히려 비즈니스 기회를 찾아내는 개념이다. CSR1.0(전통적인 자선), CSR2.0(전략적인 자선이나 지속가능경영)에 이어 CSR3.0(기업의 사회혁신)의 시대가 올 것이라는 주장에서 비롯되었다.

우리 정부의 상황

그동안 우리 사회에 CSR에 대한 논의는 많았지만, 정작 무엇이 CSR인가에 대한 논의는 충분하지 못했다. 이렇게 같은 'CSR'이라는 단어가 각기 다르게 해석되는 상황에서는 모두가 공감할 만한 결론을 낼 수 없다. 따라서 정부가 효과적으로 기업들의 사회적 책임을 강화시키기 위해서는 CSR에 대한 재정의를 먼저 내려야 한다. 동시에 기업의 어떤 부분을 어느 수준까지 변화시켜야 하는지에 대한 가이드라인을 고민해야 한다.

현재 우리나라에는 이러한 가이드라인이 존재하지 않는다. 정부에서도 하나의 큰 흐름 안에서 정부의 정책들이 논의되기보다는 공정거래위원회, 동반성장위원회, 국가인권위원회, 노사정위원회 그리고 국민권익위원회 등 CSR과 관련한 여러 독립된 위원회들을 중심으로 상생경영이나 윤리경영과 같은 CSR의 키워드들이 따로따로 논의되고 있는 실정이다. 그럼에도 불구하고 사회공헌, 환경, 노동, 지배구조 등 CSR의 각 영역에 대해 모든 정책을 각자 동시에 입안하고 추진하기는 어렵다고 가정할 때, 적어도 어느 부분을 먼저 개선하고 어느 수준까지 변화시킬 것인지에 대한 정부 차원의 고민이 필요하다.

CSR의 국제표준이라고 할 수 있는 ISO26000과 같이 국제적으로 통용되는 가이드라인을 참고하는 것도 방법이다. CSR과 관련된 많은 시민단체 그리고 정부 부처에서 이 ISO26000의 중요성에 대해 공감하고 있으며, 각 기업별로도 CSR 전략을 수립할 때 이 ISO26000을 종종 활용하고 있다. 2부에서 언급한 대로, ISO26000은 강제성이 없고 인증기준으로도 사용하기가 불가능한 것처럼 그 영향력에 대해 과대평가된 것이기는 하지만 적어도 ISO26000에서 제시하는 사회적 기준들은 전 세계적으로 공감대가 형성된 것이므로 참고할 필요가 있다.

물론 ISO2600의 기준을 그대로 우리 사회에 적용하는 것은 무리가 있다. ISO26000은 CSR의 요소들을 나열해 놓은 기준들일 뿐 정부가 어떤 CSR 영역에 우선적으로 개입해야 하는지에 대해서는 답을 줄 수 없기 때문이다. 게다가 '최소한의 수준'을 염두에 두고 만들어진 ISO26000의 기준들은 이미 OECD 가입국인 우리나라의 사정과 맞지 않는 기준들이 많이 존재한다. 예를 들어, '인권'과 같은 문제를 논하는 데 있어 인도나 파키스탄의 노동자들의 상황과 우리나라의 상황이 동일하게 논의될 수는 없다. 파키스탄 노동자보다 국내 노동자들이 더 인권적으로 대우받고 있다고 해서 국내기업들이 인권에 대한 사회적 책임을 다하고 있다고 할 수는 없다. 노동자들의 인식이나 노동정책이 나름대로 발전한 우리나라의 경우에는 보다 더 강화된 기준이 필요하기 때문이다.

따라서 정부는 먼저 국제적으로 통용되는 CSR 영역 중에 국내사회의 요구를 반영하여 기업들에게 요구할 CSR 영역을 도출하고 국내의 현실을 감안하여 각 영역별 현재 수준과 목표 수준을 도출하여야 한다.

정부가 요구해야 하는 CSR 영역

그럼 이제 기업의 사회적 책임 영역의 종류와 그 요구수준에 대하여 정리해보자.

먼저 영역부터 보자. 정부가 기업에게 요구해야 할 사회적 책임들은 무엇일까? 다시 말해 정부의 고객이라고 할 수 있는 사회구성원들이 이야기하는 CSR에는 기업의 어떤 활동들이 포함되어 있을까?

이 질문에 답하기 위해 먼저 우리 사회에서 기업의 사회적 책임이라는 이름 아래 이야기되고 있는 기업의 활동들을 모두 모아 보면, 기업의 사회적 책임과 관련된 사회의 요구들은 Process, Product, Profit Sharing의 세 가지를 축으로 분류됨을 알 수 있다.

가. Process : 제품/서비스를 만드는 과정에 대한 요구

먼저 Process는 기업이 서비스나 제품을 만들고 판매하는 '과정'에서의 사회적 책임을 의미한다. 즉 제품의 착함 여부와는 관계없이 그 제품을 만드는 과정에서 기업이 잘못하거나 잘한 일들이 포함된다. 제품을 만드는 데 있어서 부당한 방법으로 근로자에게 피해를 준 경우나 공장에서 폐수를 몰래 버림으로써 환경을 오염시키는 경우들이 여기에 해당된다. 물론 이 과정에서도 사회로부터 칭찬을 듣는 사례들이 있는데, 공정무역을 통해서 원자재를 구매한다든지, 회사 차원에서 윤리경영을 실시한다든지 하는 것들이다.

UNGC나 ISO26000, 그리고 DJSI의 기준을 참고하면 Process는 4개의 세부항목으로 나뉜다. 각 기관별로 조금씩 상이하긴 하지만 그 중 가장 보편적이고 기본적인 기준을 담은 UNGC의 원칙(이미 1부에서 소개한 바 있다)을 기준으로 나누어보면, Process 부분은 환경, 노동, 인권, 반부패의 4가지 영역으로 나눌 수 있다. 앞서 언급한 대로 국제기관들이 제시하는 CSR의 기준들이 우리 사회가 기업에게 바라는 사회적 책임의 영역을 모두 반영하지는 못하므로 이 책에서는 UNGC가 제시한 4가지 분야들에 우리나라 현실에 맞는 기준들을 추가하고, 상대적으로 비중이 작은 분야는 제외하거나 다른 분야와 통합함으로써 기업의 Process 부분에서 요구되는 사회의 기준들을 분류하였다.

인권과 노동의 통합 : 먼저, 인권 분야는 국내 CSR에서 다뤄지는 비중이 크지 않으므로 '노동' 영역과 통합했다.

기업의 경영활동으로 인해 인권이 침해되는 사례는 쉽게 찾아볼 수 있다. 글로벌 관점에서 본다면, 다국적기업이 개발도상국에 공장을 설립할 때 설립 예정부지에 있던 주민들의 삶의 터전을 빼앗는 경우가 대표적이다. 국내 기업으로는 포스코가 인도 오리사 주 제철소 건설과정에서 건설을 반대하는 주민들과 마찰을 빚은 사례가 있다. 또 다른 몇몇 국내기업들도 필리핀에서 합법적으로 설립된 노조를 파괴하기 위해 노조원을 납치하고 살해 위협까지 하는 반인권적인 경영활동 때문에 현지 언론을 시끄럽게 했던 사례들이 있다.[55]

하지만 우리 사회에서 주로 이야기되는 인권문제들은 대부분 노동과 연관되어 있다. 국내에서 부각되는 인권과 관련된 주요 CSR 문제들은 비정규직 차별, 여성 직원 차별, 국내 임직원과 해외 자회사들의 임직원에 대한 처우 불균형 등 노동자들의 처우개선과 관련된 문제들이 대부분이다. 이런 내용들은 Process의 또 다른 영역인 '노동' 분야와 중복되므로 이 책에서는 인권부분을 노동문제와 함께 묶어서 볼 것이다.

물론 우리나라에도 노동 영역에 포함되지 않는 인권 이슈가 존재한다. 2005년 롯데 백화점이 명동에 명품관 에비뉴엘을 오픈하면서 그동안 명품관 예정부지 앞에서 장사를 해오던 노점상들과 대치했던 일이 대표적이다. 또 2009년의 도심을 재개발하는 과정에서 강제철거 위기에 몰린 철거민들과 경찰이 충돌하여 많은 사상자를 낸 '용산참사' 도 넓게 보

4-1 POSCO에 항의하는 인도주민(출처: NDTV)

면 인권문제라고 할 수 있다. 재개발 사업과 관련된 몇몇 기업들이 배후로 거론되었기 때문이다.

그러나 CSR에 대해 이야기하면서 이러한 사례들을 다루기는 쉽지 않다. 기업이 해당 사건에 직접적으로 개입되었는지를 알기가 어렵거니와 사실상 불법행위를 자의든 타의든 하고 있는 노점상이나 철거민들의 상대는 기업이 아닌 정부(공권력)이므로 CSR보다는 국가의 정책문제로 비춰지기 때문이다. 그래서 특정 기업이 피해자로 언급되는 노점상이나 철거민들을 직접 대면하는 경우는 거의 없다. 따라서 일단 인권 부분은 '노동' 문제에 초점을 맞추고 노동 분야에 포함시켜서 논의하는 것으로 한다.

상생경영과 지배구조의 추가 : UNGC의 4가지 영역에 추가되어야 할 부분은 상생경영과 지배구조이다. 상생경영은 대기업들이 상대적으로 약자인 중소기업들과 함께 일할 때, 강자인 대기업만 이익을 취하는 것이 아니라 약자인 중소기업들도 함께 살 수 있는 사업구조를 만들어 가는 것을 의미한다. 그리고 지배구조는 기업이 중립적인 인물을 이사회 멤버로 영입하는 등의 노력을 통해 경영 자원의 조달과 운영 및 수익 분배와 같은 경영상의 의사결정 과정을 감시하는 장치를 갖추는 것을 의미한다. 대기업을 둘러싼 국내사회의 주요 논란거리 중 하나인 출자총액 제한, 순환출자와 같은 개념들이 여기에 포함된다.

이 두 가지는 특히 우리나라에서 자주 부각되는 분야들이다. 우리 사회의 기업을 이야기할 때 빼놓고 이야기할 수 없는 재벌기업들과 연결되어 있기 때문이다. 대기업간의 가격 담합이나 재벌가의 기업 지배력을 줄이려는 출자총액제가 논란이 될 때마다 이 두 주제는 늘 사람들의 입에 오르내린다.

심지어 이들 문제에 있어서는 사회구성원들이 더 감정적으로 대응하는 모습을 보이기도 했다. 대기업과 재벌에 대한 부정적인 인식 때문이다. 사회에서 삼성이나 현대자동차, SK, LG와 같이 국내 경제에 중요한 역할을 담당하는 '재벌'을 바라보는 시각은 경제 성장의 주역과 같은 긍정적인 시각보다는 내부거래 및 편법상속과 같은 부정적인 시각에 더 가깝다.

따라서 이 책에서는 Process를 UNGC의 4대 분야(노동, 인권, 환경, 반부패)에서 인권문제는 노동영역에 포함시키고, 한국형 이슈인 상생경영과 지배구조를 추가한 5개의 세부영역으로 나누어서 분석할 것이다.

나. Product: 착한 제품과 서비스를 만들라는 요구

Process가 여러 개의 세부영역으로 나누어져 있는 반면 이제부터 설명할 Product와 Profit sharing은 상대적으로 간단한 구조를 가지고 있다.

먼저 Product부터 보자. Product에는 기업이 사회적 책임을 다한 (혹은 하지 못한) 제품이나 서비스를 제공하는 사례들이 포함된다. 위에서 설명한 Process와는 반대로 제조 과정과는 무관하게 최종 생산된 서비스나 제품이 CSR 차원에서 사회로부터 인정을 받거나 혹은 부정적인 논란을 일으킨 사례들을 포함한다.

예를 들어 기업에서 친환경 세제나 하이브리드 자동차를 개발해 환경문제 해결에 기여했다거나 저소득층을 위한 저렴한 비누를 만들어서 공급하는 행위들은 여기에 속한다. 물론 팔지 말아야 할 물건을 판매해 사회적 지탄을 받는 행위들도 포함된다. 건설회사가 부실공사를 했다든가,

유통기한이 지난 음식이나 유해물질이 함유된 음식을 판매하는 행위들이 바로 그것이다.

그동안 보통 CSR을 이야기할 때는 Process와 Product를 구분하지 않았었다. 특히 CSR에서 '환경'을 이야기할 때는 친환경 제조공법을 사용하여 유해물질의 배출을 최소화하는 기업Process과 재활용이 가능한 재생용지를 사용한 제품을 개발한 기업Product의 경우를 동시에 구분하지 않고 언급했었다.

그러나 정부의 관점에서 CSR을 바라볼 때는 이 두 가지를 명확히 구분해야 한다. 정부가 활성화시키고자 하는 부분이 Process에 있는지 아니면 Product에 있는지에 따라 정부의 접근방식이 달라져야 하기 때문이다. 기업들은 아무래도 환경친화적인 Process보다는 환경친화적인 제품이나 서비스에 관심을 가지게 마련이다.

화장품 제조산업을 예로 들어보자. 친환경 화장품을 만드는 일은 제품의 성분부터 달라서 소비자들의 주목을 끌고 기업 매출에 직접적인 영향을 끼치는 반면, 친환경 제조공정을 구축하는 일은 기업이 대대적인 홍보를 하지 않는 이상 소비자들이 알기 어렵다. 설령 고객들이 이를 안다고 하더라도 단지 친환경공법으로 만들어졌다는 이유가 제품의 경쟁력으로 이어지기는 어렵다. 기업들이 Process보다는 Product에 더 관심을 가지게 되어있는 구조이다. 때문에 같은 CSR 주제라고 하더라도 이것이 제조과정상의 책임인지 제품에 대한 책임인지를 명확히 구분해서 접근해야 한다.

다. Profit Sharing: 이익을 사회와 나누자는 요구

마지막으로 살펴볼 부분은 Profit Sharing이다. 이 영역은 기업이 서비스나 제품의 판매를 통해서 얻은 수익을 사회에 환원하는 것을 의미한다. 흔히 이야기하는 기업의 사회공헌 활동을 이야기하며, NGO에 기부금을 낸다든지 장애인을 돕거나 빈곤퇴치 등을 한다든지 하는 활동들이 여기에 속한다. 물론 가장 기본적인 수익의 환원인 법인세의 납부 여부도 여기에 속한다.

Process와 Product가 기업이 Profit을 만드는 과정에서 나온 영역이라면, Profit Sharing은 말 그대로 기업이 창출해낸 이익을 어떻게 나누느냐에 초점을 맞춘 부분이다. 즉 여기에는 기업이 사회적 책임을 위해 그들의 핵심사업Core Business을 건드리는 것이 아니라 핵심사업으로부터 창출된 이익을 어떻게 활용하는지에 대한 사례들이 포함된다.

기업이 창출해낸 이익을 나누는 방법에는 여러 가지가 있을 수 있다. 근로자나 경영진에게 인센티브를 줄 수도 있고, 주주에게 배당금을 지급하는 방법도 있다. 아니면 새로운 사업을 위해 자금을 비축하거나 연구개발에 창출된 이익의 일부를 투입할 수도 있다. 이러한 방법 들 중 기업이 창출한 이익을 기업 내부의 목적을 위해서가 아닌, 사회에 사용하는 사례들이 바로 이 'Profit Sharing'에 해당된다.

정부가 고려해야 하는 CSR에 대한 사회의 요구수준

CSR에 대한 사회의 요구에는 두 가지 요구수준이 혼재되어 있다. 사회의 요구라는 것이 명쾌하게 구분되어 설명될 수 있는 것은 아니지만 이미 명문화 되어 있는 '법'을 기준으로 크게 두 단계로 나누어 볼 수 있다.

가. 준법에 대한 요구

가장 기본적인 것은 법을 지키라는 요구이다. 여기서는 법을 일반적으로 쓰이는 것보다 조금 확대 해석하여 법보다 약한 기준인 정부의 '권고

수준'과 같은 기준들도 포함시켰다. 기업이 정부에서 제정한 법률이나 권고수준을 지키지 않았을 때 기업은 사회적 책임을 다하라는 비판에 직면하게 된다. 이 때 우리는 사회의 준법에 대한 요구를 확인할 수 있다.

 법을 지키라는 요구는 사실 당연한 것이다. 엄밀히 말하면 이것은 요구라고 할 수도 없다. 법은 당연히 지켜야 하는 것이기 때문이다. 따라서 CEO들이 나와서 준법경영을 이야기하며 CSR을 논하는 것은 어떻게 보면 어이없는 모습이다. 기업의 사회적 책임을 이야기할 때 준법에 대한 이야기가 나오는 것은 결국 그만큼 기업들이 그동안 최소한의 법조차 지키지 않은 채 기업을 운영해왔다는 것을 자인하는 꼴이다.

 실제 기업들에게 "법이나 잘 지켜라" 라는 말이 나올 정도로 우리나라 기업들은 많은 분야에서 크고 작은 법을 어겨왔다. 기업이 법을 어긴 사례는 신문 지면만 봐도 쉽게 찾을 수 있다. Process 부분에서는 공장에서 최저임금에 못 미치는 임금을 주고 노동자들을 고용했다든지, 고의적인 담합이나 횡령과 같은 위법적인 행위를 했다든지 하는 사례들이 해당된다. Product에서는 법으로 지정된 유해물질이 포함된 제품을 만들어서 시장에 유통시킨다거나 법으로 지정된 원산지표시제를 지키지 않는 경우를 예로 들 수 있다. 그리고 마지막 Profit Sharing에서는 법으로 지정된 법인세를 교묘히 줄이거나 내지 않는 경우가 여기에 해당된다.

나. 사회적 기준에 부응하라는 요구

 '법은 최소한의 도덕'이라는 말도 있듯이, 법이란 '적어도 이 정도는 지켜야 한다'고 설정해 놓은 가이드라인이다. 따라서 대부분의 영역에서 사회는 기업에게 법보다 더 높은 수준의 책임을 요구한다. CSR에 대한 관심이 높아진 지금, 법만 지켜서는 사회적 비판을 피해갈 수 없다. 정부에서 지정한 법을 모두 준수한 기업의 입장에서는 억울할 수도 있다. 법적으로는 금지되지 않았지만 건강에 유해하다는 논란이 있는 제품을 판매하다가 사회적 비판에 직면하는 경우가 이에 해당한다.

지금은 사용 금지가 당연시 되는 물질인 '석면'이 좋은 예가 될 수 있다. 지금은 석면의 위험성에 대해 누구나 알고 있지만, 석면은 한 때 미비한 법적 규제 안에서 어떤 자재와도 잘 융합되어 견고성을 높여주는 '신의 물질'로 불리며 큰 문제의식 없이 사용되어왔다. 1990년대 후반이 되어서야 석면의 안정성이 심각한 사회문제로 인식되기 시작했으며, 2003년에야 작업환경 노출기준을 20배 강화한 미국과 같은 수준의 법적규제가 시행되었다. 이런 법이 제정되기 전까지 기업은 정부가 정해준 가이드라인(법) 내에서 사업을 진행했음에도 불구하고 '반 환경적'이라며 사회의 비판을 받아왔다.

이런 사례들은 Process, Product 그리고 Profit Sharing의 모든 부분에서 찾아볼 수 있다.

먼저 Process부분을 보자. 지배구조나 비정규직, 환경 등 여러 영역들에서 이런 현상은 계속 일어나고 있다. 예를 들어 총수가 소수의 지분으로 그룹에 막대한 영향력을 끼치는 국내 대기업 집단의 지배구조는 법을 어긴 것은 아니지만 많은 논란과 함께 엄청난 비판을 몰고 다닌다. 비정규직 문제도 마찬가지다. '2년 이상 고용하면 정규직(무기계약직)으로 전환해야 한다'는 기간제 법이 있지만 대부분의 기업이 2년마다 새로운 비정규직을 선발함으로써 이 법을 교묘하게 지키고 있다. 그렇지만 역시 사회적 비판을 피할

4-2 석면 관련 시위(출처: 뉴시스)

수는 없다.

Product 부분에서는 주로 법적으로 문제가 없지만 유해성 소지가 있는 제품들이 논란이 된다. 얼마 전 KBS 뉴스에서 방송되어 많은 소비자들은 불안하게 만들었던 방부제 구강 티슈에 대한 논란이 좋은 예이다. 유아용품인 구강 티슈에 발암물질인 벤젠이 포함되어 있다는 충격적인 보도였다.

그러나 자세히 들여다보면, 업체들은 식약청 기준56)에 따라 제품을 생산했기 때문에 법적인 책임을 물기는 어려운 상황이었다. 그럼에도 불구하고 결과적으로 소비자들이 생각하는 제품의 안전기준에는 턱없이 미치지 못하는 제품을 생산함으로써 '거의 법을 어긴 것과 같은' 사회적 비판에 직면해야 했다. 보도가 나간 후, 식약청에서는 구강 티슈에 대해 보다 엄격히 강화된 제품 기준안을 발표했다. (이럴 경우, 기업을 향한 비판은 일정 부분 법 제도를 정비하지 못한 정부에게도 돌아가야 한다.)

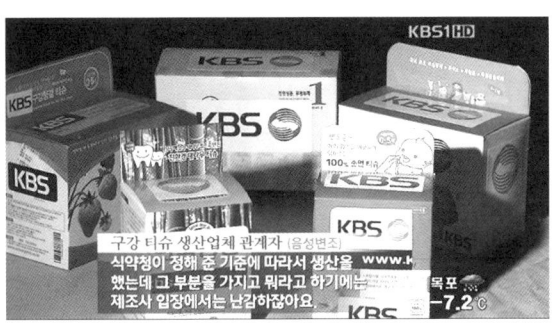

4-3 구강티슈 관련 보도(출처: KBS)

Profit Sharing에도 사회적 기준이 존재한다. 법으로 지정된 사회환원 기준인 법인세를 충실히 냈다고 해서 사회적으로 인정을 받는 것은 아니다. 사회가 생각하는 기준만큼 이익을 환원해야만 비판으로부터 자유로울 수 있다. 물론 이익의 얼마만큼을 사회에 환원해야 하는가에 대한 답은 없다. 다만 여기서는 기업이 내는 기부금의 규모가 다른 기업들과 비교되면서 사회적인 기준이 생겨난다. 다른 기업들과 비교했을 때 적은 규모의 금액을 기부했다면 그 규모의 크기와 상관없이 사회적인 비판에 직면하게 된다.

Product와 Profit Sharing의 경우, 기업이 단순히 사회에서 요구되는 기준을 따르는 것을 넘어 아예 새로운 사회적 가치를 만들도록 요구하는 경우도 있다. 기업이 만드는 제품이나 서비스 혹은 기업사회공헌 활동을 통해 사회문제를 창의적으로 해결해달라는 사회적 기대이다. 기업의 창의성과 생산성을 활용하여 저소득층을 위한 시장을 개발하고 이를 통해 CSR을 이익극대화의 방법으로 승화시킨 BOP의 사례들이 여기에 포함된다. 물론 이것은 의무라기보다는 바람이다.

나쁜기업, 나쁘지 않은 기업, 착한 기업

이제 이 기준들을 하나로 합쳐보자. 먼저 가로축에는 Process, Product, 그리고 Profit Sharing을 놓고 세로축에는 법적 기준과, 법적 기준 이상의 사회적 기준 부분을 배치해보자. 그러면 2X3 매트릭스가 만들어진다. 이 안에는 6개의 영역이 존재하게 되는데, 이것이 바로 CSR의 6가지 세부 영역이 된다고 볼 수 있다. 각 영역별 사례들을 이 매트릭스 안에 정리하면 자료 4-4와 같이 표현될 수 있다.

여기에 보통 사회에서 이야기하는 나쁜 기업, 착한 기업 등을 대입해 볼 수 있다. 현재 우리 사회에서는 나쁨과 좋음에 대한 명확한 기준 없이 나쁜 기업과 착한 기업이라는 단어가 남발되고 있으므로 보다 효과적인 논의를 위해서 한번 짚고 넘어가는 것도 의미가 있을 것이다.

먼저 사회에서 이야기하는 나쁜 기업은 '법적 기준' 조차

	Process	Product	Profit sharing
사회적 기준			
법적 기준			

4-4 CSR Matrix

도 안 지키는 기업들을 의미한다고 할 수 있다. 사회적으로 모두 지키기로 약속한 법을 어기면서까지 이익극대화를 추구하는 기업들은 나쁜 기업이라고 불러도 마땅하다. 그리고 법적 기준을 넘어 사회에서 요구하는 수준까지 사회적 책임을 충족시키려고 하는 기업들은 '착한 기업'이라고 불러야 할 것이다. 물론 우리 사회의 대기업들이 아무리 잘 변화해 봤자 태생부터 착한 기업을 모토로 생겨난 사회적 기업이나 협동조합들만큼의 '착함'을 인정받을 수는 없겠지만, 그래도 이익극대화를 목표로 하는 사기업이 사회의 요구에 귀를 기울이고 이를 받아들이려고 한다는 것만으로도 어느 정도 착한 기업이라고 인정해 줄 만하다. 나머지 기업들은 법은 지켰지만, 그렇다고 착하다고 할 수는 없는 노릇이니 그냥 '나쁘지 않은 기업'이라고 부를 법하다.

2. 사회적 기준을 중심으로 CSR 유도

앞에서 우리는 정부가 기업의 사회적 책임을 활성화 시키고자 할 때 생각할 수 있는 6가지 영역에 대해서 알아보았다. 6가지 영역에서 기업들의 태도가 획기적으로 개선된다면 사회구성원들의 기업을 바라보는 시각도 긍정적으로 개선될 것이고 기업들을 변화시킨 정부에 대한 지지율도 한층 올라갈 수 있을 것이다.

정부는 어떻게 기업을 변화시키게 될까? 정부가 기업에게 지금보

	Process	Product	Profit sharing
사회적 기준			
법적 기준			

↘ 정부가 초점을 맞춰야 하는 부분

4-5 2x3 4-4 CSR Matrix : 정부가 Target

다 더 강화된 CSR 활동을 하도록 유도하는 방법은 두 가지다. 하나는 메트릭스의 하단에서 볼 수 있듯이 법을 잘 지키도록 해서 사회적 비판을 받지 않도록 만드는 방법이고, 메트릭스의 상단처럼 사회적 기준을 지키도록 해 기업이 사회구성원으로부터 칭찬을 받으며 경영활동을 보다 쉽게 할 수 있도록 유도하는 장치를 만들어 주는 방법이다.

정부가 가용할 수 있는 자원이 무한정이면 좋겠지만 현실은 그렇지 않다. 따라서 어차피 정부가 가용할 수 있는 자원에 한계가 있다면 전략적으로 메트릭스의 윗부분, '사회적 기준 지키기'에 보다 많은 관심을 두어야 한다. '법' 영역의 개선을 위해서는 상대적으로 많은 예산과 법의 정비가 필요하고, 설령 개선된다고 해도 사회구성원들에게 어필하기가 어렵기 때문이다. 그럼, 먼저 '법' 영역에 대해 보다 자세히 분석해 봄으로써 왜 정부가 이 메트릭스의 하단에는 신경을 덜 써도 되는지 알아보도록 하자.

법을 어기는 기업들

기업이 받는 대표적인 비판 중 하나는 '법을 어기는 것'에 대한 것이다. 법을 어기는 것은 변명이 필요 없는 잘못이다. 유통기한이 지난 물품을 유통시킨다든지, 노동법을 어겨가며 노동자들에게 과도한 업무를 시키는 등 기업이 법을 지키지 않아서 적발되는 사례가 언론에 오르내릴 때마다, 사람들은 기업을 향해 비판의 목소리를 높인다. 게다가 해당 기사의 내용이 정부가 기업을 적발하고 처벌한 내용을 담은 것이 아니라, 기업이 법망을 피해 몰래 추진하던 일을 언론이 찾아낸 내용이라면 국민들의 기업에 대한 비난의 목소리는 더욱 커진다.

법을 지키라는 사회적 요구가 존재하는 것은 아직도 기업들이 법을 어기는 사례가 많음을 의미한다. 기업 활동에 따른 CSR의 세 가지 분류 Process, Product, Profit sharing 별로 어떤 위법행위들이 일어나고 있는지를 살펴보자.

Process

먼저 Process부터 보자. Process 부분에서는 5개의 세부영역별로 골고루 법을 어기는 기업들의 사례를 쉽게 찾을 수 있다. Process 분야에서의 위법행위는 각 법의 준수를 감시하는 정부 부처의 발표로부터 정보를 쉽게 얻을 수 있다.

환경 : 환경부는 2011년 3～5월 전국 37,000여 개 비산먼지 발생사업장 중 13,804개소에 대한 특별점검을 실시한 결과 720개 업소, 747건의 위반사항을 적발했다고 밝혔다. 이번 조사는 16개 시도와 경찰청이 합동으로 황사가 많이 발생하고 기후 특성상 건조한 바람이 많이 부는 봄철에 실시됐다. 주요 위반내용을 보면 '비산먼지 발생억제시설 설치 및 조치 부적정'이 309건(41.4%)이고 '비산먼지 신고 미 이행' 240건(32.1%), '억제시설 설치 및 조치 미 이행' 145건(19.4%) 등으로 나타났다. 환경부는 위반사업장에 대해 시설 개선명령 등의 행정처분과 과태료를 부과하고 105개소는 고발 조치했다. (2011.7. 연합뉴스)

노동 : 서울중앙지법 민사합의42부는 우리투자증권의 여직원 및 퇴직 여직원 822명이 회사를 상대로 낸 미지급 생리휴가 근로수당 청구소송에서 원고승소 판결했다고 29일 밝혔다. 재판부는 "생리휴가는 남성과 다른 생리적 특성을 가진 여성 근로자의 건강뿐만 아니라 모성보호의 취지에서 근로기준법에 특별히 둔 보호규정이므로 철저히 보장돼야 한다"며 "여성 근로

자가 생리휴가 기일에 휴가를 사용하지 않고 근로한 경우 그 근로의 대가에 상응하는 수당을 지급해야 한다"고 판단했다. (2008.1. 조선일보)

반부패 : …감사원이 16일 발표한 '우정사업 경영개선 실태 감사' 결과 보고서에 따르면 우정사업본부는 분식회계, 경영부실, 차명계좌 개설, 뇌물수수 등 각종 비리의 종합선물세트인 것으로 나타났다. …(중략) … 우정사업본부 직원들의 부패도 심각했다. 우체국 직원들이 개인적 용도로 사용하거나 영업실적을 높이고자 사망자 명의로 계좌를 개설하는 등 지난 2007년부터 110개의 금융실명법 위반 차명계좌를 개설했다. 근로빈곤층 가장의 상해위험 등을 보장하고 서민생활 안정을 지원하고자 보험료 일부를 예산에서 보조하는 우체국 '만원의 행복보험'에 직원 등 가입대상 아닌 659명(공무원 68명 등)을 부당 가입시켰다. (2012.1. 조세일보)

상생경영 : 31일 공정위와 엘시디 업계에 따르면, 공정위는 삼성전자가 매년 관행적으로 엘시디 부품 공급업체들의 납품단가를 부당하게 깎아 공정거래법과 하도급법을 위반한 것을 적발하고, 9월 중순께 전원회의를 열어 시정명령과 함께 과징금을 부과할 계획이다. (2009.9. 1 한겨레신문)

지배구조 : 금호산업, 두산건설, 삼화왕관 등 3개사가 출자총액제한제도(출총제)에 따라 타 회사 주식의결권 행사 제한규정을 위반해 공정거래위원회로부터 경고를 받았다. 7일 공정위가 2002년 9월 9일부터 지난해 11월 30일까지 출총제 위반 회사에 대한 의결권 제한명령의 준수실태를 점검한 결과 피출자 회사의 주주총회에 1~3회씩 참석해 의결권을 행사했던 것으로 밝혀졌다. (2007.11.7 아시아 경제)

Product

Product 부분은 Process와 비교했을 때 기업들이 법을 지킬 확률이 높은 부분이다. 제품을 직접 소비하는 소비자들의 관심이 더 높은 영역이기 때문이다. 아무래도 유해물질이 발견되었다거나 안전기준에 미흡한 제품을 생산하고 판매했던 전력이 있는 기업은 소비자로부터 외면을 받게 된다. 이익극대화를 궁극의 목표로 삼고 있는 기업의 입장에서는 최악의 상황이다. 따라서 상대적으로 소비자가 크게 상관하지 않는 Process보다는 법을 어기는 사례가 덜한 편이다. 그럼에도 불구하고 이런저런 이유로 제품 서비스 분야에서의 기업의 위법행위도 종종 발견된다.

자동차의 리콜제도 : 자동차업계에서 종종 일어나는 '리콜' 이 대표적이다. 자동차 제작결함 시정(리콜) 제도는 자동차가 국가가 지정한 안전기준에 부적합하거나 안전운행에 지장을 주는 결함이 있는 경우에 자동차 제작, 조립, 수입자가 그 결함 사실을 해당 소유자에게 통보하고 수리, 교환, 환불 등의 시정 조치를 취함으로써 안전과 관련된 사고와 소비자 피해를 사전에 예방하고 재발을 방지하는 제도이다. 결국 국가가 지정한 기준을 어긴 제품을 유통시켰다는 이야기다. 정부에서 운영하는 자동차 결함신고센터(www.car.go.kr)에 따르면, 2011년만 해도 120개의 차종, 25만 대 이상의 차량이 리콜 대상이었다.

블룸버그 통신에 따르면 현대자동차는 미국 도로교통안전국 홈페이지를 통해 미국 시장에서 지난 2007년과 2008년 사이에 출고된 산타페와 베라크루즈 등 SUV 차량 205,233대를 리콜 조치한다고 밝혔다. 현대자동차는 리콜 사유에 대해 전방에 설치된 에어백에 사용되는 부품들의 높은 저항 때문에 차량이 충돌할 때 제대로 작동하지 않을 수 있다고 설명했다. (이데일

리 2011.9.16)

식품 내의 유해물질 : 식품의 유해물질 검출 사례들도 쉽게 찾을 수 있다. 역시 국민의 건강과 직결되는 문제이기 때문에, 식약청에서 많은 국민들의 관심 속에서 이를 관리하고 있다. 그럼에도 불구하고 법적 기준을 지키지 못한 식품이 유통된 사례는 종종 발견된다.

'수입식품 부적합 현황' 자료에 따르면 2006년부터 지난 7월까지 각종 세균과 허용외 첨가물 등이 검출돼 폐기된 중국산 과자와 빵이 총 18건에 40.6톤으로 집계됐다. 부적합 판정으로 폐기된 중국산 빵과 과자는 2006년 2.6톤에서 2007년 19.5톤, 2008년에는 7월말 현재 18.4톤으로 해마다 급증하고 있다. 특히 지난해 폐기된 일부 중국산 과자와 빵에서는 암을 유발할 수 있는 인공감미료 '사이클라메이트'와 '니트로퓨란'도 검출됐다. (경향신문 2008.9)

Profit Sharing: 법인세 납부

마지막으로 살펴볼 부분은 Profit Sharing이다. 먼저 Profit Sharing 부분의 법적 기준이 무엇인지부터 살펴보자. 기업의 이익 중 얼마만큼의 비중을 어떻게 사회에 환원하는 것이 법으로 정해져 있는가? 왠지 자발적이고 진정성을 가지고 하는 사회공헌에도 법적인 의무가 있는지 의아해할 수도 있다. 모든 사회는 기업 이익의 일부를 '법인세'라는 명목으로 가져간다.

Profit Sharing부분에서 기업이 법적으로 따라야 하는 부분은 '법인세 납부' 부분밖에 없다. 몇몇 사회공헌에 대해 부정적인 시각을 가지고 있는 사람들의 말처럼, 기업은 그냥 법의 테두리 안에서 돈을 열심히 벌고, 그 안에서 많은 고용을 창출하고 이익을 많이 내서 열심히 법인세를 사회에 많이 내면 된다. CSR이나 기업사회공헌을 다룬 책이나 기사들을 보면 기업이 기부금을 내고 이익의 일부를 사회에 환원하는 것이 하나의 의무인 것처럼 다루고 있긴 하지만 그것은 그냥 주장일 뿐이다. 다른 기업들과 대비하여 현저히 적은 기부를 하면 사회적으로 많은 비판을 받게 되긴 하지만 욕을 좀 먹더라도 안 하면 그만이다. 법적으로 사회공헌을 해야 하는 의무는 없다. 물론 예를 들어 매출의 0.1% 이상을 기부금으로 내도록 하는 법을 만들면 좋겠지만 현실성이 없다.

'법인세'는 가장 지키기 쉬운 법과 같지만 사실은 그렇지 않다. 세금이 매월 월급통장에서 자동으로 빠져나가는 월급쟁이의 입장에서 보면, 기업의 이익의 일부를 정부에 내는 것은 매우 당연하고 지키기 쉬워 보인다. 그러나 기업이 자사의 회계 상황을 기준으로 '신고'하게 되어 있기 때문에, '이익극대화'를 최대 목표로 하는 기업의 특성상 당연히 세금을 적게 내려고 고민할 수밖에 없다. 그래서 이 과정에서 회계기준에 대한 잘못된 해석이나 이익의 고의적인 누락과 같은 방식으로 법인세를 줄이려다가 세금을 추징당하기도 한다. 다음의 기사를 보자.

> 국세청이 세계 최대 소프트웨어 기업인 마이크로소프트MS사의 한국지사인 한국 MS에 대한 세무조사를 실시해 탈루세금 320억 원을 추징했다. 국세청에 따르면 한국 MS는 소프트웨어 제품을 미국 본사로부터 매입하며 매입단가를 높게 책정함으로써 소득을 축소한 것으로 드러났다. (한국일보 2003.12)

국세청에 따르면, 국세청은 2011년 가공 원가계상, 접대비 변칙회계처리, 이월결손금 부당공제, 부당한 조세감면 등 30개 유형, 5,000여 개 법인을 사후 검증해 부당하게 탈루된 세금 3,600억 원을 추징했다. 그리고 이와는 별도로 2010년에는 법인 세무조사를 통해 3조 5,000억 원의 세금을 추징했다고 한다.

더 하기 어려운 이유 1 : 개입의 어려움

법을 어기는 기업이 많긴 하지만, '법'과 관련된 부분에 정부가 본격적으로 개입하기는 어렵다. 정부가 기업들의 위법행위를 줄이기 위해서는 기업에 대한 감시체계를 강화하거나, 기업이 법을 위반했을 때 받게 될 불이익을 늘려야 하는데, 이런 일들은 예산의 증액이나 법의 개정 등 정치적 부담이 수반되는 과제들을 동반하기 때문이다.

가. 정부가 쓸 수 있는 두 가지 방법

정부가 어떻게 해야 기업들이 법을 더 잘 지키게 만들 수 있을까? 이 질문에 답하기 위해서 먼저 기업이 언제 비난받을 위험을 무릅쓰고 법을 어기는 유혹에 빠지게 되는지 알아보아야 한다. 계속해서 거론했던 것처럼 기업의 목적은 이익극대화이다. 이익극대화를 위해 일사불란하게 움직이는 기업들이 법적인 처벌이나 사회적인 비난을 받게 될 위험을 무릅쓰면서까지 법을 어기는 이유는 무엇일까? 기업에서 일하는 모든 사람들이 자사의 이익극대화를 위하여 지극히 정상적이고 합리적인 판단을 한다고 가정해보자.

적어도 기업이 법을 잘 몰라서 어기는 경우는 드물다. 우리가 CSR을 논하면서 주로 언급하는 기업들은 대부분 중견기업 이상의 규모이다. 이 정도 규모가 되면 대부분 기업 내에 법무팀이 있고 수시로 기업의 위법 여부를 점검해 볼 수 있는 시스템을 갖추고 있다. 심지어 요즘에는 (적절성에 대해서는 논란이 있긴 하지만) 기업의 전반적인 준법 경영을 감시하는 체계인 준법지원인57) 제도도 도입되었다.

따라서 기업이 법을 어기는 것은 다분히 고의적인 선택이라고 할 수 있다. 그렇다면 왜 법을 어길까? 법을 어기는 것이 기업에게 더 이익이기 때문이다. 즉 이 기준을 어김으로써 닥칠 위험보다 어김으로써 얻을 이익이 더 크기 때문이다. 정확한 계산이라고 하기에는 한계가 있지만 이익극대화를 추구하는 기업이 법을 어기는 행동을 선택하는 조건은 다음과 같다.

> 위법에 대한 기대 이익 =
> (위법 행위가 걸릴 확률×걸렸을 때의 피해규모)
> + (안 걸릴 확률×위법으로 얻을 이익)
>
> 기대이익 > 0 → 위법행위 추진
> 기대이익 < 0 → 준법추구

위의 조건을 한번 자세히 살펴보자. 예를 들어 기업이 위법 행위를 통해 얻게 되는 이익은 100이고, 적발될 확률은 30%, (적발되지 않을 확률은 1에서 적발될 확률을 제외한 70%라고 가정), 그리고 적발되었을 경우 기업이 받게 되는 불이익이 150이라고 가정하자. 여기서 말하는 이익이나 손해는 금전적인 단기 손익뿐만 아니라 정량적 정성적인 손익 모두를 포함한 것을 의미한다. 계산을 단순화시키기 위해 기업이 이 행위 자체를 할 때 드는 비용은 없는 것으로 가정한다.

이럴 경우, 기업이 이 행동을 하게 되었을 때 기대할 수 있는 이익은 (100x 0.7)+(-150x0.3)=35가 된다. 즉 이 행동을 취했을 때 35라는 이익을 기대할 수 있다. 따라서 이 기업은, 이익극대화를 추구하는 관점에서 위법행위를 묵인할지도 모른다.

이러한 접근방식에서 기업의 위법 행위를 줄일 수 있는 방법을 고민해

보자. 방법은 간단하다. 법을 어기는 행위를 했을 때 적발될 확률과 그때 기업이 얻게 되는 불이익을 늘리면 된다.

위의 예시를 다시 한 번 살펴보자. 만약 정부가 지금보다 많은 예산을 기업 감시체계 구축에 투입해서, 기업의 위법행위가 적발될 확률을 80%로 늘리면 어떻게 될까? 이럴 경우, 적발확률이 0.3에서 0.8로 높아지므로, 앞의 사례에서 기업이 얻을 기대이익은 (100x0.2)+(-150x0.8)=-100, 즉 마이너스를 기록하게 된다. 이렇게 되면, 기업은 자신의 위법행위가 결국 기업의 이익을 감소시키는 행위라는 것을 깨닫고 법을 지키려고 노력할 것이다.

불이익을 늘리는 것도 한 방법이다. 이 기업들이 위법한 행위를 하다가 적발되었을 때, 정부나 사회로부터 받게 되는 불이익을 300으로 늘린다고 가정해보자. 이 경우, 불이익은 -150에서 -300으로 늘어나므로 기업의 기대이익은 (100x0.7)+(-300x0.3)=-20, 역시 마이너스로 돌아서게 된다. 이럴 경우, 기업이 합리적인 사고를 가지고 있는 집단이라면, 해당 행위의 이행을 선택하지 않을 확률이 높아진다. 따라서 우리가 기업이 지금보다 더 잘 준수하도록 만들기 위해서는 아래의 두 가지를 고민해 봐야 한다.

① 기업의 범법행위를 감시하는 시스템을 강화한다.
② 기업의 범법행위가 적발되었을 때 받게 되는 불이익을 늘린다.

나. 쉽지 않은 감시시스템의 강화

두 가지 방법 중, 먼저 1번의 감시시스템에 대해 알아보자. 현재 우리 사회의 감시체계는 어떻게 이루어져 있고, 이를 강화하기 위해서는 어떤 방법들이 있을까?

결론부터 이야기하면, 정부가 현재의 감시체계 수준을 강화하는 것은 생각보다 쉽지 않다. Process, Product, Profit Sharing의 차원에서 정부의 감시체계를 구분해서 분석해보면, Process 분야는 감시 자체가 원래 어려운 영역이고, Profit Sharing 영역에서는 이미 국가가 최선을 다해 기업을 감시하고 있으며, Product 부분은 추가 감시체계가 필요하기는 하지만 결국 예산이 문제가 되기 때문이다.

감시가 어려운 Process 영역 기업이 제품이나 서비스를 만드는 과정에서 법을 지키는 것은 매우 중요하다. 이 과정에서 기업의 준법 여부는 단순히 한 기업이 법을 어기고 벌금과 같은 처벌을 받는 것 이상의 의미가 있다. 한 지역을 대표하는 공장에서 유해물질을 배출하여 해당 지역의 환경을 오염시킨다거나 수 만 명을 고용하는 대기업에서 노동법을 어기면서 근로자들에게 불합리한 처우를 하는 행위들은 사회적으로 큰 영향을 끼친다.

그러나 이 분야에서 정부가 기업을 완벽히 감시하기란 거의 불가능하다. 조사 자체가 매우 어렵기 때문이다. Product는 시중에 출시된 제품을 구해서 분석하면 되고, Profit Sharing은 세무조사의 이름으로 기업 내부에 들어가서 회계장부를 조사하면 된다. 그러나 Process 부분은 좀 다르다. 환경법이나 노동법 등 Process와 관련된 법률이 있긴 하지만, 이와 관련하여 공장이나 사무실 그리고 영업소들을 전부 조사하기란 거의 불가능하다. 따라서 대개의 경우, 신고제를 활용하는 데 그친다. 예를 들어 성희롱 예방교육의 경우, 노동부에서 일일이 어떤 교육을 받았는지 조사하는 것이 아니라 기업 측에서 몇 명의 근로자들을 대상으로 몇 시간 동안 교육을 했는지 신고하는 식이다. 노동부에서 모든 근로자에게 전화를 걸어 정말로 2시간 이상의 교육을 받았느냐고 물어보지 않는다. 게다가 몇몇 민감한 이슈에 대해서는 '경영, 영업상의 비밀'이라며 자세한 정보를 공개하지 않을 수도 있다. 이렇다 보니, 검찰청에서 기업을 아예 수사 대상으로 올려 놓고 조사하지 않는 이상, 기업의 잘못에 대한 심층적인 분석을 하기는 어려울 수밖에 없다.

내부고발 유도만이 방법 Process 분야에서의 법 위반 감시체계를 강화할 수 있는 방법은 무엇일까? 가장 쉽게는 기업의 정보공개를 의무화하는 방안을 검토할 수 있지만, 과연 얼마만큼 효과적일지는 의문이다. 정부가 기업 내부를 속속들이 들여다볼 수 없는 상황에서 기업이 자신들의 잘못을 모두 솔직하게 고백하며 정보를 공개할 리가 없기 때문이다. 실제 기업들이 발간하는 지속가능 경영 보고서만 봐도 잘못의 대가로 낸 과징금이나 벌금에 대해 공개하는 기업은 거의 없다.

현실적인 대안은 내부고발자, 즉 내부 감시체계의 강화다. 내부고발만이 정부가 직접 들여다볼 수 없는 기업의 내부를 감시할 수 있는 유일한 방법이기 때문이다. 기업 내부에서 벌어지는 위법행위를 다룬 영화들을 보면 결국 중요 단서들은 내부고발자들로부터 나온다.

CSR과 관련된 대표적인 영화들인 줄리아 로버츠가 주연을 맡은 〈에린 브로코비치〉(대기업 PG&E의 공장에서 중금속인 크롬이 유출되어 마을 주민들의 건강에 치명적인 영향을 미치는 사실을 고

4-6 영화 에린브로코비치

발)나 알 파치노와 러셀 크로우가 주연을 맡은 〈인사이더〉(담배회사인 B&W가 인체에 유해한 화학물질을 담배에 투입한 사실을 폭로)에서도 내부고발자들이 사건 해결에 기여하는 비중이 절대적이다.

실제로 미국에서 1996년부터 2004년 사이에 비리사건에 연루된 기업 230곳 중 기업의 이사회나 기업이 제출한 보도자료를 통해 처음 비리사건이 알려지게 된 것은 32.2%이며, 나머지 67.8%는 고발에 의해 적발된 사례였다. 그리고 고발로 인해 적발된 사례에서 가장 큰 비중을 차지하고 있는 주체는 19%를 차지한 내부고발자employee들이었다.(언론은 14%, 정책(규제) 당국은 16%, 회계법인 14.1% 등으로 나타났다.58) 따라서 논리적으로 볼 때, 정부가 Process 분야에서 기업에 대한 감시를 강화하고자 한다면, 내부고발자 제도를 강화하는 것이 모범답안이라고 할 수 있다.

하지만, 현실적으로 이 또한 쉽지 않은 선택이다. 법 제도를 정비하는 것도 어렵고, 우리나라 특유의 문화도 내부고발을 가로막고 있기 때문이다. 우리나라에 내부고발자 보호제도가 도입된 것은 관련 규정을 담고 있는 부패방지법이 제정된 2002년 7월이지만, 실제로 이 법이 민간기업의 내부고발자까지 보호 대상으로 넓힌 것은 최근인 2007년도의 일이다. 아직 그 뿌리가 내리기도 전이라고 할 수 있다. 참고로 미국에 관련 법안이 처음 제정된 것은 1863년도의 일이다.

게다가 우리나라의 경우 미국과 달리 (요즘에는 점차 완화되는 추세이긴 하지만) 개인보다 조직을 중시하고 개인을 조직과 동일시하는 문화가 있기 때문에, 내부고발자에 대한 시선이 곱지만은 않다. 알게 모르게 유교 전통이 몸에 밴 우리에게 상사나 동료의 비리를 고발한다는 것은 용서할 수 없는 배신행위로 여겨지곤 한다.59)

그렇다고 해서 미국처럼 내부고발자에게 금전적인 보상을 해주는 것도 아니다. 임직원의 내부고발을 활성화 하는 데 있어서 금전적인 보상은 매우 중요하다. 미국의 경우, 내부고발자가 정부 대신 회사를 상대로 소송을 제기해 승소하면, 비리 기업에 물린 추징금의 15~30%를 돌려주는 '시민포상' 제도Qui Tam 60) 제도로 인해, 내부고발자들은 금전적인 보상을 받을 수 있다.

앞에서 인용한 논문인 'Who Blows the Whistle on Corporate Fraud? 누가 기업의 부정을 고발하는가?'에 소개된 세 개의 성공적인 '시민포상' 사례에서는, 내부고발자에게 평균 4,670만 달러(약 513억)의 포상금이 돌아갔다. 그러나 우리나라에는 이러한 제도가 없다. 오히려 위에서 언급했던 우리나라 문화의 특성상, 내부고발자가 돈을 받으면 '돈을 위해 조직을 배신했다'는 비판만 받을 수도 있다.

따라서 기업의 내부고발을 활성화시키겠다는 접근방식은 정부가 쉽게 선택하기 어려운 방법이며, 법이 정비되더라도 제대로 돌아가기가 어려운 상황이다. 즉 Process 부분이 매우 중요하지만, 이 부분에서의 감시체계를 정부가 처음부터 나서서 강화하는 것은 현실적으로 쉽지 않다.

이미 강력한 Profit Sharing의 감시체계   다음은 Profit Sharing 영역에서의 감시체계를 보자. 사실 Profit Sharing에서는 상대적으로 꼼꼼하게 감시가 이루어지고 있다. Profit Sharing의 감시가 소홀히 될 수 없는 이유는 법인세가 바로 정부의 주요 수입원 중 하나이기 때문이다. 디지털예산회계시스템www.digitalbrain.go.kr에 따르면 2011년 정부의 전체 내국세 154조 원 중에 기업의 법인세는 41조 3,000억 원으로 전체의 26.8%를 차지하고 있다. 법인세는 정부의 수입원인 만큼 부과 및 추징에 있어서 정부 측 기관인 국세청에서 최선을 다 할 수밖에 없는 구조이다.

법인세에 대한 감시는 국세청에서 이루어진다. 현재 매출 5천억 원 이상인 기업은 국세청을 통해 4년마다 의무적으로 세무조사를 받도록 되어

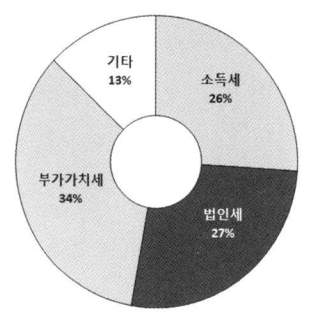

4-7 내국세 내 법인세의 비중(2011)
(출처: 디지털예산회계시스템)

있으며, 탈세와 관련됨 혐의가 포착된 경우에는 보다 강도 높은 세무조사를 진행하기도 한다.

기업들의 세금 납부에 대한 감시체계를 강화하는 방법은 사실상 없다. 아니, 엄밀히 말해 필요가 없다. 여기는 사회구성원들이 감시체계 강화를 요구하지 않아도 정부가 알아서 기업을 열심히 감시할 부분이기 때문이다. 정부의 주 수입원인 세금과 관련되어있는 이상, 정부는 나름대로 최선을 다해서 세무조사를 통해 법인세를 최대한 거둬들이고 있다고 할 수 있다.

또 법인세에 대한 사회의 상대적 무관심은 이 분야의 감시체계 강화 정책의 의미를 축소시킨다. 사회의 이목은 법인세보다는 기부금이나 사회공헌에 초점이 맞추어져 있다. 각 그룹별로 기업이 낸 기부금은 얼마인지를 비교하는 기사나 블로그 등은 많지만 정작 기업이 낸 법인세에 대해 진지하게 고민한 자료는 매우 적다. 기업이 내는 법인세가 결국 다시 사회로 환원된다는 점을 생각한다면 현재 우리 사회의 법인세에 대한 관심은 사회공헌에 쏠린 관심에 비해 너무 저평가되어 있다.

일각에서는 세무조사 기간을 지금보다 늘리는 방법으로 감시를 강화하자는 주장을 할 수도 있다. 그러나 이러한 주장은 기업이 매우 강력하게 반발할 가능성이 높다. 세무조사를 받는 시간과 횟수가 늘어난다는 것은 기업에게 큰 부담이기 때문이다. 정부에서도 이를 잘 알기 때문에 일자리 창출 기업에 대해서는 정기 세무조사를 면제해 주는 것을 정부가 기업에게 주는 다양한 인센티브 중 하나로 활용하고 있을 정도다.

Product: 결국 예산의 문제 마지막으로 Product 부분에서의 감시체계에 대해 살펴보자. Product의 감시체계는 비교적 잘 작동하고 있지만, 아직 사회의 기대수준에는 한참 미치지 못하고 있다. 그렇지만 정부에서 적극적으로 나서기에는 예산의 증액이 필요하기 때문에 섣불리 나서기도 어려운 영역이다.

가장 기본적인 감시는 제품 성분에 대한 정보의 강제적인 공개로부터 시작된다. 법을 통해 기업은 소비자들에게 중요한 제품에 대한 정보를 고객들이 보기 쉬운 위치에 노출시키도록 되어 있다. 소비자들에게 직접적인 영향을 미치는 제품일수록 관련된 중요 정보를 소비자들이 인지할 수 있도록 알려야 하기 때문이다. 식품의 유통기한이나 성분 표시, 원산지 표시, 자동차의 연비 표시나 전기제품의 에너지 효율성, 패스트푸드점의 칼로리 표시 등이 좋은 예이다. 즉 고객에게 직접 영향을 미치는 만큼 정부도 이에 관한 정보의 노출을 강제하는 경우가 많고, 고객들 역시 자발적으로 해당 정보를 찾는 경우가 많다.

사후 조치이긴 하지만 정부는 정기적으로 이 표시된 정보가 실제 제품의 정보와 맞는지를 확인한다. 서울시 보건환경연구원에서는 2007년, 대형마트, 백화점 등에서 유통되고 있는 가공식품 100건을 수거해 영양성분 표시량과 실제 함유량 일치 여부를 조사한 바 있다. 또 식품의약품안정청과 같은 경우, 시판되고 있는 제품을 대상으로 자체적으로 유해물질 포함 여부를 검사하여 시장에서 판매되기 부적합한 제품들을 걸러내는 역할을 한다.

그렇지만 불법제품의 유통사례가 심심치 않게 언론에 나오는 것을 보면, Product 분야의 감시가 완벽하게 이루어지고 있다고 말하긴 어렵다. Product 영역 안에서도 제품의 특성에 따라 쉽게 감시할 수 있는

4-8 식품마다 붙어 있는 성분표시

부분이 있고, 정부의 감시체계가 미흡할 수 밖에 없는 분야들도 있다.

예를 들어 자동차를 보자. 몇 개 안 되는 회사에서 규격화된 제품을 똑같이 여러 개 제조한다. 이러한 경우, 법적 기준에 대한 감시가 어렵지 않다. 정부에서는 출시하기 전에 각 모델 별로 일부를 뽑아서 안정성을 검사하면 된다. 누군가 고의로 유해물질을 섞거나, 조립과정에서의 실수로 몇 개의 제품이 문제되거나, 기업이 인지하지 못한 오류가 제품을 오래 사용했을 시에 나오는 내용들은 막기 어렵겠지만 적어도 기업들이 초기부터 규정을 위반하는 사례는 대부분 막을 수 있다.

그러나 식품, 그 중에서도 원산지표시를 의무적으로 해야 하는 식품의 경우에는 자동차와 사정이 다르다. 법적 기준에 부합하지 않는 제품을 제대로 적발하기 위해서는 108만 개소에 이르는 농산물업체와 음식점을 일일이 단속해야 한다. 단속을 담당하는 농산물품질관리원에서 이들을 모두 조사하기는 현실적으로 불가능하다. 백 여 명의 소속 단속반 인력으로는 제대로 된 감시를 펼치기가 어려울 수밖에 없다. 즉 현실적으로 현존하는 모든 제품을 일일이 검사하기란 불가능하다.

언론의 도움   이러한 상황에서 정부의 자원부족을 메꾸어 주고 있는 것이 언론과 소비자 단체들이다. Product의 문제가 직접적으로 소비자들에게 영향을 끼치다 보니, 현재 많은 TV 프로그램이나 신문에서 Product부분을 감시하고 적발하고 있으며, 소비자 단체들도 사회구성원의 지지 속에 시중에 유통되는 제품들의 문제점을 들추고 있다.

현재 국내에는 KBS의 '소비자고발', MBC의 '불만제로(12년 4월 종영)' 등 제품의 문제점을 캐는 전문 프로그램이 독립 편성되어 정기적으로 방영되고 있으며, 이들은 청바지의 유해물질[61]이나, 죽 전문점의 위생 실태를 고발하는 등 많은 활약을 펼치고 있다. 또한 한국소비자 연맹 등 많은 소비자 단체들이 기업들이 판매하는 제품의 유해물질 포함 여부나, 과대광고와 같은 기업의 불법적인 활동을 감시하고 있다. 이들은 자체적으로

4-9 M언론의 감시체계: MBC 불만제로(출처:MBC)

조사한 제품들의 문제점이나 소비자들의 민원 사례를 언론에 발표함으로써 기업을 견제한다.

이렇듯 Product 부분은 소비자들의 지대한 관심을 바탕으로 언론과 정부 그리고 NGO들이 자발적으로 개입이 되어 있는 부분이기 때문에, Profit Sharing이나 Process와 같은 다른 분야 비해서는 상당히 촘촘한 감시체계가 유지되고 있다고 할 수 있다.

이렇게 Product의 감시체계가 잘 작동할 수 있는 이유는 Product가 사회구성원들에게 직접적인 영향을 끼치기 때문이다. 기업이 법적 기준에 미달하는 Product를 만들 경우, 소비자는 그 잘못된 제품으로 인해 나쁜 영향을 받게 된다.

예를 들어 유통기한이 지난 제품을 먹거나 유해물질이 포함된 제품을 장기간 복용함으로써 소비자 개인이 얻는 피해는 기업이 법인세를 내지 않거나, 환경오염물질을 배출할 때 얻는 피해보다 해당 개인에게 훨씬 크게 다가올 수밖에 없다. '소비자고발'과 같은 TV 프로그램에서 특정제품의 불법행위가 방송되고 나면 해당 제품의 매출이 바로 다음날부터 떨어지고 인터넷이 시끄러

4-10 방송 후 게재된 죽 전문점의 사과문
(출처: 해당기업 홈페이지)

워지는 것도 그런 이유가 깔려 있기 때문이다. 이러한 상황에서 정부는 절대로 위법한 Product가 소비자에게 전달되는 것을 막는 것을 소홀히 하기 어렵다.

그럼에도 불구하고 정부의 현재 감시체계들이 사회의 기대에 못 미치는 이유는 Product 분야에 대한 사회 관심이 워낙 높기 때문이다. 아무리 촘촘한 감시체계를 가지고 있다고 하더라도 법을 어긴 제품들은 계속 출시된다. 기업이 생산한 제품이나 서비스의 품질이나 안전문제에 대한 불만을 소개하는 프로그램의 소재가 고갈되지 않고 있다는 점에서 지금 우리나라 기업들의 제품의 대한 사회적 책임이행 문제는 아직 만족스러운 수준이 아니라고 할 수 있다.

정부가 모든 제품을 일일이 검사하기 어렵고, 언론과 소비자단체는 이미 출시된 제품을 기준으로 검사를 하기 때문에 기업의 준법정신이 나아지지 않는 한 법적으로 문제의 소지가 있는 제품이 시장에 유통되는 것을 100% 막을 수 없기 때문이다.

정부가 선택할 수 있는 가장 확실한 방법은 기업 감시 관련 인력을 늘리는 방안이다. 감시 인력의 물리적인 숫자를 늘린다거나 감시기관에 배정되는 예산을 증액한다면, 감시체계는 강화될 수 있다. 예산이 무한대로 있다면 가장 추천할 수 있는 방법이다.

그러나 언제나 예산의 압박으로부터 자유로울 수 없는 정부는 추가 비용은 최소화 하면서 적발 효과를 극대화할 수 있는 방안을 찾아야 하는데, 쉽지 않다. 비전문가도 대부분 식별이 가능한 '원산지표시제'와 같은 경우에는 파파라치 제도라도 도입할 수 있지만 (그나마 원산지 표시 여부는 적발하기 쉽지만, 원산지 허위기재에 대해서는 파파라치 방식으로 접근하기 어렵다) 대부분의 영역에서 기업들을 감시하기 위해서는 일정 수준 이상의 전문적인 지식이 필요하기 때문이다.

다. 쉽지 않은 '불이익'의 강화

앞에서 보았듯이 감시체계 강화하기는 쉬운 일이 아니다. 이번에는 '법 지키게 하기'의 두 번째 옵션인 '불이익 강화하기'에 대해서 알아보자.

'불이익 강화하기'란 말 그대로, 기업이 법을 어기는 행위를 했을 때 얻는 불이익을 늘리는 방법을 의미한다. 처음 기업이 법을 어기는 이유를 공식으로 풀이한 부분에 따르면, 불이익을 늘리면 늘릴수록 기업의 법을 어기는 행위는 줄어들게 된다.

이 불이익에는 기업이 받게 되는 모든 불이익이 포함된다. 즉 법적인 처벌뿐만 아니라 브랜드 가치의 저하, 이로 인한 소비자들의 등돌림 등 이와 관련하여 얻게 되는 모든 불이익을 의미한다.

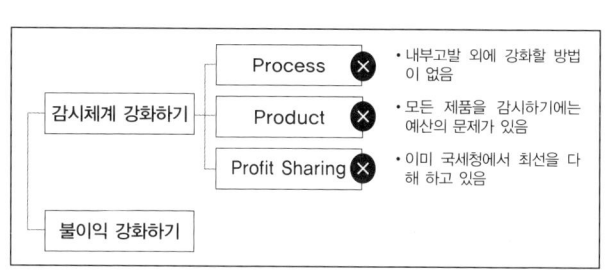

따라서 불이익을 늘리는 방안으로 첫째, 법적 처벌을 강화하는 부분과 둘째, 법 외의 부분에서 받을 수 있는 기업의 불이익, 즉 사회적 처벌을 강화하는 방안을 고민해 볼 수 있다.

법적 처벌의 강화 먼저 법적 처벌을 강화하는 부분을 보자. 기업이 법을 어겼을 때 받게 되는 법적인 제재는 명확하다. 예를 들어 Product의 경우, 자동차 기업이 안전 기준이 미달하는 제품을 판매했을 때 즉각 리콜 조치가 취해지게 된다. 식품과 같은 경우에도 즉각 회수 조치에 들어가거나 '제품회수 권고조치' 등을 내림으로써 기업의 무책임한 행동들로부터 소비자들을 지키게 된다. 원산지를 허위로 표시했을 경우, 법에 따라 7년 이하의 징역 또는 1억 원 이하의 벌금을 내야 한다.

Profit Sharing의 경우에는 당연히 법인세가 추징된다. Process의 경우에도 고용주가 최저임금법을 어겼을 경우, 징역 3년 이하 또는 2,000만 원 이하의 벌금을 내게 되어 있다. 그리고 환경의 경우에도 '환경범죄처벌에 관한 특별조치법'에 따라 업무상 과실로 인하여 심각한 오염물질을 배출했을 경우, 7년 이하의 징역이나 금고 또는 5,000만 원 이하의 벌금에 처하게 되어 있다.

법적 처벌을 강화하는 가장 간단한 방법은 처벌 기준을 강화하는 것이다. 극단적인 예를 들어보자. 만약, 최저임금법을 어긴 업주나 유해물질이 포함된 식품을 판매한 업주에게 지금보다 훨씬 더 강력한 처벌, 예를 들어 적발과 동시에 무조건 징역 10년 이상과 같은 구형을 내리면 어떻게 될까? 아니면 유해물질이 적발되었을 경우, 이를 만든 제조사는 물론 이를 판매한 유통업체까지 모두 강력하게 처벌하는 법안을 만들면 어떻게 될까?

각 기업들은 법을 지키기 위해 노력할 것이다. 최저임금으로 청소년을 고용하려던 편의점 점주는 정해진 업무시간에서 1분도 더 일하지 않도록 일일이 체크해줄 것이고, 매달 월급을 줄 때마다 혹시나 근무시간에 비해 임금이 덜 나가지는 않았는지, 휴일 근무시간과 야근수당 등을 다시 한번 계산하고 관련법규를 다시 보게 될 것이다. 그리고 유통업체나 인터넷 쇼핑몰 등은 자체적으로 유해물질을 검사하는 조직을 만들거나, 이를 검사해주는 기관과 계약을 맺고 혹시나 있을지 모르는 리스크에 대비할 수도 있다.

굳이 법안에 명시된 처벌을 강화하지 않더라도 이 법이 실제 집행되는 부분을 더 강력하게 만드는 방법도 있다. 법안에 명시된 '몇 년 이하 얼마 이하의 벌금'과 같은 문구가 실제 적용되는 사례와 조금 다르기 때문이다. 실제 법이 집행된 사례들을 보면 최저임금법 위반 사례의 경우, 대부분 발각되더라도 시정조치와 경미한 벌금 수준에 그친다. 2008~2010년 고용노동부는 35,015건의 최저임금 위반사항을 적발했지만 처벌로 이어진 것은 고작 17건(0.04%)에 그쳤다.62) 심지어 노동법의 경우, 2008년에는 노동관계법상 징역이나 벌금형 등의 형벌 조항을 과태료로 전환해주기도 했다.

만약 법을 어긴 기업에 대해 앞으로 보다 강력하게 법을 적용한다면, 기업들의 법 위반 사례를 줄여나갈 수 있을 것이다.

그러나 이러한 방식들은 기업을 확실하게 바꿀 수 있지만 법을 바꾸는 것은 쉽지 않은 문제이다. 또한 기업에 많은 추가부담을 준다는 비판에 부딪혀 실제 이런 방식을 정부에서 주장하기 힘들 것으로 보인다.

뒤에서 더 자세히 다루겠지만, 기업에게 직접적인 영향을 주는 규제들의 강화부터 정부가 접근하는 것은 CSR에 대한 부정적인 시각을 증가시킴과 동시에 '정치적 후폭풍'을 불러올 수 있다.

법 외의 처벌 강화　　그나마 현실적으로 정부가 개입할 수 있는 부분은 '법 외의 처벌을 강화하게끔 도와주는 것'이다.

법 외 부분의 처벌이란 사회로부터 받는 처벌을 의미한다. 즉 법을 어긴 사실이 드러나면 기업은 법적인 처벌을 받는 것 외에 기업의 브랜드 이미지 하락이나 직원들의 사기 추락과 같은 무형의 불이익을 받게 되는데, 법 외의 부분이란 바로 이 부분을 의미한다.

이 분야에서 정부가 할 수 있는 방법은 정보의 공개이다. 기업의 법 위반 사실이 사회에 널리 알려지면 알려질수록 기업이 얻는 불이익은 커질 수밖에 없다. 정부가 기업들의 위법사실을 정기적으로 공개하면, 언론은 언론 나름대로 사건의 중대성을 판단하여 지면에 실을 것이고 각 포털들도 이 사례를 메인 화면에 배치시킬 것인지 아닌지를 판단 할 것이다. 정부가 할 수 있는 방법은 홈페이지와 같은 별도의 채널을 통해 기업의 위법행위에 대한 자료를 계속 축적시켜 놓는 것이다.

이러한 자료의 축적을 통해 기업이 받을 불이익은 점점 더 커질 수 있다. 수많은 정보와 세간의 관심을 끌 법한 재미있는 뉴스거리가 끊임없이 쏟아지는 현대사회의 특성상, 기업의 위법정보는 설령 언론에 노출되었을 당시의 임팩트가 컸다고 하더라도 다른 사건들에 밀려 점점 세간의 관심에서 멀어질 수밖에 없다. 그러나 만약 이런 자료들을 모두 모아두는 싸이트가 있고, 이 정보에 고객들이 쉽게 접근할 수 있다면, 기업이 사회적으로 받는 불이익을 조금 더 확대시킬 수 있다.

자료의 축적은 그다지 어려운 일이 아니다. 이미 우리나라의 정부 부처에서는 관련된 정보를 홈페이지에 게시해 놓고 있다. 예를 들어 식약청 홈페이지http://www.kfda.go.kr에 접속하면 그동안 적발하고 수거조치를 내린 상품들의 리스트를 볼 수 있다. 어린이넷http://www.kca.go.kr/에서는 어린이의 안전과 관련된 각종 뉴스와 정보들을 모아두었다. 정보공개를 강화하려면 이런 정보를 모두 한 곳에 모아두고 소비자들이 쉽게 제품정보를 접할 수 있도록 혹은 각 기업별 브랜드 별 위법 적발 현황을 한눈에 볼 수 있도록 디자인을 해두면 된다.

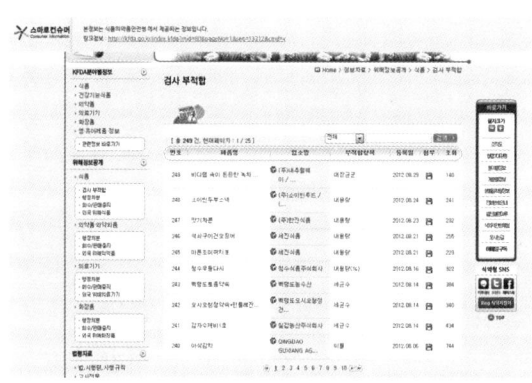

4-11 스마트 컨슈머 사이트

사실 우리나라에서는 이러한 움직임이 이미 얼마 전 시작되었다. 바로 정부에서 만든 스마트 컨슈머 사이트이다. http://www.smartconsumer.go.kr

2012년 2월에 런칭된 이 사이트는 이 책에서 방향성으로 제시하고자 했던 일부가 구현된 사이트이다. 스마트 컨슈머에서는, 각각의 기관에 흩어져 있던 제품관련 정보들이 하나로 모여 있는데, CSR 측면에서 중요한 것은 이 사이트에 모인 22개 기관의 안전리콜 정보들이다. 소비자들은 이 스마트 컨슈머를 통해서 자신이 사려고 하는 제품을 생산한 기업이 안전리콜 등과 관련하여 과거 어떤 조치들을 받았는지에 대해 쉽게 알아볼 수 있다.

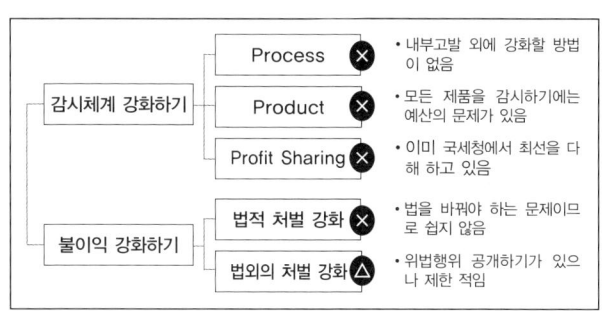

이 방법은 제한적이나마 정부가 개입하여 기업의 위법행위를 최소화시킬 수 있는 방법이다. 이 단위의 후반부에서 이야기할 '사회적 기준 지키게 하기' 영역에서의 정보공개 정책과 맞물려 시행된다면 보다 시너지 효과가 날 수 있을 것으로 예상된다.

더 하기 어려운 이유 2: 낮은 효과

'정보공개'라는 방법이 있음에도 불구하고 일단 이 '법 지키게 하기' 부분에서 정부가 지금보다 더 많은 노력을 기울이기 어려운 이유는, 이 부분이 정부의 노력 대비 효과가 낮기 때문이다.

먼저 이 분야에서의 정부의 노력은 사회의 인정을 받기 어렵다. 법이란 지키면 본전이고 안 지키면 비판받는 기준이기 때문이다. 따라서 기업 위법행위의 감소와 같은 노력의 결과물들이 사회에 어필되기는 쉽지 않다. 예를 들어 정부가 예산과 노력을 들여 감시체계를 강화하고 위법정보 공개나 형량 강화 등을 통해 최저임금법 위반 기업들의 숫자를 줄이는 데 성공했다고 가정해보자.

정부의 성과는 '최저임금법 위반 기업이 점점 줄어들고 있다' 정도로 언론을 통해 사회에 커뮤니케이션 될 것이다. 그런데 이 통계를 본 사회의 평가는 정부의 의도와 다를 가능성이 높다. "와, 정부가 많은 노력을 해서 이렇게 위법사례가 줄어들었구나!"라고 정부의 의도 대로 생각하기 보다는, "법은 당연히 지키는 건데… 어쩌라고?"라고 생각할 수 있다. 심지어 "기업들이 점점 더 교묘하게 법망을 피해가는구나"라고 생각할 수도 있다. 특히 우리나라 같이 기업에 대한 부정적인 정서가 팽배해 있는 사회에서는 이럴 가능성이 더욱 농후하다.

이런 측면에서 볼 때 '사회적 기준' 부분에 정부가 개입하는 것이 효과가 높아 보인다. '위법사례가 줄어들고 있다' 라는 말보다는 "(사회적 기준에 맞춘) 새로운 착한 기업의 사례들이 늘고 있다"는 말이 사회구성원들에게 더 와 닿기 때문이다. 즉 (위법행위를) 안 한 것을 증명하는 것보다는, (착한 행위를) 한 것을 보여주는 게 훨씬 쉽다. 다시 최저임금의 예를 들면, '최저임금법을 위반하는 편의점이 줄고 있다' 는 기사보다는 '최저임금보다 높은 수준의 생활임금을 주는 편의점들이 늘고 있다' 는 기사가 더욱 높은 사회적 파급력을 가지기 쉽다.

'법 지키게 하기' 영역에서 정부의 노력 대비 효과가 낮은 두 번째 이유는 어차피 사회적 기준을 중심으로 정책을 수행하다 보면 법 부분은 자연스럽게 따라오게 되어 있는 구조라는 점이다.

'법' 과 '사회적 기준' 은 연결되어 있다. 법은 최소한의 도덕이라는 말에서 알 수 있듯이 CSR에서도 법은 주로 사회적 요구를 가장 보수적으로 해석한 부분만이 포함된다. 제품에 첨가되는 유해물질에 대한 대응을 보면, 소비자 단체들은 유해성 논란이 있는 모든 유해물질의 함량에 대해 문제를 제기하지만 법률은 '유해성이 확실한 부분들을 중심으로 규제를 만들어 나간다. 예를 들어 화장품에 방부제로 사용되는 페녹시에탄올Phenoxyethanol이라는 화학성분의 법적 허용치(식약청 기준)는 1%지만 이것은 말 그대로 법적 허용치일뿐 이 물질은 마취작용이나 알레르기 유발 등이 우려되는 물질로도 알려져 있다.(물론 아직은 논란이 있는 수준이다.)

따라서 만약 정부가 현존하는 법적 기준을 넘어 사회적 기준에 따라 모든 화장품업체들이 페녹시에탄올을 사용하지 못하도록 만든다면 법적인 기준은 자연스럽게 달성되게 된다. 게다가 기업들은 자발적으로 법을 더 지키게 되는데, 페녹시에탄올의 유해성에 대한 인식이 퍼질수록 이 물질을 법적 기준치 이상 포함한 제품을 시장에 출시했다가 시장에서 받는 타격이 점점 더 커지게 되기 때문이다. 따라서 기업들은 정부가 사회적 기준을 중심으로 정책을 펴게 되더라도 점점 더 법 위반에 대해 한 번 더 생각하고 신중하게 행동하게 될 것이다.

3. 기업의 자발적 참여 이끌어내기

정부가 고려해야 할 마지막 접근방법은 기업의 자발적 참여 이끌어내기이다. 기업의 최고 목표는 이익의 극대화다. CEO가 무엇을 말하든지 혹은 기업의 미션이 무엇이든지 간에 한 치 앞의 예측조차 어려운 치열한 경쟁사회에서 이익의 극대화를 첫번째 목표로 하지 않으면 살아남기 힘들다. 점점 치열해지는 경쟁 환경 속에서 대충대충 일하면서 경영목표를 초과 달성하는 기업은 없다. 본능적으로 이익 극대화를 추구하는 기업의 생리를 인정한다면 기업이 수익 창출과 사회적 책임이 상충되는 일이 일어났을 때 (법을 위반하는 것이 아니라면) 수익 창출을 우선하는 것도 인정해야 한다.

정부가 정책을 통해 CSR을 활성화한다는 것은 이러한 기업의 의사결정 과정에 개입하는 것을 의미한다. 기업들이 본래의 목적이 덜 달성되는 것을 감수하고 사회의 가치를 생각하게끔 만들려면 기업을 움직이게 하는 무엇인가가 있어야 한다. 즉 기업들이 사회가 원하는 방향으로 의사결정을 내리도록 하는 경영 환경을 제공해 주어야 한다.

규제 강화의 어려움

경영 환경을 제공하는 방법은 크게 두 가지다. 하나는 직접적인 규제이다. 이것은 정부가 직접적인 규제 강화를 통해서 기업들이 사회적 책임을 이행할 수 밖에 없도록, 정확히 말하면 법만 잘 지켜도 사회가 원하는 수준의 사회적 책임을 다하도록 만드는 것을 의미한다.

다른 하나는 시장변화이다. 정부의 직접적인 간섭은 최소화 하고, 소비자나 투자자들의 변화를 촉진시킴으로써 기업이 이익 추구를 위하여 사회적 책임을 다하는 환경을 만들어 주는 것이다.

효과만을 따진다면, 첫 번째 방법인 '규제의 강화'가 훨씬 낫다. 기업의 사회적 책임을 법으로 강제해서 기업이 사회적 책임을 다하지 않을 수 없도록 만들기 때문이다. 예를 들면, 기업에게 사회공헌 예산을 늘리라고 요구만 하는 것이 아니라 아예 법인세 비중을 높여서 이를 복지예산으로 쓰는 방법 등이 고려될 수 있다. 생산 과정에서 발생되는 유해물질에 대해 매겨지는 벌금을 대폭 올리는 것도 방법이다. 법을 강화하면 가장 빠르게 사회가 요구하는 수준으로 기업을 변화시킬 수 있다.

기업들이 골목상권 침해의 논란에도 SSM에 계속 진출한다면, 현재 몇

몇 지방자치단체에서 시도하고 있는 것처럼 SSM의 영업을 아예 제한하는 법안을 만들면 된다. 규제 강화와 관련되어 가장 대표적인 사례 중 하나는 미국의 '사베인 옥슬리 법'이다. 앞서 언급했던 엔론 사태 이후에 만들어진 이 법안은 경영자의 도덕적 해이를 방지하고 기업에 대한 외부 감시가 제대로 이루어질 수 있도록 하기 위해 만들어졌으며, CEO와 CFO기업의 재무담당자가 재무제표를 개인적으로 보증하는 것과 기업의 재무성과에 영향을 끼칠 수 있는 중대한 일을 실시간으로 보고할 것을 요구하고 있다. 기업의 회계부정을 막기 위해 생긴 매우 강력한 법안이라고 할 수 있다.

그러나 아쉽게도 법이나 제도를 바꾸는 것은 어렵다. 정부가 하고 싶다고 할 수 있는 부분도 아니다. 먼저 새로운 직접적인 규제의 생성은 이로 인해 새로운 부담을 지게 되는 기업들의 반발을 불러올 것이다. 간단하게 예를 들어보면, 최저임금제에 명시되어 있는 노동자의 최저임금을 사회에서 요구하는 수준으로 급격하게 올리거나, 국내에서 소비되는 모든 커피를 공정무역 커피로 만들어야 한다는 법이 제정된다면 기업들은 각각 인건비의 상승이나 재료비의 상승에 직면하게 된다. 따라서 이는 당연히 기업의 이익 감소로 이어지기 쉽고 기업들의 반발을 불러오게 될 것이다. 게다가 이러한 원가의 상승은 수출기업의 글로벌 경쟁력을 약화시킨다는 주장으로도 이어질 수도 있다. 자유로운 시장경제를 표방하는 우리나라 경제정책의 특성상 기업의 자유로운 경영활동을 보장해줘야 하는 상황에서 무언가 새로운 규제를 만들어 낸다는 것은 쉽지 않다.

위에서 언급된 사례들도 마찬가지다. '사베인 옥슬리 법'은 지금도 그 법안의 적절성에 대한 논란이 진행 중이며 보수당인 공화당 측에서는 이러한 법은 기업을 옭매는 규제로, 기업의 경쟁력을 저하시키는 법안이라며 부정적인 입장을 피력하고 있다.[63] 법안이 제정될 당시에는 워낙 기업의 투명성이 중대한 사회적 이슈로 부각되었던 시기이기 때문에 제정될 수 있었지만 언제나 정부의 규제는 기업들의 반발을 불러일으킨다.

그나마 쉬운 부분은 식품첨가물 정도

정부가 쉽게 규제 기준을 강화할 수 있는 부분은 Product 부분, 그 중에서도 소비자가 직접 섭취하는 식품첨가물의 경우이다. 기업의 이익보다는 사회구성원들의 건강이 우선이라는 논리 전개가 가능하고, 인체에 무해하다는 과학적 근거가 제시되더라도 찜찜하니 규제해야 한다라는 논리가 통할 수 있기 때문이다.

게다가 기업의 반발도 상대적으로 적다. 외부의 시선 때문에 규제에 쉽게 반발하지 못하기 때문이다. 오히려 이익을 극대화 하려는 기업들은 이러한 법적 규제 움직임에 반발하기보다는 이를 이용할 확률이 높다. 기업으로서는 유해물질 논란이 조금이라도 들어 있는 제품을 사용하는 대신 '우리는 유해 논란이 있는 제품을 첨가하지 않습니다' 라고 소비자들에게 말하는 것이 기업의 매출 증대에 훨씬 유리하게 작용될 수 있기 때문이다. 따라서 이 분야에서 만큼은 정부가 규제 기준의 강화를 통해 수월하게 시장에 개입할 수 있다.

사카린의 경우가 대표적인 예다. 사카린에 대한 유해성은 예전부터 논란이 되어왔다. 설탕의 300배에 달하는 단맛을 지니고 있는 사카린은 발암성 물질이라는 논란에 휘말리면서 1972년 미국 FDA의 GRAS[Generally Recognized as Safe: 안전하다고 여겨지는 물질] 목록에서 제외되었다.

이후 사카린이 인체의 무해하다는 주장이 계속 제기되었고, 결국 WHO[세계보건기구]나 미국 FDA의 유해물질 리스트에서 제외되었지만 아직 국내에서는 사카린이 유해물질이라는 인식이 팽배해 있고, 정부에서도 사용량을 엄격하게 제한하고 있다. 우리나라 식약청에서는 이 사카린을

절임식품(1.0g/kg이하), 어육가공품 (0.1g/kg) 등 일부 가공식품에서만 사용하도록 허용하다가, 2011년 12월 국제적인 추세를 반영해 규제를 완화하겠다고 발표했지만 유해물질이라는 국민 정서를 반영하여 과자나 아이스크림에 대해서는 계속 강하게 규제할 계획이다. 물론 이들 업계의 기업들로서는 억울할 수 있겠지만 자사 브랜드의 이미지를 고려하여 별다른 불만은 제기하지는 못하고 있다. 물론 언젠가는 법에서 허용하는 만큼 사카린의 사용을 늘려가겠지만 SSM의 사례에서 유통업체들이 규제에 반발한것처럼 대놓고 사카린 규제의 완화를 주장하기는 어렵다.

규제 강화의 어려움

식품첨가물을 제외한 다른 영역에서의 규제를 강화하기는 어렵다. 규제 기준의 강화는 정부가 취할 수 있는 가장 확실한 방법이지만 분명 많은 논란을 불러일으킬 것이고 설령 이를 현실화 한다고 하더라도 수 년 이상의 긴 시간을 필요로 할 것이다.

이 책의 1부에서 언급한 바 있는 SSM과 대형마트의 사례를 보자.

SSM과 대형마트의 골목상권 침해에 대한 논란이 불거짐에 따라 SSM에 대한 규제 방안이 속속 입안되고 있다. 지방자치단체를 중심으로 SSM과 대형유통업체에 대한 규제를 강화하는 강력한 개입을 시작하였다.

전주 시의회에서 전국 최초로 대형할인점과 SSM의 휴업일을 강제 지정하도록 조례를 의결한 것을 시작으로 최근에는 서울시에서도 이들의 의무 휴업일을 월 2회 지정하는 것으로 조례를 개정한 바 있다.

그러나 이런 규제의 강화가 제대로 된 효과를 낼지는 조금 더 지켜봐야 한다. 당장 업계의 반발이 심각하다. 전주시가 처음으로 SSM과 대형마트의 영업제한을 선언한 몇 주 뒤, 국내 대형마트들이 가입된 한국체인스토어협회는 정부가 추진하는 '월 2회 휴무'가 영업의 자유와 평등권을

4-12 홈플러스 휴점 반대 홍보

4-13 SSM에 대한 논란 댓글 (출처: Daum)

침해한다며 헌법소원을 제기했다. 홈플러스나 코스트코와 같은 외국계 기업들은 이러한 규정이 WTO 세계 무역기구의 서비스 무역협정에 어긋나는 것이라고 주장한다. 일자리가 줄어들 것이라는 언론의 보도도 줄을 잇는다. 게다가 '소비자의 편익 감소'까지 이슈가 된다. 대형마트 측에서 강력하게 주장하는 논리이기도 하다. 대형마트를 강제 휴점의 형태로 강력하게 규제함으로써 소비자들이 합리적인 가격에 편리한 공간에서 물건을 살 수 있는 기회를 박탈당한다는 주장이다.

이러한 상황에서는 이러한 법적 규제가 과연 기업들을 사회가 원하는 수준으로 변화시킬 수 있을지 그 효과를 장담하기 어렵다.

이런 것을 보면 기업을 변화시키기 위해 법적 기준을 강화하는 방식으로 접근하는 것은 쉬운 선택이 아닌 것으로 보인다. 기업의 규제에 대한 국민적인 공감대가 형성된다면 정부가 기업의 경영활동을 규제하는 것이 당연한 일일 수 있다. 그러나 언론에서 연일 비판기사를 내보내고 각 지역별로 많은 비판과 반발이 있었던 SSM과 같은 사례도 이 정도인데, 상대적으로 관심을 못 받는 다른 수많은 사회적 기준들은 법의 강화를 통해 기업을 움직이는 게 더욱 어려울 수밖에 없다.

자발적 참여 유도하기

따라서 정부는 정치적인 부담이 있는 직접적인 규제보다는 보다 부드러운 방식을 고민해야 한다. CSR을 수월하게 활성화시키기 위해서는 기업을 직접적으로 규제하기보다 CSR을 유도하는 방향으로의 시장 변화를 촉진시켜서 기업이 자발적으로 움직이도록 만드는 방법을 고려해야 한다.

CSR에 대한 기업의 자발성은 CSR과 기업의 이익극대화 목적이 연결되어 있을 때 비로소 나타날 수 있다. Product의 경우 사회의 요구를 만족시키는 제품의 개발 및 판매를 통해 증가하게 될 기업의 매출 및 수익이 높아야 한다. Profit Sharing의 경우에는 어차피 사회에 환원하는 비용을 조금이라도 기업 스스로에게 이익이 될 수 있는 방향으로 만들고자 하는 경영 의지가 기업이 CSR을 하게 만드는 원동력이다. 그럼 어떻게 CSR을 기업의 이익과 더 많이 연결시킬 수 있을까?

가. 체계적으로 정보 공개하기

정보 공개가 첫 번째 방법이다. 기업별 CSR에 대한 정보를 대중(대부분 소비자들)에게 공개함으로써 소비자들에게 어떤 기업이 착한 기업이고 나쁜 기업인지를 알려주는 것이다.

이 방법은 그동안 논의되었던 '기업이 CSR을 해야 하는 이유들' 중 '소비자의 변화'를 강화시키는 방안이다. 2부에서 살펴본 것처럼 소비자의 변화를 의미하는 '윤리적 소비'의 개념은 현재는 고객들의 머릿속에서만 존재할 뿐 이런 인식이 실제 소비에 별다른 영향을 끼치지 못하고 있다. 그렇지만 정부가 앞장서서 소비자들이 실제 제품을 고를 때 제조기업이 CSR을 더 많이 고려하도록 만드는 장치를 만든다면 윤리적 소비는 기업을 변화시킬 수 있는 기준까지 확산될 수 있다.

CSR 활성화에 영향을 끼칠 수 있는 소비자, 투자자, 경영진들 중에 특히 '소비자'에 주목해야 하는 첫 번째 이유는 소비자들이 CSR과 가장 친근한 그룹이기 때문이다. 소비자들은 CSR에 관대한 편이다. 비록 실제 행동으로는 잘 이어지지는 않고 있지만, 과반수 이상의 소비자 머리 속에는 '나쁜 기업의 제품은 사지 말자' 하는 정도의 인식이 자리 잡고 있다.

그러나 다른 변수들인 투자자나 경영진은 상황이 다르다. 투자자들은 이미 수익률이라는 명확한 목표가 있기 때문에 소비자 영역의 '윤리적 소비'와 같은 '사회책임투자'가 투자자들 사이에 주류가 될 가능성은 매우 희박하다. 경영진도 마찬가지다. 경영 성과로 몇 년에 한 번씩 자리가 바뀌는데, 이익과 사회적 책임이 충돌했을 때 사회적 책임을 따를 경영진은 많지 않을 것이다. 즉 투자자와 경영진은 CSR에 대한 인식도 부족한 상황이지만 소비자의 경우에는 그래도 CSR이 좋은 것이라는 인식을 이미 가지고 있는 상황이다.

또 다른 이유는 소비자들이 이성적인 판단을 하지 않을 확률이 가장 높기 때문이다. 모든 소비자들은 비용과 효용을 계산하며 언제나 합리적이고 이성적으로 소비를 할 것 같지만 현실은 그렇지 않다. 오늘도 수많은 마케터와 광고인들은 소비자들의 이성적인 소비를 조금이라도 왜곡해서 자사의 제품을 구매하도록 만들기 위해 진지하게 고민하고 있다. 수 백만 원을 내고 명품 브랜드를 사려는 소비자들이 많은 것처럼, 그리고 기업이 엄청난 비용을 들여서 차별화시킨 기업 이미지를 보고 제품의 구매를 결정하는 소비자들이 많은 것처럼, 조금은 비싸더라도 윤리적 소비를 하는 소비자들이 주류가 되는 세상이 올 수도 있다.

단, 명품 브랜드를 만들기 위해 해당 기업들이 수 백억 원 이상의 돈을 써가며 마케팅을 하듯이 윤리적 소비를 활성화시키기 위해서는 기업에서 먼저 많은 노력을 해야 한다. 물론, 윤리적 소비의 효과가 알려진 것보다 훨씬 미미한 현실 세계에서 기업이 자발적으로 성과가 보장되지 않는 CSR을 추진하기는 어렵기 때문에, '정보공개'라는 정부의 도움이 필요하다.

사실 CSR에 대한 정보공개는 지금도 많은 언론 및 기관에서 하고 있다. CSR과 관련된 기사가 나올 때마다 각 주요기업들의 사회적 책임 이행 현황을 친절하게 설명해주는 표나 그래프가 나오는 경우가 많다.

가장 쉽게 찾을 수 있는 예는 '장애인 고용'이다. 현재 담당부처인 고용노동부에서 연 2회 각 그룹별 장애인 취업률을 집계하고, 의무고용률을 어긴 기업들의 명단을 공개 하고 있다.

> 고용노동부는 지난해 말 기준 장애인 고용이 저조한 상시근로자 100명 이상 기업 1,994곳의 명단을 2일 발표했다. …(중략)… 30대 기업집단 소속 기업 609곳 가운데 4곳 중 3곳 꼴인 458곳이 의무고용률 2.3%를 위반했고, 10곳 중 4곳 꼴인 233곳은 고용률이 1.3%를 밑돌아 명단 발표 대상에 들어갔다. 기업집단별로 장애인 고용률을 살펴보면 GS(0.89%), LG(0.99%) 등은 1%에도 못 미쳤고 SK(1.09%), 한진(1.1%), 동부(1.2%) 등도 장애인 고용이 저조한 것으로 나타났다. (서울경제, 2012. 7. 2)

각 기업들이 쓰는 사회공헌 비용 역시 정보공개가 잘 되는 편이다. 사회공헌 비용의 경우, 정부에서 나서서 정보공개를 해주는 경우는 없으나 보통 언론사에서 정보를 취합하여 나름대로의 기준을 가지고 순위를 공개한다. (사회공헌 비용부분에 대해서는 7부에서 자세히 설명한다.)

체계적 정보공개의 필요성 CSR과 관련된 기업의 정보가 언론에 공개되면, 중요도를 떠나 기업들로서는 신경이 쓰일 수밖에 없다. 특히 칭찬받은 일은 쉽게 잊어버리고 비판받을 부분은 오래 기억하는 소비자들의 관점에서 볼 때, 장애인 고용을 소홀히 하는 기업이나 사회공헌 낙제기업이라는 내용이 기사화 될 경우 기업 이미지에 부정적인 타격을 입게 마련이다. 이런 경우 기업들은 비난이 확산되지 않도록 대응을 하게 된다. 따라서 각 이슈별로 사회적 책임을 다하지 않은 기업들의 정보가 공개되는 것은 CSR 활성화 측면에서 당연히 바람직한 일이라고 할 수 있다.

그럼에도 불구하고 현재의 정보공개 방식은 몇 가지 한계점을 가지고 있다. 첫 번째 한계점은 너무 많은 분야를 한꺼번에 비교하고자 한다는 점이다. CSR의 분야는 정말 다양하다. 그리고 각 기업마다 잘하고 있는 분야와 못하고 있는 분야로 나뉠 수 있다. 어떤 기업은 장애인 고용을 많이 하지만 지배구조에서 늘 비난을 받고 있는 기업일 수 있고, 어떤 기업은 친환경적인 제품을 만듦으로써 사회에 많은 기여를 하고 있지만 노조 문제에 있어서 노동계의 비판을 받고 있을 수도 있다.

CSR의 모든 분야를 펼쳐놓고 기업들을 비교하다 보면, 의미 있는 비교를 하기 어렵다. 특히 정보를 수집해야 하는 분야가 많아질수록 정부가 일일이 정보를 확인하지 못하고 기업의 리포팅에 의지해야 하는

매출 1조원 이상 대기업 순수 사회 기부금 지출현황

단위: 억원, %

순위	회사명	매출액	순이익 금액	순이익 증감률	기부금 기부금	기부금 증감률	기부금 ÷순익
1	삼성전자	631,760	74,250	-6.3	1,825.7	4.2	2.5
2	포스코	222,067	36,794	14.7	839.4	10.5	2.3
3	SK텔레콤	112,859	16,425	13.5	724.7	-29.6	4.4
4	KT	119,364	9,576	-22.4	717.0	32.2	7.5
5	강원랜드	10,665	2,928	18.1	554.4	417.5	18.9
6	한국가스공사	142,608	3,648	51.7	481.3	71.5	13.2
7	한진해운	69,360	1,457	-68.3	468.3	51.2	32.1
8	현대중공업	155,330	17,361	143.5	327.1	116.2	1.9
9	대우조선해양	71,048	3,212	446.9	270.6	20,093.3	8.4
10	CJ	19,734	381	-72.8	253.5	20.6	66.6
11	케이티앤지	24,127	6,612	1.8	250.0	-74.7	3.8
12	현대자동차	304,891	16,824	10.2	225.4	21.4	1.3
13	KT프리텔	72,933	2,441	-40.7	161.2	25.3	6.6
14	LG전자	235,019	12,224	474.7	152.9	-2.7	1.3
15	현대미포조선	28,484	5,292	124.0	123.3	102.2	2.3
16	대한항공	88,120	107	-97.2	107.9	15.7	100.5
17	금호산업	19,173	399	-79.5	99.0	-48.8	24.8
18	삼성중공업	85,191	4,854	215.0	94.6	45.0	1.9
19	두산중공업	40,895	2,987	302.7	83.1	76.9	2.8
20	롯데쇼핑	97,681	6,895	6.8	81.9	113.7	1.2
21	LG화학	107,953	6,862	115.3	81.9	26.0	1.2

4-14 기업별 사회공헌 예산 공개 사례(출처: 주간경향)

정보가 많아지게 마련인데, 이럴 경우 제대로 된 비교는 더욱 어려워진다. 기업의 특성상 잘한 것은 강조하고 못한 것은 축소시킬 것이기 때문이다. 당장 기업들이 발간하는 지속가능경영보고서만 봐도 매년 정부에 내는 과징금이나 법규 위반사례가 상당함에도 불구하고 이러한 사실들을 보고서에 한 줄이라도 적는 기업들은 드물다.

따라서 기업 간의 비교는 정부에서 의지를 가지고 추진하고자 하는 영역 2-3개만 선정해서 집중적으로 공개해야 한다. 정부에서 2-3년을 주기로 개선하고자 하는 CSR의 영역을 선정하고 여기에 대한 기업들의 정보를 집중적으로 공개함으로써, 나쁜 기업 이미지를 걱정하는 기업들의 변화를 이끌어 내야 한다. 예를 들어 2013년과 2014년은 지배구조와 육아휴직의 문제를, 이후 2년은 기부금 확대와 최저임금 확대를 지정하는 것처럼 이슈를 선점해나가야 한다. 언론사들과 협력하여 1년에 2-3차례 정보를 비교 공개하면 지금의 정보공개 방식보다는 훨씬 더 효과적으로 기업을 변화시킬 수 있을 것이다. 그렇지 않고 수많은 세부 문제들을 계획 없이 모두 공개하다 보면, 소비자들은 정보의 홍수에 빠져 '그래 다 나쁜 놈이네…' 라고 생각할지도 모른다.

두 번째 한계는 너무 많은 기업들을 분석하려고 한다는 점이다. 위에서 예로 든 장애인 의무고용률 위반 기업들은 공개된 기업만 1,944곳이었다. 이렇게 많아서는 별다른 임팩트가 있을 수 없다. 기업의 입장에서는 100개 기업 중 반도체회사의 장애인 고용률이 대형 유통기업의 그것보다 낮거나 높다고 해서 이를 보는 소비자들에 큰 감흥을 주기 어렵다.

따라서 정보공개는 산업별로 해야 한다. 그리고 시장에서 직접적인 경쟁을 하고 있는 기업들을 대상으로 해야 한다. 필요하면 기업 이름이 아닌 산업에서의 브랜드명을 공동 표기해주는 것도 효과를 극대화 할 수 있는 방법이다. 물론 윤리적 소비에 좌우지될 산업은 많지 않다. 경쟁제품 간에 기술적 격차가 크다든지, 고객들이 디자인이나 가격을 무조건 최우선으로 생각하는 시장에서의 정보공개는 별다른 효과를 얻지 못할 수 있다.

예를 들어 노트북처럼 제품의 디자인이나 성능이 중요한 산업에서는 아무리 윤리적으로 뛰어난 기업이라 하더라도 스펙이 떨어지면 소비자들의 선택을 받기 어렵다.

그러나 정보공개가 통하기 쉬운 시장도 분명히 있다. 예를 들어 통신산업을 보자. 3G, 4G로 넘어오면서 SKT와 KT 그리고 LG U+가 제공하는 통신서비스의 질적 차이는 확연히 줄어들었다. 그리고 애플의 아이폰과 삼성의 갤럭시 시리즈가 시장을 거의 양분하면서 통신사 간의 단말기 차이도 거의 없어졌다. 누구나 한번쯤은 새로운 핸드폰을 사면서 통신사 이동을 고려해 가격을 비교해 보았겠지만 통신사 간의 서비스 요금도 거의 대동소이하다. 이렇게 각 기업 간의 제품 변별력이 적은 산업의 경우 윤리적 소비의 개념이 보다 쉽게 정착될 수 있다.

마지막 한계는 정기적인 공개가 이루어지지 않고 있다는 점이다. 정보공개의 효과가 극대화되기 위해서는 같은 기준과 같은 대상을 대상으로 한 순위가 정기적으로 발표되어야 한다. 그래야 하위권에 위치한 기업이 각성하고 다음 발표를 기약하며 이에 대한 대비를 할 수 있다. 예를 들어 2012년에 통신사들의 사회공헌 순위를 공개하고 이를 언론을 통해 널리 알린 후, 2013년에도 또다시 공개할 것을 예고한다면 제일 하위권에 있던 통신사는 불명예를 피하기 위해 사회공헌을 늘릴 수 있는 방안을 연구할 것이다. 따라서 정보공개가 기업들의 실질적인 사회적 책임 노력을 이끌어 내기 위해서는 정보가 매우 계획적으로 공개되어야 한다.

나. 정책 변화 움직임을 통해 참여 이끌어내기

두 번째로 살펴볼 방법은 정책 변화 분위기를 조성하는 것이다. 정부에서 기업의 이익극대화에 부정적인 영향을 줄 수 있는 정책의 입안 분위기를 조성하고, 기업에서는 "정책은 필요 없다. 사회의 요구를 알았으니 자발적으로 알아서 잘 하겠다"며 사회공헌기금을 조성하는 것과 같이 획기적인 대응책을 내놓는 방식이다. 반대로 정부가 특정 산업에 대한 사업자를 선정하면서 선정에 대한 반대급부로 사회적 책임활동 강화의 약속을 요구할 수도 있다.

가장 좋은 예는 2007년에 있었던 생보사들의 사회공헌기금 적립 사례이다. 국내 주요 생명보험사들은 2007년부터 공익재단을 설립하고 세전 이익의 0.25%-1.5% 수준을 기부하고 있다. 기금은 생명보험사회공헌위원회 산하의 3개 기관 (생명보험사회공헌재단, 생명보험 사회공헌기금, 사회공헌위원회 지정법인)을 통해 희귀 난치성질환 지원사업이나 자살예방 사업 등에 쓰이고 있다. 기금 목표액은 무려 1조 5,000억 원에 이른다. 하지만 이 사회공헌기금이 생보사들의 사회적 책임이라고 자랑스럽게 이야기하기 어려운 이유는 기금 조성의 배경에 있다. 2007년 당시 일부 회사가 상장을 추진하는 과정에서 많은 사회적 논란이 야기되었고, '상장을 허용하는 대신 이익의 일정 부분을 사회에 환원하는 차원에서 출연이 결정된 것이었기 때문이다. (상장 이익의 일부를 보험계약자들에게 나누어줘야 하는지에 대한 문제가 논란이었고, 결국 논의 끝에 이익을 배분하지 않는 것으로 결론이 나 보험사들은 더 큰 이익을 상장을 통해 거둘 수 있게 되었다.)

이러한 배경이 있었기 때문에, 생명보험사 상장과는 전혀 관계가 없던 ING나 메트라이프 등 외국계 생명보험사는 기금 설립 초기부터 불참을 통보했고, 지금까지도 참여하지 않고 있다.

사회적으로 비판을 많이 받고, 이에 따라 정부에서 규제를 할 명분이 있는 사업들이 주 타깃이 되기도 한다. 뒤에서 보다 자세히 살펴보긴 하겠지만 게임 중독이나 도박 중독과 같은 사회적 이슈에서 자유로울 수 없는 게임업계나 도박산업에서도 이렇게 사회공헌성기금을 조성하는 사례는 많이 발견된다.

'체계적인 정보공개'와 '정책변화 움직임을 통한 기업의 참여 이끌어내기'와 같은 두 가지 방법이 정부가 '기업을 자발적으로 변화시키기' 위해서 할 수 있는 것들이다. 따라서 다음 장부터 살펴볼 정부의 정책 부분도 '규제의 기준을 올리기'와 같은 방법은 배제하는 대신 기업의 자발적인 참여를 이끌어내는 방법에 초점을 맞추었다. 예를 들어 기업들의 기부금 액수를 비교해서 공개한다거나, 지속가능 경영보고서의 제출을 의무화 시킨다거나, 청소년고용 사업장의 기업별 평균 지급임금을 NGO와 함께 조사하고 공개하는, 지금은 약하게 연결되어 있는 소비자의 관심과 기업의 이익을 강하게 연결해주는 간접적이고 현실적인 방법들을 주로 고민하였다.

다음 5부에서는 Process, Product, Profit Sharing 별로 정부가 어떤 방식으로 CSR을 효율적으로 활성화시킬 수 있을지 살펴보도록 한다.

V

⚜

기업 변화시키기 – Process영역

앞에서 우리는 왜 정부가 CSR에 개입해야 하고, 왜 법보다는 '사회적 기준'을 중심으로 고민해야 하며, 법적 규제 강화와 같은 급격한 변화보다는 정보공개 등을 통해 기업의 자발적인 참여를 이끌어내는 현실적인 방법을 먼저 고민해야 하는지 알아보았다.

이제부터는 각 영역별로 정부가 어떤 개입을 통해 기업들의 자발적인 참여를 이끌어내는

	Process	Product	Profit Sharing
사회적 기준			
법적 기준			

게 바람직한지에 대해 알아볼 것이다. 특히 이 장에서 알아볼 내용은 Process 영역의 사회적 기준 부분이다. 즉 CSR의 세 가지 영역 중에 노동, 환경, 지배구조와 같이 기업이 제품이나 서비스를 생산하는 과정에서 기업에게 요구되는 사회적 기준들을 기업들이 충족시키도록 정부가 어떤 노력을 해야 하는지에 대해 알아볼 것이다.

1. 우선순위가 필요하다

Process 분야에서 기업을 변화시키는 것은 쉬운 일이 아니다. 이 분야에는 여러 크고 작은 이슈들이 얽혀 있고, 기업이 문제 해결에 자발적으로 나서는 것을 기대하기 어렵기 때문이다.

Process의 구성요소들은 다양하다. 앞에서 살펴본 것처럼 Process는 모두 5가지 세부영역들로 나누어진다. 노동, 환경, 반부패, 상생, 그리고 지배구조가 바로 그 세부 영역들이다. 각 세부영역 안에도 다양한 이슈들이 존재한다. 예를 들어 노동 영역 안에는 최저임금문제, 비정규직문제, 노조문제, 출산 육아휴직문제 등이 있으며, 지배구조 영역 안에도 출자총액제, 순환출자금지제, 금산분리제 등 여러 가지 이슈들이 혼재되어 있다. 그리고 각 이슈별로 기업이나 소비자 그리고 또 다른 이해 관계자들인 투자자나 근로자들의 이해가 복잡하게 얽혀 있다.

게다가 이 각 영역들 간의 상관성도 매우 적다. 기업이 노동자들에게 정당한 대우를 해주는 것과 생산 공정에서 이산화탄소배출량을 줄이거나 하청업체들과 수평적인 파트너십 관계를 맺는 것은 전혀 별개의 문제이다. 이산화탄소배출 감소를 유도하는 데 성공하더라도 하청업체와의 관계를 개선시키려면 비슷한 수준의 노력을 처음부터 다시 해야 한다. 더 많은 세부 영역에서 정부가 성과를 내고자 할수록 정부의 더 많은 노력과 자원의 투입이 요구된다.

또한 Process의 세부 이슈들은 대부분 기업의 직접적인 이익 증대와 관련이 없다. 따라서 기업들은 최대한 변화하지 않으려고 한다. 예를 들어 노조문제나 출자총액과 같은 대부분의 Process의 이슈들은 유기농 과일을 판매하는 것과 같은 Product의 이슈에 비해 시장에서 소비자들에게 별다른 영향력을 끼치지 못한다. 친환경 농법으로 만들어진 토마토나 높은 연비를 자랑하는 자동차에 더 많은 금액을 지불하는 소비자들은 쉽게 찾아볼 수 있지만, 협력업체에 좋은 대우를 해준다거나, 지배구조가 건전하거나, 혹은 노조활동이 활발한 기업의 제품에 더 많은 가격을 기꺼이 지불하는 소비자는 상대적으로 적다.

기업이 자발적으로 법 이상의 잣대를 가지고 이 분야에서 경영활동을 할 이유가 적기 때문에 Process에서는 규제의 강화가 아니면 해결하기 어려운 영역들이 대부분이다. 즉 정부는 규제로만 해결할 수 있는 부분들은 정치적으로 해결하려고 노력하되, 그나마 기업들의 자발적인 참여를 이끌어낼 수 있는 부분들은 별도로 관리하여 집중적으로 이슈화해야 한다.

규제로 해결 가능한 분야 : 환경

이 책에서 거듭해서 강조하듯이 규제로 풀기 쉬운 부분은 그냥 규제로 풀면 된다. Process 영역 중 '환경' 부분과 같이 큰 정치적 후폭풍 없이 규제기준을 강화할 수 있는 부분은 정부가 나서서 규제를 만들어 나가면 된다.

지구온난화, 에너지 고갈과 같은 이슈들이 포함되어 있는 환경 분야는 CSR 분야 중 가장 중요하고 주목을 많이 받는 분야 중 하나이다. 정부가 CSR 정책을 시행하는 데 있어서 '환경'의 개념은 매우 중요하게 다루어져야 한다. 정부가 이 분야에서 '기업의 자발적 책임을 이끌어내기'가 아닌 '규제' 카드를 꺼내야 하는 이유는 두 가지다.

하나는 다른 분야와 달리 CSR 활성화의 가장 확실한 카드인 '법적 기준 강화'의 카드를 비교적 쉽게 쓸 수 있기 때문이고, 둘째는 높아진 정부의 규제에 따르는 것이 기업의 경쟁력과 연결될 수 있어서 기업의 반발이 적은 영역이기 때문이다.

상대적으로 용이한 법 기준의 상향 조정

다른 부분과 달리 환경 분야는 법을 쉽게 개정할 수 있는 부분이다. 새로운 물질이 환경유해물질로 판명되거나, 특정 물질이 지금까지 알려진 것보다 더 유해한 것으로 판명되면 정부에서는 이를 법에 반영하고 법을 더 촘촘하게 만들 수 있다. 환경적인 면에서 가장 적극적으로 안전장치를 만들고 있는 EU의 규제 내용을 벤치마킹하고, 유해성 논란이 있는 물질들의 명단을 공개한다면, 환경보호의 기치 아래 기업 규제강화에 대해 국민적인 동의도 수월하게 얻을 수 있다.

다음의 기사에서 보는 것과 같이, 이미 정부는 수시로 환경규제에 대해 관리 기준을 강화해 오고 있다.

> 환경부는 국민건강 및 수생태계 보호를 위하여 특정 수질유해물질을 확대 지정하고 배출허용기준 항목을 추가 설정하는 등 공공수역으로 배출되는 수질유해물질의 관리 강화를 주 내용으로 하는 수질 및 수생태계 보전에 관한 법률 시행규칙 개정령안을 12월 31일 입법예고 하였다.
>
> 우선 특정 수질유해물질 5종을 신규로 지정하여 관리대상 물질이 현행 19종에서 24종으로 확대된다. 공공수역과 개별 배출업소 방류수 등에서 검출되며, 발암성 등 인체 유해성이 높은 1,4-다이옥산, 비스(2-에틸헥실) 프탈레이트, 염화비닐, 아크릴로니트릴, 브로모포름 등 5종을 신규로 지정 하여 관리를 강화한다. (환경부 보도자료: 2007. 12)

기업 경쟁력과의 연계

환경문제는 기업의 경쟁력과도 깊은 연관이 있다. 특히 수출의 비중이 높고, 그 중에서도 가장 강력한 환경 법안을 가지고 있는 EU 지역으로의 수출이 많은 경우에는 더욱 그렇다. EU는 현재 REACH나 RoHS 등의 강력한 환경 정책을 통해 유해물질의 유입을 제한하고 있다.

- REACH^{Registration, Evaluation, Authorization, and restriction of Chemicals} : EU내 연간 1톤 이상 제조, 수입되는 물질에 대해 제조, 수입량과 위해성에 따라 등록, 평가, 허가 및 제한을 받도록 하는 화학물질 관리 규정
- RoHS^{Restriction of the use of Hazardous Substances in EEE} : 전기 전자 제품^{EEE}에 납, 카드뮴, 수은, 크롬, 난연제와 같은 유해물질 사용을 제한하는 유해물질 사용제한 지침

국가마다 환경에 대한 규제는 차이가 크다. 예를 들어 프랑스에서는 엄격하게 금지하는 물질을 중국에서는 허용할 수도 있다. 위의 RoHS나 REACH에서 알 수 있듯이 이제는 환경규제가 엄격한 국가에 수출을 하기 위해서는 해당 국가의 규제를 보다 철저하게 따라야 한다. 물론 현재 논의되고 있는 이슈들은 대부분 Process보다는 Product를 대상으로 한다. 유해물질이 포함된 제품에 대한 수입제재는 활발하게 이루어지고 있으나, 제조과정에서 환경오염을 유발한 제품에 대해서는 아직 별다른 제재가 있지 않다.

그러나 이제 Process 부분에서도 이러한 규제가 점점 진지하게 논의될 것이다. 탄소배출권 제도에 대한 논의가 대표적인 사례이다. 이 제도는 국가에 관계없이 제품 생산과정에서 발생하는 탄소의 양에 대해 기업이 금전적인 책임을 진다는 것을 골자로 하고 있다.

각 국가들은 '환경'이라는 범지구적 이슈를 빌미로 각종 규제를 통해 자국의 기업들을 보호하는 역할도 할 것이다. 각 국가를 아우르는 환경규제가 없다면, 환경규제가 느슨한 개발도상국에서 제품을 생산하는 기업

들은 상대적으로 엄격한 규제를 하는 선진국에서 공장을 운영하는 기업보다 환경을 보호하기 위한 비용을 훨씬 적게 쓸 수 있다. 이럴 경우, 선진국의 기업들은 경쟁력 강화를 위해 공장을 개발도상국으로 옮기게 되고 이는 선진국 노동자들의 일자리 감소가 더욱 가속화되는 것으로 이어진다. 따라서 선진국에서는 적극적으로 개발도상국들의 환경문제를 짚고 넘어갈 수 있다. 그리고 이들은 현재 Product에 머물러 있는 국제적 환경규제를 Process부분에까지 확장하자고 주장할 수 있다. 즉 이제 머지않은 미래에는 EU의 국가들이 유해물질을 배출하는 제조기법을 문제 삼아 제품의 수입을 제한하는 사례가 나올 수도 있다

이렇게 될 경우, 오랜 기간 동안 환경 분야를 중시해온 정부와 사회 덕에 환경 영역에서 경쟁력을 보유한 유럽의 기업들은 오히려 득을 보게 될 것이다. FTA 등으로 관세장벽이 거의 무의미해진 대신 이러한 환경 이슈가 새로운 무역장벽으로 대체될 것이다.

현재 우리나라는 환경에 있어서 EU만큼은 아니지만 매우 적극적인 행보를 보이고 있다. 정부는 환경에 대해서 이 부분의 선두주자인 EU를 벤치마킹하며 계속해서 기준을 강화해 나갈 것이다. 이런 상황을 대비하여 기업들이 미리 환경을 보호하는 제조공정에 선제적으로 투자한다면 훗날 같은 금액을 다른 분야에 투자한 기업보다 더 많은 경쟁력을 확보할 수 있을 것이다.

기업에게 법 이상의 수준을 요구하기 어려운 분야

다음으로 살펴볼 부분은 '기업에게 요구하기 어려운 분야'들이다. 어떤 분야는 사회적 요구가 있기는 하지만 반대 논리도 만만치 않게 존재하고, 어떤 분야는 기업의 비용 증가와 직접적으로 연결되는 것이어서 기업

을 설득하기 어렵기도 하다. 이러한 분야들은 정부가 기업의 자발적 참여를 이끌어내기 어려울 수밖에 없다. 만약 이런 부분들을 정말로 변화시키고 싶다면, 규제밖에는 방법이 없다. 기업들의 자발적인 참여를 기대하기 어려운 영역들이기 때문이다.

따라서 정부는 사회적 요구가 더욱 거세지면 (즉 규제 강화에 대한 정치적 지지가 결집되면) 규제를 강화하되, 그 외의 경우에는 일단 이 영역들을 우선 해결 과제에서 배제하고 시작해야 한다.

가. 지배구조 : 많은 논란과 기업의 의지 부족

지배구조는 우리 사회에서 CSR을 이야기할 때 매우 중요한 부분이다. 대기업집단이 사회 비판의 집중 타깃이 되는 상황에서 지배구조는 많은 사회의 관심 속에 다루어지며, 기업의 지속가능성을 평가할 때도 기업의 거버넌스governance가 주요한 부분 중 하나에 해당한다.

국내기업의 CSR에 대해 생각해 본 사람이라면 누구나 공감하겠지만, 국내기업 집단 중에서 지배구조의 문제에서 완전히 자유로울 수 있는 기업 집단은 거의 없다. 재벌에 대한 규제 이야기가 나올 때마다 지배구조와 관련한 출자총액제와 같은 소재는 계속 논의(혹은 되풀이)된다. 창업주의 성공이 2세, 3세로 내려오면서 오너 일가의 소유 지분이 점점 줄어드는 와중에 순환출자의 규제 등 재벌들의 지배구조를 개선하기 위한 정부의 노력이 더해지면서 대기업들은 지배구조 이슈에서 자유롭지 못했다. 정부가 만들어 놓은 기준을 어기지는 않았지만 (대부분 아슬아슬하게 지킨다) 기업이 사회적으로 매우 비판을 받고 있는 분야 중 하나이다.

지배구조는 사회적 책임과 관련된 다른 문제들의 원인이 되기도 한다. 그동안 지배구조와 연계된 사건들을 보면, 대기업들이 총수의 직위를 활용해 자신의 영향력을 유지시키기 위해 계열사에 일감을 몰아주거나 부실 계열사를 지원하는 등 결과적으로 소액주주에게 돌아가야 할 이익을 가로채는 결과를 가져온 사례들이 많았다. 그리고 이러한 지배구조의 부작용들이 사람들의 입에 자주 오르내리면서 반 기업정서 확산에 한몫을 담당해왔다. 실제, '대기업이 계열사의 수를 늘렸다' 든지, '주요 기업, 부적격 이사선임 여전해' 와 같은 지배구조와 관련된 기사가 나올 때마다 이에 대한 비판이 강하게 제기되곤 했다.

그러나 국내 기업집단들의 대응은 이러한 사회의 요구와 상당한 차이를 보이고 있다. 한국 기업지배구조연구원www.cgs.or.kr에 따르면, 유가증권시장 상장기업 668사의 지배구조를 평가한 결과,65) 최우수 등급인 A+를 받은 기업의 비율은 2010년 3.9%에서 2011년 2.1%로 오히려 줄어들었다. 보통 등급인 B+ 기준을 받은 기업의 비율을 봐도 2010년 33.7%에서 2011년 22.9%로 상황이 악화되었다. 이런 상황이라면 기업의 지배구조에 대한 사회의 불만은 점점 높아질 것이다. 지배구조가 CSR을 논할 때 빠져서 안 되는 이유다.

그럼에도 불구하고, 기업들이 자발적으로 지배구조를 개선하도록 유도하는 것은 거의 불가능하다. 다음의 두 가지 이유 때문이다.

이유1 : 반론의 존재 – 경제성장에 대한 논란.　첫번째 이유는 기업집단의 지배구조문제 이슈가 갖는 논란성이다. 지배구조, 재벌 해체와 같은 이야기가 나올 때마다 함께 나오는 것이 '경제발전의 원동력' 이라는 단어이다. 우리나라에 재벌이라는 이름이 나타난 시기부터 오늘까지 삼성, LG, 현대와 같은 우리 사회의 재벌들은 늘 많은 시민단체들과 역대 정부로부터 개혁 대상으로 지목되어왔고, 실제 많은 변화를 겪어왔다.

그러나 아직도 많은 사람들이 재벌 개혁을 이야기하고, 재벌이라는 이름이 부정적인 의미로 사용되고 있다는 사실은 지배구조 문제의 해결이 사람들의 생각만큼 이루어졌던 적이 별로 없었다는 것에 대한 반증이라고 할 수 있다.

지배구조 문제가 쉽게 풀리지 않은 이유의 중심에는 경제 발전을 위한 재벌 체제의 긍정적인 면을 간과해서는 안 된다는 주장이 있다. 총수 체제가 갖는 장점인 빠른 의사결정이나 과감한 투자와 같은 근거가 뒷받침되면 이는 일면 타당한 이야기로 들리기도 한다. 실제 순환출자 금지, 더욱 과격하게는 재벌 해체라는 재벌의 지배구조 개선에 대한 이야기가 나올 때마다 재벌 체제의 긍정적인 면을 이야기하는 다음과 같은 주장들도 함께 나온다.

'사실 외환위기라는 절체절명의 상황에서 살아남았을 뿐만 아니라 오히려 위기를 기회로 삼아 세계적인 경쟁력을 확보하는 대반전을 이룩한 대규모 기업집단이야 말로 시장경쟁의 진정한 승리자이고 우리나라의 국부와 일자리를 창출하는 핵심 견인차이다.' 66)

- 이주선

'우리나라와 같이 아직도 산업구조를 고도화할 필요가 있는 나라의 입장에서는 기업의 사업 다각화를 어렵게 한다는 점에서 출자총액 제한은 문제가 있다.' 67)

- 장하준

이러한 입장이 틀리지 않았다고 가정하면, 정부의 입장에서는 CSR도 중요하지만 국가경제도 생각하지 않을 수 없기에 이 지배구조 문제에 대해 신중하게 접근할 수밖에 없다. CSR을 추진하려다가 국가경제 위축이라는 결과물을 받아들이게 될 수도 있기 때문이다. 따라서 지배구조 문제는 어느 한쪽으로 여론이 쏠리지 않은 이상, 정부에서 적극적으로 추진하기 어려울 수밖에 없다.

이유2 : 기업이 먼저 꺼내기 어려운 이야기 두 번째 이유는 기업의 의지부족 문제이다. 지배구조 문제야 말로 기업이 자발적으로 자신을 억제하기 가장 어려운 부분이다. 대주주(총수)와 직접적으로 관련이 있는 지배구조 문제는 대기업이 CSR을 이야기할 때 가장 조심스러울 수밖에 없다. 과연 어떤 기업의 CSR 담당자가 사회적 책임을 다하기 위해 지배구조의 개선을 이야기할 수 있을까? 현재의 복잡한 지배구조들을 법에서 인정하는 범위를 넘어서서 변경한다면 가장 먼저 문제시 될 것은 총수의 지배력이다. 아마 어떤 기업의 CSR 팀이나 총수도 이런 결정을 내리기는 쉽지 않을 것이다. 이러한 이유들 때문에 지배구조 문제는 아마 가장 마지막에야 이룰 수 있는 CSR 분야가 될 것이다.

물론 "지배구조를 건드릴 필요가 없다"고 말하는 것은 아니다. 이 책에서 말하고 싶은 것은, 이렇게 논란거리가 있는 문제를 CSR의 우선순위에 두기는 어렵다는 것이다. 만약 정부가 지배구조를 개선하고 싶다면 기업의 사회적 책임을 운운할 것이 아니라 정치적인 논란을 무릅쓰고 출자총액제한이나 순환출자금지 제도들을 강화하는 수밖에 없다.

나. 노조와 비정규직 : 기업의 비용과 정부의 명분 부족

다음으로 살펴볼 부분은 노동 분야의 세부 항목인 노조 결성과 비정규직의 문제이다. 이 부분에 있어서도 분명한 사회적 기준이 존재한다. 모든 기업에 제대로 된 노조가 설립되는 것이 사회의 요구이고, 비정규직의 경우 비정규직이 점점 없어지는 기업 문화를 만드는 것이 사회의 요구라고 할 수 있다.

그러나 이러한 사회적 요구들은 잘 지켜지지 않고 있다.

먼저 노조부터 보자. 2011년 노동계의 오랜 숙원이었던 복수노조가 허용되었지만 아직도 국내의 대표적 기업인 포스코와 삼성은 비노조경영을 고수하고 있다.(정확히 말하면 사측에 맞설 노조가 없다) 노동계에서는 노조 설립을 허용하라는 주장을 계속 펼치고 있지만 이 두 회사에 제대로 된 노조가 설립되었다는 뉴스는 아직 감감하다.

비정규직 문제도 마찬가지다. 현재 국내에서는 2년 이상 노동자를 고용하면 정규직으로 전환해야 한다는 법이 있지만 실제로 이 법의 취지에 맞게 비정규직을 정규직으로 제대로 전환해주는 기업은 거의 드물다. 보통은 2년간 비정규직을 고용하고 다른 비정규직으로 대체한다.

제외된 이유   이 두 이슈는 사회적으로 관심이 매우 많은 이슈들이다. 노조 이야기는 삼성에 대해 비판적인 글을 볼 때마다 쉽게 접할 수 있는 소재이며, 전체 노동자의 30%가 넘는 비정규직 문제는 요즘도 정치권 최대의 화두 중 하나이다. 그럼에도 불구하고 정부가 이 분야에서 과감하게 기업들의 변화를 이끌어내기는 매우 어렵다.

노조의 경우에는 전 산업을 아우르는 문제라기보다 몇몇 특정 기업에게만 집중된 사안이다. 게다가 비노조경영이라고는 하지만, 삼성과 포스코는 국내외적으로 높은 성과를 거두고 있으며 노동 조건 또한 다른 기업들에 비해서 나쁜 편이 아니다. 삼성그룹의 대표격인 삼성전자는 2011년 취업포털〈인쿠르트〉에서 대학교 4학년들을 대상으로 조사한 '일하고 싶은 기업' 순위에서 8년 연속 1위를 차지했다. 포스코는 같은 조사에서는 5위에 그쳤지만, 임직원 근속연수가 가장 긴 국내 대기업 순위에서 20.8년으로 3위에 올랐다. 따라서 정부가 나서서 이 두 기업만을 대상으로 개입을 하기에는 명분이 부족하다.

노조 문제에 대해 강경한 입장을 가지고 있는 사람들은 무노조 경영이 향후 기업(특히 삼성)의 국제적인 경쟁력 하락을 야기할 것이라고 주장하기도 한다. 무노조 기업의 제품이 향후 외국에서 수입금지나, 불매운동에 직면할 수 있다는 주장이다. 특히 ISO26000이 한창 우리나라에 소개되었을 때, 이 기준을 만드는 데 일조한 노이라이터 교수는 "ISO26000이 발효되면 삼성이 무노조경영 때문에 유럽에서 큰 불매운동에 직면할 것이다"라고 경고하기도 했다. 환경문제가 유럽에서 시작되어 전 세계적인 공감대를 얻고 수십 년 전만 해도 상상하기 어려웠던 환경규제들이 생겨나고 있는 지금, 노조문제도 그러지 않으리라는 법은 없으므로 이 주장은 일면 타당해 보일 수도 있다.

그러나 이것은 과장된 주장이다. 노동과 환경문제는 배경이 다르다. 노동 분야에서는 국제적인 공조가 일어나기 어렵다. 노이라이터 교수의 주장이 맞으려면 삼성이 거의 유일한 비노조경영 기업이어야 한다. 그러나 일단 유럽을 제외한 미국이나 아시아는 노조 문제를 그렇게 심각하게 생각하지 않고 있다. 미국 임금노동자 가운데 노조참여율은 2010년 기준 11.9%로, 1983년의 20.1%에서 절반 가까이 줄어든 상황이다.[68]

애플, 구글 등 IT를 중심으로 한 기업들에서는 특히나 더 노조를 찾아보기 어렵다. 한국과 미국은 ILO의 핵심 협약 중 노조설립의 문제와 맞닿아 있는 결사의 자유(제 87호)와 단체교섭권(제 98호)도 비준하지 않았다. 따라서 노조문제가 국제 사회에서 중요한 이슈가 되려면 먼저 미국이 ILO의 87호와 98호 협약을 비준한 다음이 될 것이다.

그러나 8개의 기본협약 중 오직 2개만을 비준하는 모습을 보이고 있는 미국이 갑작스러운 변화를 보일지는 의문이다. 삼성의 비노조경영이 국제통상에서 문제가 된다면 삼성 말고도 함께 걸릴 많은 미국 기업들과 공동 대응하면 되는 일이다. 따라서 유럽에서 단지 노조의 유무를 이유로 특정 기업의 불매운동을 벌일 확률은 매우 희박하다고 할 수 있다.

따라서 노조문제가 향후에 삼성이나 포스코의 경쟁력을 약화시킬 것이기 때문에 이 기업들이 조만간 변화할 것이라는 주장은 설득력이 부족하다. 물론 정부도 이런 상황에서 굳이 이 기업들을 변화시킬 필요성을 느끼기 힘들 것이다.

비정규직의 문제가 제외된 이유는 기업의 비용 때문이다. 이 문제는 기업의 인건비 상승과 근로자들의 처우 개선이 첨예하게 대립되어 있는 사안이다. 기업 입장에서 보았을 때 비정규직을 정규직으로 전환하는 것은 인건비의 상승을 의미한다. 이 부분은 어쩔 수 없는 사실이다. 따라서 이익극대화를 목적으로 하는 기업의 특성상 이 문제에서는 최대한 법만 지키면서 버티려고 할 것이 틀림없다. 비정규직 비율이 높은 기업의 제품을 소비자가 외면해주기라도 한다면 변화의 기미가 생길지도 모르지만 가능성은 희박하다. 보통 기업이 비정규직을 선호하는 이유가 인건비 절감 때문이라는 점을 감안하면 아쉽게도 비정규직 비율이 높은 기업이 만든 제품의 가격이 더 저렴해질 확률이 높기 때문이다.

따라서 이 문제에 있어서 정부는 기업들을 부드러운 방법으로는 변화시킬 수 없다. 시민단체에서 아무리 기업에게 비정규직을 정규직화 하라고 주장해도 먹혀들기 힘든 것이 바로 이런 이유이다. 비정규직문제를 해결하기 위해서는 CSR적인 접근방식으로 기업에게 선처를 호소하는 것이 아니라 아예 법을 개정하도록 정부를 향해 압력을 행사해야 한다.

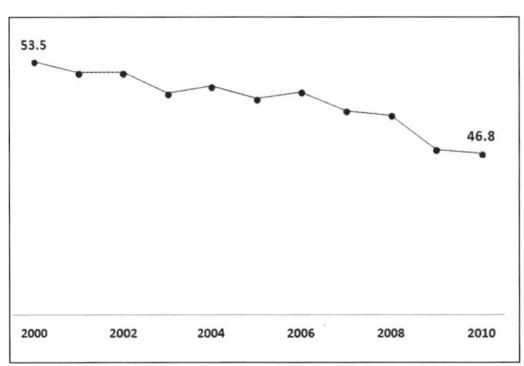

5-1 정규직 대비 비정규직 임금 비율(출처: 한국비정규노동센터)

다. 반부패 : 사회적 기준의 부재

반부패도 매우 중요한 문제 중 하나이다. CSR 측면에서도 매우 중요하게 다루어지는 영역이기도 하거니와 사실 유무를 떠나 대중에게 기업은 별로 투명하지 못한 존재로 비춰지고 있기 때문이다. 대기업들의 분식회계 사건이 일어난 것이 불과 몇 년 전의 일이고, 최근까지도 많은 기업가들이 물의를 빚고 있는 게 우리 사회의 현실이다.

그럼에도 불구하고 반부패 문제를 정부가 우선순위 과제로 선정하기 어려운 이유는, 이 문제에 대해 정부가 기업에게 딱히 법적인 처벌 이외에 추가로 할 수 있는 부분이 없기 때문이다.

횡령이나 담합 그리고 뇌물과 같은 반부패 문제는 잘잘못이 확실한 문제들이다. 법을 위반했으면 잘못한 것이고, 법을 지키고 있으면 잘하는 것이다. 그것뿐이다. 법을 더 잘 지키라는 말은 사실 존재하지 않는다.

이러한 관점에서 반부패는 Process의 다른 영역과 비교된다. 노동이나 환경과 같은 분야는 시민단체들의 생각과 기업가들의 생각이나 고민의 수준이 다르다. 이 분야에서는 법을 지켜도 비판을 받는 경우가 생긴다. 설령 기업이 법을 지키더라도 시민단체 등에서 제시하는 기준에 미흡하다면 비판을 받을 수 있다.

그러나 반부패 문제의 경우 아주 단순하다. 이것은 더하고 덜하고의 문제가 아니라 하고 하지 않고의 문제이다. 횡령이나 배임, 뇌물 수수, 담합에 대한 법이 있는 상황에서 법에 저촉되는 행위를 했으면 벌을 받고, 안했으면 안 받으면 된다. 법을 더 높은 수준으로 지키는 방법은 없다.

'윤리경영 강화'와 같은 개념이 있기는 하지만 이것을 사회적 기준이라고 보기는 어렵다. 윤리경영을 강화하는 것은 보통 사내 감시기관을 강화하거나 직원을 대상으로 윤리교육을 강화한다든지 아니면 윤리헌장과 같은 것들을 만드는 것을 의미한다. 그러나 이런 방법들은 기업이 반부패와 관련된 사건에 연루될 확률을 줄여주는 것이지 법보다 더 높은 수준의 경영활동을 하도록 도와주는 것은 아니다. 즉 제일 낮은 수준의 사회적 요구, 준법에 대한 요구에 대응하는 방법일 뿐이다.

따라서 잘못을 했느냐, 잘못하지 않았느냐의 문제인 '반부패' 영역에 대한 사회적 요구는 '법적 기준의 준수'로 충분하다고 할 수 있다. 이 책에서는 반부패 영역에서 법적 책임 이상의 부분에 대해서는 다루지 않기로 한다.

2. 자발적 참여를 유도할 수 있는 영역

Process의 어떤 세부 이슈들에서 정부는 기업의 자발적인 참여를 유도할 수 있을까? 위에서 언급된 영역들을 제외하고 남은 영역들 중 정부는 어떤 영역을 CSR의 주요 의제로 삼아야 할까?

영역 선정 기준

먼저 영역 선정의 기준부터 만들어 보자. 정부가 우선순위 과제를 정함에 있어 가장 먼저 고려해야 할 기준은 '사회적 파급력'이다. 언론에 자주 표출되어 사회적으로 많은 소비자들이 공감하는 문제일수록 기업의 변화를 유도하기 쉽기 때문이다. 정부가 유도하는 기업의 변화된 모습에 대해 대다수의 사회구성원들이 지지를 보내는 상황이라면 보다 쉽게 정부가 상황을 주도할 수 있다. 한동안 인터넷을 뜨겁게 달궜고, 결국 정부의 정책적인 변화까지 이끌어낸 SSM의 골목상권 침투 이슈가 대표적이다. 이와 반대로 사회적으로 팽팽한 논란이 진행 중인 사안에 개입하는 것은 정부로서도 부담스러울 수밖에 없다.

두 번째 기준은 기업이익과의 연계성이다. 기업이 정부의 유도 대로 사회적 책임활동을 강화하는 것이 기업의 이익극대화에 조금이라도 연결이 되어야 한다. 적어도 기업이 금전적으로 손해를 보는 구조는 아니어야 한다. 앞에서 살펴본 대로 CSR 활동이 기업의 이익과 연계되기 위해서는 소비자와 연결시키는 것이 가장 빠르다. Process는 소비자와 밀접한 영역은 아니지만 Process의 여러 영역 중 소비자와 연결이 그나마 잘되는 세부 분야들을 고려해야 한다.

이 기준으로 보면 아무래도 노동 영역이 가장 유리하다. 대부분의 소비자는 또 다른 노동자이기 때문이다. 물론 자본주의 사회에 익숙한 나머지 소비자로서의 자아가 너무 강해서 가끔 자신이 소비자이자 노동자라는 것을 인지하지 못하는 경우도 많다. 예를 들어 회사에서 충분한 휴가를 보장받지 못하고 있다고 불평하는 직장인이 자신이 자주 가는 음식점의 영업시간이 짧은 것에 대해 불만을 가지는 경우가 이에 해당한다. 그럼에도 불구하고 적어도 Process의 다른 분야보다는 노동 분야가 소비자들에게 어필하기 쉽다.

이러한 기준들을 가지고 여러 사회적 이슈들을 분석해보면, 최저임금, 육아휴직과 같은 세부 이슈들이 정부가 끼어들기 좋은 영역이 될 수 있음을 알 수 있다.

최저임금: 최저임금제도의 기업 책임범위 확대

제일 먼저 고려해 볼 만한 과제는 최저임금 이슈이다. 최저임금 문제 내에는 최저임금의 인상, 법정수당의 지급 등 여러 문제들이 혼재되어 있는데, 정부가 주목해야 할 부분은 대기업 프랜차이즈업체들의 최저임금

법에 대한 책임범위 문제이다. 이 문제야 말로 기업이 '법을 지키고 있지만 비판을 받는' 부분이다.

먼저 이 최저임금에 대해 알아보자. 최저임금이란 말 그대로 법으로 정한 근로자가 받을 수 있는 최소한의 금액이다. 최저임금은 매년 6월 근로자 위원 9인, 사용자 위원 9인 그리고 공익 위원 9인 등 총 27명으로 구성된 고용노동부 소속 행정위원회인 최저임금위원회에서 심의, 의결된다. 2012년의 최저임금은 시간당 4,580원이었다.

5-2 연도별 최저임금액(출처:최저임금위원회)

그러나 앞에서 이야기한 것처럼 이 법은 잘 지켜지지 않는다. 특히 편의점이나 커피숍, PC방 등 청소년들이 일하는 사업장일수록 최저임금을 지키지 않는 경우가 많다. 최저임금에 대한 인식이 낮은 상황에서 아르바이트를 구하려는 사람은 많고 자리는 적다 보니, '아르바이트 시급 3,500원만 받고 하루 10시간 일하기로 했다'와 같은 청소년들의 불만도 심심찮게 들려온다.

주휴 수당과 같이 근로자들이

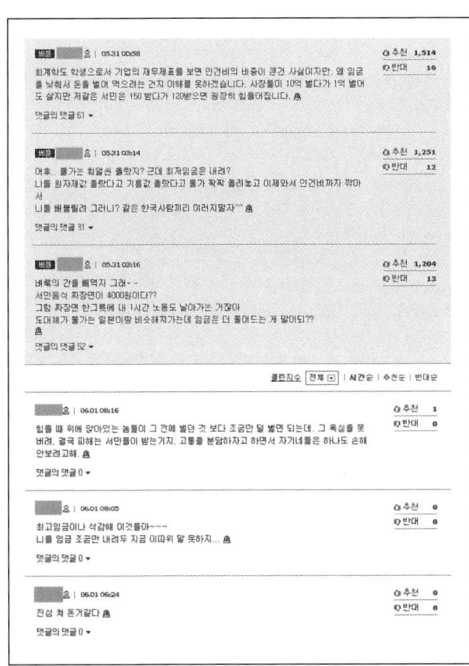

5-3 최저임금에 대한 댓글

있는지도 잘 모르는 부분까지 포함하면 최저임금법 위반 사례는 더욱 많아진다. 노동법에 따르면, 주당 15시간 이상 근무하는 근로자들은 1주일에 하루 유급휴일을 얻을 수 있다. 즉 원래는 휴일에 쉬더라도 임금이 보장되어야 한다는 뜻이다. 이런 관점에서 본다면, 우리나라의 최저임금은 4,320원(2011년 기준)이 아니라 약 5,200원으로 계산되어야 한다.69)

지난 2010년 '청년유니온'이 전국 편의점 444곳을 조사한 결과 최저임금법을 위반한 곳이 292곳으로 나타났다. 무려 65.8%가 최저임금법을 지키지 않은 것이다.70) 고용노동부에서 2011년에 최저임금 준수 여부를 점검했을 때에도 총 2,483곳의 위반 의심 사업장 중 편의점이나 주유소가 반 이상을 차지할 정도로 최저임금법은 특히 청소년들이 많이 일하는 곳에서 지켜지지 않고 있다.

이 문제의 중심에는 대기업들이 있다. 최저임금법을 위반한 업체들 대부분이 대기업들과 연결되어 있기 때문이다. GS25나 세븐일레븐과 같은 편의점은 대기업(각각 GS와 롯데)에서 운영하고 있고, 전국의 주유소 역시 SK나 GS칼텍스 등의 대기업에서 운영되고 있다.

법을 어기지는 않았지만… 이러한 문제들이 발생할 때마다 사회의 비난은 대기업들을 향한다. 뉴스에 나오는 최저임금도 못 받고 일한다는 청년 근로자들은 대부분 대기업 프랜차이즈의 옷을 입고 근무하고 있다.

그러나 이 기업들이 법적으로 잘못했다고 주장하기는 어렵다. 프랜차이즈 사업의 특성상 직영점과 가맹점의 차이가 존재하기 때문이다. 직영점은 본사에 직속되어 있는 사업장을, 가맹점은 개인이 브랜드 비용을 지불하고 이름과 사업모델을 가져다가 사업하는 사업장을 의미한다. 보통 최저임금 위반사례에 나오는 사업장들은 직영점이 아닌 가맹점들이다. 가맹점에서 근무하는 근로자들은 본사와 직접 계약을 맺는 직영점의 근로자들과 달리 편의점이나 주유소 점주들과 개별적으로 계약을 맺은 것이다.

따라서 직영점과의 계약한 직원이 최저임금법으로 보장된 임금을 받지 않았다면 그것은 기업의 명백한 위법행위이므로 법적 책임을 물으면 되지만 가맹점에서의 최저임금법 위반은 엄밀히 말하면 점주의 책임이다. 어디까지나 해당 근로자에게 지급된 임금은 (기업이 아닌) 가맹점주가 지급한 것이기 때문이다.

그래서 최저임금 문제가 나올 때마다 대부분의 기업들은 "가맹업주들이 최저임금법을 어기고 있는 데 대해 본사가 개입하기가 쉽지 않다"며 "법을 지켜달라고 권고를 하는 것 외에 할 수 있는 게 없다"고 대응하고 있다.[71] 기업이 가맹점주들의 임금 지급을 느슨하게 관리한다고 기업을 비난할 수는 있지만 일단 (법이 바뀌지 않는 이상) 법적으로 이 기업들이 책임질 부분을 가리기는 애매하다

하지만 사회적 기준은 다르다. 대기업의 이런 변명은 당연히 통하지 않는다. 개인 가맹업주와 계약을 한 청소년 아르바이트생들도 본사에서 모두 적극적으로 책임져 주기를 바란다. 기업이 직접 고용을 한 사람이건 아니건 간에 대기업의 이름으로 진행되는 모든 사업에서 최저임금법이 지켜지길 바란다. 즉 최저임금 문제에서 기업이 책임져야 할 범위를 가맹점주들의 계약 건까지 넓히라는 것이 사회적 요구이다. 기업으로서는 법을 어기지 않았는데도 불구하고 사회로부터 새로운 요구를 받는 위치에 놓인 셈이다.

최저임금 문제가 중요한 이유 최저임금의 책임범위 확장 문제의 파급력은 크다. 여기에는 두 가지 이유가 있다.

먼저 정부에게 이 문제는 정기적으로 반복되는 '피할 수 없는' 문제이

다. 이 이슈는 1년마다 되풀이 된다. 매년 6월 최저임금의 협상 과정이 언론에 공개될 때마다 (최저임금 인상 및 최저임금 지급에 대한) 많은 사회적 비판들이 대두되기 때문이다. "최저임금으로 하루를 살 수 있네, 없네" "평균임금과의 비율이 어떻네" 하는 분석들이 언론에 보도되고, 현재 정해져 있는 최저임금마저 지키지 않는 업주들에 대한 이야기가 인터넷에 올라오는 것도 이 무렵이다. 즉 1년마다 사회의 비판이 증폭되는, 정부로서는 외면하고 싶어도 외면할 수 없는 분야이다.

게다가 최저임금에 대한 사회의 불만은 점점 더 커지고 조직화될 가능성이 크다. 작게나마 청소년 근로자의 세력화 움직임이 시작되었기 때문이다. 예전에는 다른 세대에 비해 결속력이 매우 약했던 청소년 근로자들이기에 청소년 고용실태와 같은 문제제기가 다른 근로자들의 문제에 비해 사회에서 잘 이슈화되지 못했다. 그러나 요즘에는 청소년들이 자신들의 문제 해결을 위해 적극적인 관심을 보이고 행동에 나서기 시작했다. 비정규직, 아르바이트생, 취업준비생 등 실업 또는 불안정한 취업상태에 있는 청년층들이 가입되어 있는 공동체인 청년유니온은 청소년 세력화의 대표적인 사례이다. 실제로 이 단체는 커피 전문점과의 주휴수당 지급과 같은 문제를 제기하여 이 문제를 해결하는 데 크게 기여하기도 했다.

젊은 세대들의 정치 참여가 더욱 활발해지고 있는 상황에서 이들의 활동은 더욱 활발해질 것이고, 정부는 이들의 비판적인 목소리를 점점 외면하기 어렵게 될 것이다. 지난 19대 국회의원 선거에서부터 젊은 세대의 표심을 잡기 위해 20대 국회의원까지 의도적으로 공천한 정치권에게 편의점, 주유소 등에 만연한 젊은 층의 최저임금 문제는 무시할 수 없는 문제로 여겨질 것이다.

육아휴직 : 육아휴직의 사용 활성화

그 다음으로 제기될 수 있는 문제는 '육아휴직 사용의 활성화' 문제이다. 먼저 출산과 관련한 휴가-휴직제도에 대해 알아보자. 현재 우리나라에서 출산휴가와 육아휴직은 엄연히 법으로 보장되어 있다. 우리나라의 근로기준법은 '사용자는 임신 중의 여성에게 산전과 산후를 통하여 90일의 보호휴가를 주어야 한다'라고 출산 전후의 휴가를 보장하고 있는 것은 물론 '남녀고용평등과 일/가정 양립지원에 관한 법률'에 의거하여 남녀를 불문하고 '당해 사업장에 1년 이상 계속 근무하고, 생후 6년 미만의 영아를 가진 근로자라면 1년 이내에서 그 시기와 기간을 정할 수 있다'며 육아휴직을 법으로 보장하고 있다

하지만 법으로 보장된 이러한 권리를 실제 활용하는 노동자들은 많지 않다. 한국여성정책연구원에서 조사한 바에 따르면, 산전후 휴가(출산 휴가)를 사용한 정규직 여성 노동자들의 비율은 63.4%에 그쳤으며, 그 중 법으로 보장된 90일을 모두 사용한 근로자는 76.3%에 그쳤다.

비정규직까지 대상을 넓히면 문제는 더욱 심각하다. 비정규직을 대상으로 한 조사에서 산전후 휴가를 사용한 비율은 각각 37.4%와 45.4%로 줄어든다.[72]

더 큰 문제는 육아휴직이다. 부모자식 간의 바람직한 관계 형성을 위해서 3개월이라는 시간은 턱없이 부족할 수밖에 없기 때문에 임금이 보전되면서 육아에 전념할 수 있는 육아휴직 기간의 확보는 부모에게 매우 중요한 문제일 수밖에 없다. 그러나 아직 우리나라에서 육아휴직이 제대로 사용되고 있는 직장은 매우 드물다. 산전후 휴가의 경우, 1953년 근로기준법이 제정될 당시부터 존재하던 제도이고 출산 직후에는 어차피 직무수행이 불가능한 물리적 문제 때문에 어느 정도 지켜지고 있지만 육아휴

직제도는 다르다. 육아휴직제도는 1987년에 도입된 이래 유명무실하게 운영되다가 2001년에야 고용보험기금에서의 임금보전제도73)가 생기면서 제대로 정비되기 시작했는데, 현재 꾸준히 그 이용자 수가 늘고 있기는 하지만 실제 이용률은 매우 저조하다. 저출산 대책을 고민하고 있는 곳이자, 육아휴직제도를 모범적으로 실행해야 하는 정부에서도 전체 육아휴직 대상자 중 육아휴직 이용률은 여성 27%, 남성 1% 수준에 그치고 있다.74)

육아휴직 문제가 불거질 때마다 기업들은 비판의 대상이 된다. 육아휴직과 관련한 기사가 뜰 때마다 '육아휴직은 꿈도 못 꾼다' 라든지 '육아휴직을 다녀왔더니 한직으로 발령이 났더라' 는 비판들이 올라온다. 그리고 자연히 사회의 불만은 육아휴직을 마음 대로 쓰는 분위기를 만들어 주지 못하는 기업들에게 쏠린다.

법은 지켜지고 있지만… 기업이 육아휴직에 대한 법을 어기고 있는 것은 아니다. 대부분의 기업들은 법에 명시된 대로 육아휴직에 대한 부분을 사규에 규정하고 있고, 그 자체로 일단 기업은 법을 지킨 셈이다. 육아휴직제도는 기본적으로 '근로자가 신청을 해야' 얻을 수 있다. 최저임금문제와 비교해보면 최저임금제도의 경우 기업에서 어떤 변명을 해도 근로자가 최저임금을 받지 못했다면 법적으로 문제가 되지만, 육아휴직제도는 기업에서 육아휴직을 신청한 근로자가 없었다고 변명하면 그만이다. 육아휴직을 사용하는 사람이 아무도 없더라도 기업이 노동법을 위반했다고 단정지을 수는 없는 이유다. 관련 법안에는 '1년 이내의 기간에서 정할 수 있다' 라고만 되어 있지 근로자가 가기 싫다는 육아휴직을 억지로라도 꼭 보내줘야 한다는 내용은 없다.

사회의 비판은 법의 준수 여부가 아니라, '기업의 분위기' 에 쏠린다.

기업은 법에 보장된 육아휴직 권리는 사규로 보장하지만, 대부분의 경우 육아휴직을 신청하는 기업문화를 만들려는 노력은 아예 하지 않고 있기 때문이다. 예를 들어 기업은 육아휴직 후 복귀한 근로자에게 지사 발령이나 승진 누락 등의 여러 불이익을 가함으로써 다른 근로자들이 '자발적'으로 육아휴직을 포기하도록 만들 수 있다. 기업이 근로자에게 육아휴직에 따른 불이익을 주면 법에 저촉될 수 있지만 기업은 업무 미숙이나 지시 불이행 등 다분히 주관적인 이유들을 통해 법망을 피해가며 불이익을 줄 수 있다.

더 큰 문제는 '사내 눈치'이다. 육아휴직을 쓰는 것이 당연한 분위기가 아니라면 아무리 법으로 보장된 제도라고 해도 자신의 휴직으로 인해 업무량이 늘어날 동료나 상사들에게 미안한 마음이 생길 수밖에 없다. 육아휴직을 안 쓰고 묵묵히 일하는 직원과 자연스레 비교되기 때문이다. 따라서 많은 육아휴직 대상자들이 휴직신청 시도 자체를 못하거나 보장된 권리보다 훨씬 짧은 시간의 육아휴직을 신청한다. 우리나라의 육아휴직 사용률이 낮을 수밖에 없는 이유다.

이런 이유들 때문에 언론에 육아휴직 이용실태에 대한 기사가 나오면, 기업은 법을 어긴 것이 아님에도 불구하고 사회적으로는 비판을 받는 상황에 놓이게 된다.

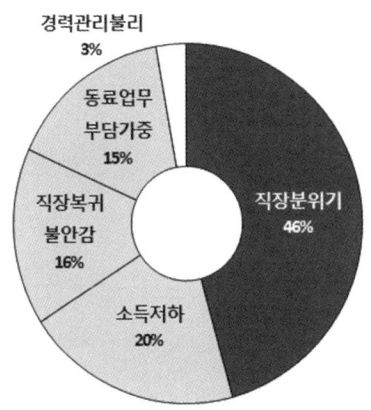

5-4 육아휴직 신청이 어려운 이유 (출처:노동부)

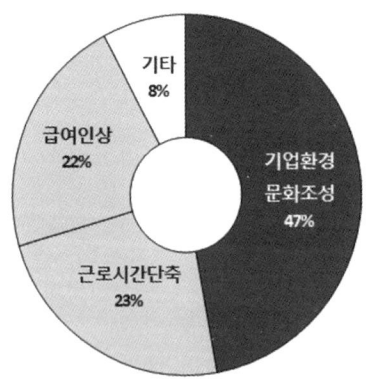

5-4 육아휴직제도 관련 가장 시급한 정책
(출처: 노동부)

육아휴직문제가 중요한 이유   육아휴직문제는 최저임금보다 정부에게 더 중요한 문제이다. 그 이유는 현재 우리 사회가 맞이하고 있는 '고령화' 및 '저출산' 문제와 관련이 있기 때문이다. 우리나라는 이미 급격한 고령화사회로 접어들었다. 그리고 이 고령화문제의 큰 원인 중 하나는 저출산 문제다. OECD에서 발표한 자료에 따르면, 우리나라의 출산율은 1.15명으로 OECD국가 39개국 중 꼴찌다. 의학 발달 등으로 평균수명은 길어진 반면, 저출산으로 인해 어린 연령의 인구가 줄어든다면 당연히 사회는 고령화의 길로 갈 수 밖에 없다.

  사회의 급격한 고령화는 정부가 그냥 지나칠 수 없는 여러가지 심각한 사회문제들을 야기한다. 노동인구가 줄어들어서 산업이 위축되고, 경제성장 속도가 느려질 것이다. 그리고 노동을 하지 않는 노인인구의 비중이 증가함에 따라 복지비용이 증가하고 이에 따라 노동인구가 부담해야 할 세금도 늘어나게 된다. 고갈 시기에 대한 차이만 있을 뿐 국민연금의 고갈은 이제 당연한 미래로 생각되고 있다.

  정부나 사회가 고령화에 대한 충분한 대비가 되지 않은 상황에서 점점 더 심각한 고령화 시대가 오게 되면 이런저런 문제점들이 부각될 수밖에 없다. '저출산 문제의 해결'은 이러한 고령화의 속도를 최대한 낮출 수 있는 방법이다. 의료기술이나 생활 수준의 향상에 따른 노인인구의 증가는 막을 수 없지만 출산율을 높임으로써 고령인구 비율 증가의 속도는 줄일 수 있다.

  당연히 정부에서는 이 문제의 심각성을 인식하고 이를 해결하기 위한 다양한 대책들을 준비하고 있다. 어린이집 보육료 지원정책이나 지자체의 출산장려금 지원 그리고 셋째 아이를 가진 가정에 전기세 할인혜택과 같은 정책들은 모두 이러한 '저출산 문제의 해결'을 위해 도입된 정책들이다. 정부는 육아휴직제도를 활성화시키기 위해 고용보험을 통해 1년간

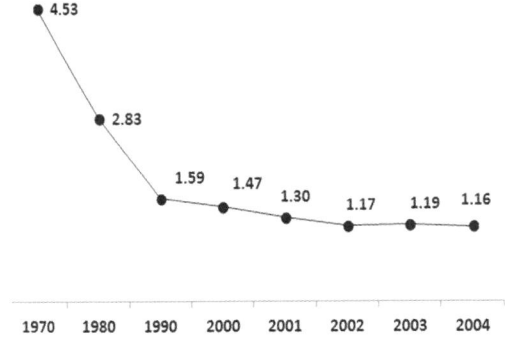

5-5 합계출산율 추이 (출처: 통계청)

임금의 40%까지(1인당 최대 100만 원)를 지원해주고 있다.

육아휴직 활성화는 정부가 기업에 요구할 수 있는 대표적인 저출산 정책 협조요청이다. 비슷한 요청으로는 사내 어린이집 설치가 있는데, 물론 이 제도의 이행률도 매우 낮긴 하지만 (2010년 기준 37% 설치) 이런 제도는 이미 이를 강제하는 제도가 도입 된 상황이며, 정부가 의지만 있다면 위반사례에 대한 적발과 쉽게 페널티를 부과 할 수 있는 사안이다.

그러나 육아휴직 문제는 다르다. 이것은 법 위반의 문제가 아니며, 기업의 '협조'가 필요한 부분이다. 정부는 육아휴직 활성화에 대한 사회의 요구를 만족시키기 위해 법의 강력한 집행으로 기업을 강제하는 것이 아닌 기업들이 자발적으로 근로자들에게 육아휴직을 적극 권장하도록 만들 방법을 찾아야 한다.

희망적인 것은 몇몇 기업을 중심으로 '여성이 일하기 편한 문화'가 자리 잡고 있다는 것이다. 가장 대표적인 예는 유한킴벌리이다. 이 회사 여성들의 육아휴직 사용률은 91.7%에 이른다. 이러한 육아휴직 장려 분위기는 회사의 적극적인 노력 덕분에 가능했다. 유한킴벌리는 육아휴직 사용을 권장하기 위해 육아휴직 사용실태와 만족도를 조사하고 이를 경영에 반영하기 위해 임신부 간담회를 개최하는 등 많은 노력을 아끼지 않았다. 또한 육아휴직으로 업무상 불이익을 받는다는 인식을 없애기 위해 경영진이 힘을 쏟기도 했다. 이런 기업에서는 다른 기업보다 육아휴직이 자유롭게 이루어지고 있으며, 이에 따라 근로자들과 정부가 모두 원하는 출산 장려 문화가 기업에 뿌리내리고 있다. 그리고 사회의 눈높이는 이런 기업들에게 맞춰지게 된다. 그리고 이는 정부에게도 좋은 결과로 이어질 수 있다. 육아휴직 활성화에 힘써온 유한킴벌리의 합계출산율은 1.84명으로 우리나라 평균인 1.15명 보다 훨씬 높은 수준이다.

그럼에도 불구하고 대다수 기업의 경우 육아휴직은 아직 그림의 떡이다. 아직도 많은 여성들이 법으로 보장된 육아휴직 기간도 제대로 사용하지 못하고 있다. 육아휴직에 대한 기업의 태도를 바꾸는 것이 정부가 고령화 문제를 해결하기 위해 풀어야 할 숙제 중 하나이다.

3. 정부의 기업변화 유도 방안 : 정보공개

정부는 최저임금과 육아휴직 문제에 어떻게 개입할 수 있을까? 우리가 앞장에서 살펴본 대로 가장 무난한 방법은 정보공개를 통한 소비자의 변화를 유도하는 것이다. 이제 정부가 어떤 방법으로 정보공개 방법을 설계해야 하는지에 대해 알아보도록 한다.

최저임금 문제에 대한 정보공개

먼저 최저임금제의 범위 확대 문제부터 살펴보자. 커피숍이나 주유소, 패스트푸드점 등을 운영하는 기업들이 본점에서는 물론 가맹점에서도 최저임금을 제대로 지키도록 변화시키기 위해서 정부는 어떤 방법을 동원해야 할까?

명확한 타깃팅 Targeting

정부가 가장 먼저 고민해야 하는 부분은 타깃팅이다. 즉 정부의 새로운 정책이 어느 기업들을 주요 대상으로 삼을 것인지를 먼저 고민해야 한다. '청소년 근로환경 개선'을 한다면서 PC방, 커피숍, 패스트푸드점 등 청소년이 일하고 있는 모든 기업들을 대상으로 한다면 결국 아무 것도 이루지 못할 수 있다. 현재 정부에서는 '1318 알자알자 행복일터 캠페인'을 통해 카페베네, SK 에너지, 현대 오일뱅크, 한국 피자헛, 롯데리아 등 9개의 업체와 함께 청소년 고용환경 개선을 위한 노력을 기울이고 있지만 효과는 아쉽다. 보다 더 많은 사람들에게 이런 정보를 알릴 필요가 있다.

이런 문제의 현실적인 해결을 위해서는 대상을 보다 세분화 해야 한다. 어떤 성격의 기업들이 대기업의 최저임금 책임범위 확대정책의 가장 적절한 대상이 될까? 다시 말해 어떤 기준을 가진 기업들이 정부의 시도에 그나마 협조적으로 대응할까? 이 책에서 제안하는 기준은 소비자 연계성과 점포의 직영률이다.

먼저 소비자 연계성부터 살펴보자. 청소년 임금의 문제가 결국 청소년의 문제라고 가정한다면 이 문제가 이슈화될 경우, 가장 먼저 그리고 쉽게 반응할 수 있는 소비자군은 청소년이다. 편의점이나 커피전문점에서 한 번이라도 아르바이트를 해본 경험이 있거나 하고 있는 청소년들이라면 청소년의 최저임금 문제가 남의 일이 아니라는 것을 상대적으로 더 잘 알 것이기 때문이다. 따라서 정부의 정책에 가장 적극적으로 움직일 곳도 당연히 청소년 고객이 많은 기업들일 것이다. 특정 주유소와 패스트푸드점에 동시에 청소년 최저임금제를 제대로 안 지키는 나쁜 기업이라는 인식이 심어졌을 때, 주로 성인고객들을 대상으로 하는 주유소가 받을 타격과 청소년들이 주 소비자인 패스트푸드점의 차이는 클 수밖에 없다.

두 번째 기준인 점포의 직영률은 해당 기업이 거느리고 있는 모든 사업체 중 몇 퍼센트가 직영으로 이루어져 있는지를 의미한다. 기업이 직접 운영하는 직영점의 비율이 높을수록, 그리고 기업의 힘이 미치기 어려운 가맹점의 비율이 낮을수록 정부는 기업의 변화를 이끌어내기 쉽다. 예를 들어 가맹점 비율이 90%를 넘어 가맹점주들의 힘이 상대적으로 큰 사업이라면 기업이 가맹점주에게 이래라 저래라 하기가 직영점이 많은 사업에 비해 상대적으로 어려울 수밖에 없다.

최저임금제의 엄격한 시행요구처럼 가맹점주의 비용이 늘어나는 정책의 경우에는 이러한 경향이 더욱 클 것이다. 하지만 반대로 가맹점 비율이 10%도 안 되는 사업이라면 직영점 중심으로 사업을 운영해 나갈 수 있으므로 기업이 가맹점주를 설득하기가 상대적으로 수월할 것이다.

주요 타깃(우선순위) – 커피전문점과 패스트푸드점

이러한 기준으로 정책의 대상을 좁혀보면 정책의 우선순위 대상은 커피전문점과 패스트푸드점이 된다. 청소년이 주로 아르바이트를 하는 장소인 PC방, 커피전문점, 주유소, 패스트푸드점, 편의점, 베이커리 등을 위의 기준으로 분석해보자.

가장 먼저, 대기업의 직접적인 관리를 받고 있지 않는 PC방은 제외된다. 그리고 첫 번째 기준인 소비자와의 연계성 측면에서 청소년이 주 이용대상이 아닌 주유소도 제외된다. 남는 것은 커피전문점, 패스트푸드점, 편의점, 베이커리점이다. 이 중 두 개의 대기업(뚜레쥬르와 파리바케트)이 거의 모든 비중을 가맹점의 형식으로 운영하고 있는 베이커리업계는 제외된다. 뚜레쥬르는 CJ, 파리바케트는 던킨도너츠, 샤니 등 다수의 베이커리 관련 브랜드를 보유하고 있는 SPC 그룹의 소유이다. 파리바케뜨와 뚜레쥬르의 가맹점 수는 2011년 말 기준으로 각각 3,000개와 1,200개가 넘는 가맹점으로 시장 대부분을 점유하고 있다.

똑같은 이유로 편의점도 우선순위에서 제외된다. 편의점업계의 빅3라고 할 수 있는 훼미리마트, GS25, 세븐일레븐은 각각 보광, GS 그리고 롯데그룹의 계열사이다. 편의점업계는 특히 직영점의 비율이 매우 낮은데, 2009년 말의 자료를 보면, 훼미리마트는 4,666개의 편의점 중 133개(2.85%)가, GS25는 3,914개의 편의점 중 62개(1.58%)만이 직영으로 운영되고 있으며, 세븐일레븐의 경우에도 이 비율은 2.1%밖에 안 된다.75) 이런 상황에서는 기업에 문제해결의 의지가 있다고 하더라도 정작 가맹점주들이 잘 따라 줄지는 의문이다.

결국 남은 두 개의 영역인 커피전문점, 패스트푸드점이 타깃이 된다. 이 영역에 포함되어 있는 기업들은 모두 명확한 브랜드 아이덴티티를 가지고 있고, 대기업이며, 직영점 비중이 상대적으로 높다. 예를 들어 최저임금 문제가 이슈화되는 매년 6월과 그 사이의 12월마다 각 산업별 주요 점포들의 아르바이트생 평균임금 현황을 최저임금 법위반 여부와 함께 조사하여 공개한다면 흥미로운 정보공개가 될 것이다. YMCA나 청년유니온 등 아르바이트생 임금 문제에 관심을 가지고 있는 단체들과 함께 캠페인을 진행하되 각 언론사들과 협력하여 기획기사를 내보낸다면 더욱 크게 사회에 어필할 수 있다.

이렇게 된다면, 기업들은 기존에 자신이 가지고 있던 브랜드별 아이덴티티 외에 '청소년 아르바이트를 보호하는 기업'이나 '최저임금도 안 주는 기업'과 같은 새로운 이미지를 가지게 될 것이며, 다른 경쟁기업보다 최저임금을 적게 주다가는 'OO버거, 2년 연속 아르바이트 임금 최저 수준 기록'과 같은 뉴스기사를 만나게 될 수도 있다.

그리고 이러한 상황 변화는 패스트푸드와 커피전문점 업체들이 최저임금문제에 대해 다시 한 번 법규 위반 여부를 점검하고, 가맹점들을 더 단속하며, 더 나아가 시민단체들이 요구하는 임금의 수준이 무엇인지에 대해서 고민하게 만들 수 있다. 또한 이러한 최저임금에 대한 기업들의 인식 변화는 정보가 공개되는 커피전문점과 패스트푸드점의 경계를 넘어 다른 청소년 고용 산업, 예를 들어 PC방이나 베이커리, 편의점 등 다른 산업으로도 확산될 수 있을 것이다.

육아휴직에 대한 정보 공개

정보공개의 기준

육아휴직의 경우 정보공개의 소재는 육아휴직 사용률이 되어야 한다. 보다 정확히 말하자면 6년 전을(육아휴직은 만 6세까지 가능하다) 시점으로 해당 기업에 근무하면서 출산을 경험한 근로자 중 육아휴직을 사용한 직원의 비율을 공개해야 한다.

물론 이 비율이 완벽하게 기업의 육아휴직 현황을 대변해 줄 수 있는 것은 아니다. 예를 들어 출산을 경험하기도 전에 임신과 함께 퇴사의 압박을 받는 경우에는 이 비율에 집계되기 어렵다.

또한 이 방식으로는 남성의 육아휴직도 보장해주기 힘들다. 법에는 남성도 육아휴직을 여성과 동일하게 사용할 수 있다고 나와 있지만 일단 현실적인 문제를 고려하여 여성근로자의 육아휴직 문제만 여기에 포함시키기로 한다. 육아에서 대부분의 책임을 여성이 지게 되는 우리 사회의 구조상 남성 근로자의 육아휴직 문제는 여성 근로자의 육아휴직이 어느 정도 자유로워진 이후에 고민해야 할 문제이기 때문이다.

그러나 육아휴직을 조사한다면서 기업에게 엄청나게 복잡한 자료를 요청하기는 어려운 일이므로 일단 이 기준을 가지고 정보공개를 시도해야 한다.

타깃팅

이러한 육아휴직 문제에 가장 민감할 수 있는 산업은 어디일까?

가장 먼저 주목해야 하는 분야는 '육아' 산업이다. 분유나 우유, 그리고 유아교육, 유아복, 기저귀업체들이 여기에 해당한다. 정부가 육아산업을 주목해야 하는 이유는 육아휴직이 자유로운 기업이라는 이미지가 시장에서 가장 긍정적으로 발현될 수 있는 산업이기 때문이다.

예를 들어 휴대폰 제조회사의 육아휴직 사용 비율이 높다는 사실은 제품 구매에 아무런 영향을 끼치지 않을 수 있지만 대부분 아이를 키우는 어머니들이 주요 고객인 육아산업의 경우에는 이야기가 다르다. 소비자의 마음이 노동자에게로 투영되며 제품 선택에 영향을 끼칠 수 있다. 육아휴직률 1위에 오른 육아용품업체가 '아이의 소중함을 그리고 육아의 기쁨을 알기 때문에 저희 기업은 전 직원에게 육아휴직 기회를 제공하고 있습니다'와 같은 카피로 자사의 제품을 홍보한다면, 분명 브랜드 이미지에 긍정적인 영향을 끼칠 것이다.

육아산업 내의 여러 세부시장 중 정부는 분유, 우유, 기저귀 시장을 주요 타깃으로 해야 한다. 이 시장들이 유아용품의 세부시장 중 규모가 되는 기업들이 주로 진출해 있는 시장들이기 때문이다. 현재 분유업계에는 남양유업, 매일유업 그리고 일동 후디스가 전체 시장의 95%를 차지하고 있으며, 우유업계에는 분유업계의 1, 2위인 남양유업과 매일유업이 서울우유(우유시장 1위)와 경쟁을 벌이고 있다. (서울우유는 협동조합이어서 기업이라고 하기는 어렵지만 육아휴직률을 구하는 것은 가능하므로 정보 공개 리스트에는 포함시킨다) 그리고 기저귀 시장에는 유한킴벌리와 LG생활건강, 깨끗한나라(구 대한펄프) 등이 경쟁을 벌이고 있다. LG생활건강은 분유시장에도 진출할 계획인 것으로 알려져 있다.

따라서 정부가 육아휴직률 문제를 해결하고자 한다면 바로 이 기업들에 대한 정보공개로부터 시작될 것이다. 육아휴직률에 대한 정보는 분유와 우유 시장을 하나로 묶어서 서울우유, 매일유업, 남양유업 그리고 일동후디스를 하나의 순위표에 묶고, 기저귀 시장의 기업인 LG생활건강과 유한킴벌리 그리고 깨끗한 나라를 하나로 묶어서 공개한다면, 기업은 육아휴직문제 해결의 실마리를 찾을 수 있을 것이다. 정보공개로 인해 이 기업들은 매출의 증대와 함께 직원들의 만족도 등을 올릴 수 있다. (참고로 육아휴직 우수기업인 유한킴벌리는 2011년 한국능률협회 컨설팅이 선정한 '한국에서 가장 일하기 좋은 기업'에 선정되었으며, 96.3%의 직원들이 '우리 회사에 근무하는 것에 만족한다'고 답하는 등 높은 직원만족도를 보이고 있다.)

물론 위에서 언급한 육아산업 내의 기업들은 우리나라 기업 전체를 본다면 매우 작은 비율을 차지하고 있을 뿐이다. 그렇지만 이 기업들에서라도 육아휴직 활성화 바람이 먼저 불어준다면, 다른 기업의 경영진들도 분명히 이를 통해 육아휴직에 대해 보다 긍정적으로 생각하는 계기가 될 수 있을 것이다.

VI

⚜

기업 변화시키기-Product 영역

다음으로 살펴볼 부분은 Product이다. 다양한 세부영역들과 이질적인 이슈들로 뒤엉킨 Process부분에 비해, Product 부분은 정리하기가 한결 수월하다. Product 부분은 비교적 기업의 호응을 이끌어 내기가 쉽다. 심지어 기업이 알아서 자발적인 부분이 많은 영역이다. 소비자들이 직접적으로 영향을 받는 부분이기 때문에 사회의 관심과 책임을 다하지 못하게 되면 기업이 받을 비난의 크기도 크고, 경쟁기업보다 사회적으로 책임 있는 제품의 출시가 기업의 시장점유율 증대로 이어질 수 있기 때문이다.

Product에 대한 사회적 요구는 크게 '해롭지 않은 제품' 과 '사회문제 해결에 일조하는 제품' 의 개발 및 판매라는 두 가지로 나눠 볼 수 있다.

해롭지 않은 제품에 대한 요구란 법으로 금지되지 있지는 않지만 유해성 논란이 있는 물질을 아예 첨가하지 말라는 소비자들의 마음이다.

	Process	Product	Profit Sharing
사회적 기준		■	
법적 기준			

그리고 사회문제 해결에 일조하는 제품에 대한 요구란 보다 최근에 생겨난 개념이다. 기업이 가난한 사람들을 위한 제품을 출시해서 이들의 삶의 질 개선에 기여하거나, 친환경 자동차를 개발하여 지구온난화 방지에 기여하기를 원하는 요구이다.

1. 해롭지 않은 제품 개발에 대한 요구

Product는 소비자가 직접 사용하고 먹고 입는 제품에 대한 CSR을 의미한다. 그러다 보니 유해물질 첨가 여부와 같은 이슈에 매우 민감한 영역이다. 그리고 안전하지 못한 제품은 바로 소비자의 외면을 받아 시장에서 도태될 수 있기 때문에 기업들이 자발적으로 이에 대한 노력을 게을리하지 않는 영역이기도 하다. 따라서 '해롭지 않은 제품 개발에 대한 요구' 부분은 정부의 규제와 기업의 자발적 참여가 매우 자연스럽게 이루어질 수 있는 영역이라고 할 수 있다.

따라서 이 영역에서 정부는 규제 강화에 대해 관심을 기울여야 할 뿐 딱히 기업의 자발적 참여를 이끌어 내기 위해 고민할 필요는 없다. 치열한 경쟁을 펼치는 기업들이 알아서 해롭지 않은 제품을 개발하기 위해 노력하는 경우도 많기 때문이다.

규제의 강화가 쉽다.

앞서 4부에서 규제 강화의 어려움을 논의할 때 언급했던 것처럼, Product는 규제의 강화가 가장 쉽게 될 수 있는 영역 중 한 곳이다. 특히 식품첨가물과 같은 부분은 더욱 그렇다. 소비자의 건강에 조금이라도 부정적인 영향을 끼칠 수 있는 물질은 정부가 즉각 유해물질로 규정해서 관리할 수 있고, 기업도 쉽게 이를 거역하지 못하는 구조이기 때문이다. 우리는 앞서 4부의 사카린 규제의 예에서 유해성이 없다는 판정결과가 나온 후에도 혹시 모를 논란에 대비해 쉽게 사카린에 대한 규제를 대폭 완화하지 않는 정부와 이에 대해 반발하지 못하는 기업의 관계를 통해 이런 구조에 대해 살펴본 적이 있다. 그리고 발암물질이 포함된 유아용 구강티슈에 대한 소비자들의 항의가 빗발치자 얼마 후 식약청에서 보다 엄격해진 기준을 발표한 사례도 살펴본 바 있다. 즉 제품 분야에서의 사회적 요구는 대부분 관리 기준 강화로 쉽게 해결이 가능하다.

기업들이 알아서 하는 경우도 많다

그런가 하면, 기업들이 알아서 유해 논란 물질을 공개하고 나서는 경우도 있다. 그동안 대부분의 제품에 당연히 포함되어 오던 유해 논란이 있을 법한 물질에 대한 대체 물질을 경쟁사보다 먼저 개발한 뒤 해당 물질의 유해 논란을 퍼뜨리는 경우이다.

가장 대표적인 예는 2012년에 있었던 남양유업과 동서식품의 카제인나트륨 논쟁이다. 사실 카제인나트륨은 유해물질이 아니다. 일일 섭취허용량이 설정되어 있지도 않고, 미국 FDA에서도 GRAS(Generally Recognized As Safe: 일반적으로 안전하다고 인정되는 물질)로 규정하고 있는 물질이다. 그러나 어쨌든 두 회사는 광고와 제품을 통해 카제인나트륨에 대해 자발적으로 소비자들에게 안정성을 검증받았었다.

시작은 남양유업이었다. 남양유업은 처음으로 커피믹스 시장에서 프림에 카제인나트륨을 빼고 대신 무지방 우유를 넣은 제품을 출시한 뒤 이를 대대적으로 홍보함으로써 단숨에 커피믹스 시장 2위로 치고 올라갔다. 카제인나트륨이 좋은 건지 나쁜 건지에 대한 의견은 분분했지만 대충 봐도 화학 합성물질처럼 보이는 이 물질보다는 무지방 우유가 더 몸에 좋다고 소비자들은 판단했고 이것이 소비로 이어진 결과였다. 그리고 이러한 소비자들의 엄청난 관심은 결국 1위 업체였던 동서식품도 카제인나트륨을 빼고 무지방 우유를 넣은 제품을 출시하도록 만들었다.

이 과정에서 남양유업은 동서식품을 향해 '동서식품 제품에(TV광고와 달리) 카제인나트륨이 들어 있다'고 발표하고, 이에 대해 동서식품은 '카제인나트륨이 문제라면 남양유업의 '남양 맛있는 우유 GT'에도 카제인나트륨이 들어 있지 않느냐?'라고 대응하는 등 기업 간에 신경전이 벌어졌다.

6-1 광고속의 카제인 나트륨 노쟁

이 사례는 실제 카제인나트륨의 유해성 여부를 떠나 기업들이 매출 증대를 위해 자발적으로 제품의 유해 논란 물질을 공개하고 공론화할 수 있다는 것을 보여준 좋은 사례라고 할 수 있다.

2. 사회문제 해결에 기여하는 제품에 대한 요구

소비자들의 요구는 여기서 그치지 않는다. CSR에 대한 사회적 관심이 높아진 지금 소비자들이 기업에게 요구하는 것은 단순히 해롭지 않은 제품을 만들라는 것을 넘어서서 사회에 이로운 제품, 더 나아가 사회문제를 해결하는 제품을 만들어 주기를 원한다.

기업이 자신의 제품이나 서비스를 활용하여 사회문제 해결에 앞장서는 사례는 최근 들어 많이 생기고 있다. 이런 행동은 크게 두 가지로 나누어진다. 하나는 저소득층 삶의 질을 개선하기 위해 소외계층을 대상으로 하는 저렴한 BOP Bottom of the Pyramid 제품의 개발이고, 또 다른 하나는 에너지 절감형 제품이나 친환경제품 등 일반적인 사회문제 해결에 기여하는 제품을 개발하는 것이다. 결론부터 이야기하면 이 분야에서도 정부가 딱히 개입할 필요는 없다.

BOP 형

가. BOP 사례

먼저 BOP형을 살펴보자. BOP는 소득 피라미드의 가장 하층에 있는 소비자들을 (예를 들어 저소득층이나 소외계층) 대상으로 하는 제품이나 서비스를 생산하는 것을 의미한다.

사실 BOP 시장은 기업들에게 매력적이지 않다. 소외계층의 인구는 많을 수 있지만 기업에게 실질적으로 도움을 줄 수 있는 구매력은 다른 계층에 비해 크게 떨어지기 때문이다. 따라서 이익을 추구하는 기업의 입장에서는 당연히 관심을 두고 싶지 않은 그룹에 속한다. 그래서 그동안 기업들의 제품과 서비스는 BOP보다는 '가난하지 않은' 소비자들을 대상으로 발전해 왔고, BOP의 소비자들은 상대적으로 시장으로부터 소외를 당해왔던 것이 사실이다.

하지만 몇몇 기업은 오히려 이 BOP 시장에서 사업 기회를 찾아냈고, 또한

6-2 무하마드 유누스

성공사례도 만들어 냈다. 소외계층을 위해 '품질이 그렇게 낮지 않으면서 가격은 훨씬 저렴한' 제품들을 출시함으로써 '소외계층도 돕고 이익도 얻는' 사업을 창출해 내는 데 성공한 것이다.

가장 유명한 사례 중 하나는 그라민뱅크Grameen Bank이다. 아마 사회적 기업이나 CSR에 관심 있는 사람이라면 누구나 한번쯤은 들어봤을 것이다. 그라민뱅크는 방글라데시의 경제학 교수였던 무하마드 유누스가 영세민에게 마이크로크레딧소액대출을 제공하기 위해 설립한 은행이다. 이 은행은 제도권 금융에서 소외됐던 사람들을 위한 소액대출을 통해 그들이 실질적인 경제적 자립을 달성할 수 있도록 기여함으로써 사업적인 성공은 물론 유누스는 2006년 노벨평화상을 받는 명예까지 얻었다.

물론 장하준 교수가 《그들이 말하지 않은 23가지》에서 밝혔듯이 우리나라에 알려진 그라민뱅크의 신화는 살짝 과장된 면이 있는 게 사실이다. (실제 그라민뱅크의 이자율은 우리 사회에서의 인식보다는 높은 수준이다) 그렇지만 그라민뱅크가 가난한 사람들을 대상으로 하는 소액대출이

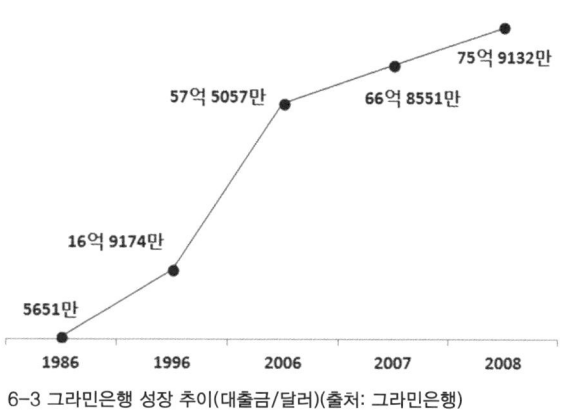

6-3 그라민은행 성장 추이(대출금/달러)(출처: 그라민은행)

라는 상품을 개발함으로써 금융업계에 새로운 시장을 창출해냈다는 사실에는 변함이 없다. 이 외에도 다농의 저가형 요구르트 개발 사례나 유니레버에서 인도에 저가 일용품을 판매한 사례 역시 대표적 사례로 꼽힌다. 그리고 개발도상국 어린이들의 교육을 위해 개발된 100달러 노트북도 BOP 사례로 꼽힐 수 있다.

6-4 100달러 노트북 (출처: OLPC Laptop Per Child)

이렇듯 인도나 아프리카와 같이 저소득층이 많은 신흥시장으로 진출하려는 다국적 소비재 기업들을 중심으로 BOP 시장 공략이 각광을 받고 있는 중이다. 다국적기업들 외에도 많은 사회적 기업들이 자신들만의 기술과 상품을 가지고 BOP 시장에 진출해 있다.[76]

나. 국내에서는 BOP가 자리 잡기 어렵다

확실히 BOP는 기업에게 이익 창출과 사회적 가치 실현을 동시에 줄 수 있는 대안이다. 그러나 위의 사례들은 모두 제3세계에서 활동하는 기업들의 사례임을 명심해야 한다. 만약 이 책이 우리 기업의 국내외 CSR 활동에 대한 책이라면, BOP는 하나의 훌륭한 CSR 전략이 될 수 있다. 아프리카나 동남아에는 절대빈곤층이 매우 많고 이들을 위한 국제원조 등도 활발해 성공 가능성이 보이는 BOP 시장이 존재하기 때문이다.

하지만 맨 앞에서 밝혔듯이 이 책에서 이야기하고자 하는 CSR은 국내 사회이다. 아프리카와 같은 절대빈곤보다는 경제 양극화에 따른 상대적인 빈곤이 주요 이슈인 우리나라의 상황은 해외의 BOP시장과는 조금 다르다. 국내에서 기업이 BOP 사업을 하기는 어렵다. BOP 시장은 존재할지 모르지만 '평등' 이라는 가치에 무게를 두는 국내 사회구성원들의 인식으로 인해 BOP만을 위한 제품을 만들기는 어렵기 때문이다.

먼저 우리나라의 BOP시장을 살펴보자. 만약 국내의 BOP시장을 소득이 최저생계비에 미달하는 빈곤 인구의 시장으로 정의한다면, 전체 인구 대비 절대적 빈곤층의 비중은 14.4%[77]수준이다.

기업의 관점에서 BOP시장이 매력적이려면 소득, 즉 구매력이 적은 소비자들이라도 일단 인구가 많아야 시장의 크기가 형성이 되는데, 그 시장 자체가 크지 않은 편이다.

　그렇지만 기업에게 이 시장이 매력적이 않다고 단정지어 말할 수는 없다. 우리나라의 경우 소득이 적은 빈곤층이 기초생활수급자나 차상위계층(기초생활보장 수급 대상 바로 위의 계층으로 잠재적 빈곤계층을 의미)이라는 이름으로 국가에서 관리되어 시장의 명확한 분리가 가능하고 정부의 기초생활지원금이나 각종 복지제도 및 바우처 제도 등을 통해서 나름대로의 시장을 구축할 정도는 되기 때문이다. 1~2%의 시장점유율 수치에 민감하게 반응하는 기업들의 입장에서는 이 시장을 굳이 외면할 이유가 없다.

　하지만 정작 우리사회에서 BOP사업이 어렵다고 보는 이유는 국내 사회구성원들의 인식 때문이다. 우리나라는 기본적으로 '평등'에 대한 열망이 강해서 기업이 BOP에 위치한 소비자들에게 일반 소비자들과 크게 차이가 나는 제품을 판매한다면 사회적인 문제에 휘말릴 수 있다. 예를 들어 다농이 저가형 요구르트를 개발하여 인도 지역의 시장에 출시하였듯이 우리나라의 기업에서 영양과 맛, 포장의 질 등을 조금 줄이고 가격을 낮추어서 저소득층 어린이집에만 납품한다고 하면 어떤 일이 일어날까? 아마 신문에는 '먹는 것도 차별당하는 소외계층의 현실'과 같은 기사가 뜰 것이다. 기업의 의도와는 다르게 사회는 다른 평가를 내릴 수 있는 것이다.

　즉 품질은 낮추되 가격은 줄여서 저소득층을 대상으로 판매한다는 BOP의 발상이 국내에서는 통하지 않을 수 있다. 우리나라에서 통할 법한 방식은 BOP방식을 버리고 사회공헌의 일환으로 원래 편의점에서 일반 소비자를 대상으로 팔리던 도시락을 소외계층에게만 저렴하게 판매해서 이들이 정해진 급식비 내에서 과일이라도 하나 더 먹게 도와주는 방식이다.

어떻게 보면 이런 현상은 우리나라의 복지가 비록 부족하긴 해도 BOP를 이야기하기에는 너무 잘 되어 있어서 생겨난 현상이다. 소외계층에게 지급되는 저녁 도시락의 예를 들어보자. 현재 형편이 어려운 어린이, 청소년들은 정부로부터 점심, 저녁을 지원받는데 한 끼니 당 3500-4000원[77] 수준이다. 이 가격은 국내 유명 도시락 프랜차이즈인 한솥 도시락의 중간 수준 도시락을 사먹을 수 있는 돈이다. 편의점에서 팔리는 도시락보다는 오히려 비싼 수준이다. 물론 우리나라의 복지체계가 많은 개선이 필요한 것은 사실이지만 적어도 소외계층에게 BOP형 제품을 따로 개발해서 제공할 만한 수준은 아니라는 것이다. 따라서 이 BOP 유형의 CSR은 국내에서는 성공하기 어렵고, 그런 이유로 정부가 고려해야 할 영역에서 제외되어야 한다.

사회문제 해결 기여형

가. 사회문제 해결 사례

두 번째 유형은 사회문제 해결 기여형이다. 이 유형은 소외계층을 대상으로 하는 BOP 사업과 달리 기존의 일반 소비자들을 대상으로 에너지 절감이나 친환경과 같은 사회적 가치가 더해진 제품을 판매하는 활동을 뜻한다. 이런 활동을 통해 기업은 높은 가격으로 인한 매출 증대의 기회를 얻음은 물론, 환경보호 및 건강한 식생활 지원과 같은 사회적인 이슈에 적극적으로 대응하는 '사회적 책임을 다하는 기업'의 이미지도 얻을 수 있다.

이렇게 기업의 수익과 사회적 가치가 함께 추구될 수 있는 영역에서 새로운 사업기회를 발견한 사례들은 CSV공유가치 창출 / Creating Shared Value로 설명되기도 한다.

가장 많이 알려진 예는 토요타의 '하이브리드 자동차'이다. 하이브리드 자동차는 전기와 휘발유처럼 서로 다

6-5 프리우스

른 2종류 이상의 동력원으로 움직이는 차량을 의미한다. 즉 하이브리드 자동차가 많이 팔릴수록 기존 엔진의 차가 팔릴 때보다 에너지가 감축되며, '지구온난화 방지'와 같은 환경적인 목적을 달성할 수 있게 된다.

일본의 토요타는 세계에서 처음으로 하이브리드 자동차인 프리우스를 출시함으로써 2010년 일본에서 가장 많이 팔린 차량으로 선정되는 등 높은 판매고를 올림과 동시에 전 세계 고객들에게 '환경을 생각하는 자동차 기업'이라는 멋진 이미지도 심어 줄 수 있었다.

나. 정부가 개입하기 어려운 이유

결론부터 말하자면, 이 영역도 정부가 기업의 참여를 유도할 분야는 아니다. 하이브리드 자동차나 유기농 제품은 누가 봐도 CSR의 한 부분이고, 기업의 사회적 책임이 가야 할 길이라고 칭송을 받는 분야다. 그럼에도 불구하고 이 분야에 정부가 개입을 하지 않아도 되는 이유는 굳이 사회에서 뭐라고 하지 않아도 기업들이 자발적으로 추진할 부분이기 때문이다. 게다가 정부의 입장에서 냉정히 이야기하자면 이를 CSR의 일환이라고 보기에는 조금 애매한 구석이 있다.

사실 이 부분은 CSR을 지극히 기업적인 관점에서 풀어낸 개념이다. 기업의 관점에서 기업의 사회적 책임을 바라보는 사람들은 이 영역을 CSV(Creating Shared Value)나 전략적 사회공헌과 같은 이름으로 CSR의 미래인 것처럼 칭송해 왔다. 기업 관점에서 이런 개념이 환영을 받을 수밖에 없는 이유는 '돈버는 CSR'을 의미하기 때문이다. 이 분야는 화학 공장에서 정화장치를 사서 폐수를 줄이는 일이나 강화된 자동차 안전 규제를 충족시키는 자동차를 생산하기 위해 생산 공정을 개선하는 것처럼 기업에게 새로운 비용 지출을 요구하는 다른 CSR의 분야들과 달리 기업에게 (비용이 아닌) 새로운 이익 창출의 기회를 주는 분야이다. 하지만 이 분야는 논란거리도 함께 가지고 있다.

다. 근본적인 질문: '사회적 책임활동'이라고 부를 수 있는가?

한번 생각해보자. 토요타 자동차는 정말 '환경을 생각해서' 하이브리드 자동차에 투자해온 걸까? 혹은 지금 자동차업계에 불고 있는 '하이브리드엔진 개발' 바람은 갑자기 자동차업계들이 환경을 생각하는 책임감 있는 기업으로 변화했기 때문에 불고 있는 것일까?

친환경 기술에 대한 기업들의 관심과 투자가 늘어난 것은 기업이 착해져서가 아니다. 유가의 상승, 환경에 대한 고객들의 관심 등이 맞물려 하이브리드 자동차와 같은 친환경 기술과 제품이 '돈'이 되는 시대가 왔기 때문이다. 심지어 몇몇 나라에서는 하이브리드 자동차에 각종 세제혜택은 물론 공공기관에서 일정 물량을 구매해주는 지원을 해주기도 한다. 이익극대화를 추구하는 기업들로서는 솔깃할 만한 흐름이다.

처음 친환경 기술이 돈이 될지 안 될지가 불투명하던 시절부터 하이브리드에 대한 관심을 가지고 꾸준히 투자해 온 토요타 자동차도 이들이 정말 환경을 위하는 '착한 기업'이어서 그랬던 것인지, 아니면 단지 남들보다 먼저 에너지 가격이 치솟고 고객들이 점차 연비가 좋은 차에 관심을 가지게 될 것이라는 것을 예측하고 이를 실행에 옮긴 '전략적이고 발 빠른 기업' 이어서 그랬던 것인지는 알 수 없다.

만약 토요타의 프리우스와 같은 모델을 CSR의 한 사례로 인정한다면 웬만한 다른 기업의 신규사업 진출도 모두 CSR로 포장될 수 있다. 우리 사회는 국내기업의 경영 활동을 CSR의 일부분으로 해석하는 것에 대해 인색하지만 마음을 열고 보면 많은 통상적인 경영 활동들도 훌륭한 CSR 활동으로 포장될 수 있다.

예를 들어 얼마 전 우리나라 치킨 시장을 뒤흔들었던 롯데마트의 '통큰치킨' 사례를 보자. 2010년 12월 롯데마트는 대량 생산을 통한 생산비용의 절감으로 900g 내외의 프라이드 치킨을 일반 치킨 전문점의 1/3 수준인 5,000원에 판매하였다. 이 사례

6-6 롯데마트의 통큰치킨

를 '사회문제 해결에 기여하는 제품 개발' 측면에서 해석하면 통큰치킨은 경기 불황으로 어려움을 겪는 소비자들의 주머니 사정이라는 사회적 이슈를 해결해주는 상품이라고 할 수 있다.

토요타의 프리우스가 '지구온난화나 에너지 고갈' 과 같은 사회적 이슈를 해결하는 상품이기에 CSR의 한 부분으로 인정받는다면 똑같이 당대

의 사회적 이슈(경기 불황으로 인한 서민들의 먹을거리 제한)를 해결하기 위해 출시된 통큰치킨도 롯데마트의 CSR 활동으로 인정받아야 마땅하다. 그러나 이 사업은 당시 CSR로 포장되기는커녕 지역 상인을 죽이는 대기업의 횡포 정도의 오명을 쓰고 결국 시판 나흘 만에 판매 중단이 결정되었다.

대상의 유기농 전문 브랜드 '오푸드' 런칭도 CSR의 또 다른 사례가 될 수 있다. 안전한 먹을거리를 원하는 소비자들의 사회적 기준을 충족시킴과 동시에 가격을 높게 책정해서 기업의 이익극대화로 연결시키고 있기 때문이다. 혹자는 이러한 사업의 확장 사례를 CSR 활동이라고 하는 것에 반대하고, 값비싼 유기농 브랜드의 출시를 통한 기업의 이익극대화 활동의 일부일 뿐이라고 혹평할 수 있다. 그러나 다시 하이브리드 자동차를 생각해보면 토요타든 현대든 하이브리드 자동차는 일반 자동차보다 비싸다. 정부의 지원 여하에 따라 그 차이가 줄어들긴 하겠지만 자동차의 가격만 따져본다면, 현대 소나타의 경우 일반 소나타와 하이브리드 소나타는 780만 원 정도의 차이가 난다. 자동차 업계가 아닌 유통업계로 눈을 돌려도 마찬가지다. 착한 기업의 사례로 자주 오르내리는 미국의 유기농 전문 유통체인인 홀푸드마켓Whole Food도 다른 일반 슈퍼마켓보단 훨씬 비싼 가격의 제품을 판매한다. 즉 '프리우스'가 CSR의 좋은 사례라고 인정된다면 이익극대화 과정에서 사회적 이슈를 해결하는 CJ의 오푸드나 롯데마트의 통큰치킨 역시 CSR 활동으로 인정되어야 한다.

중요한 것은 토요타의 프리우스나 대상의 오푸드나

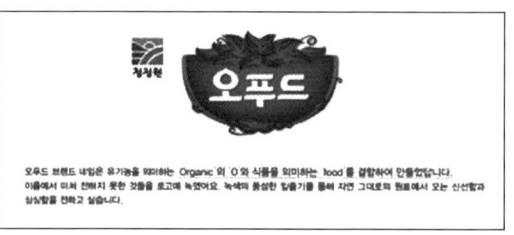

6-7 대상의 유기농브랜드 '오푸드'

롯데마트의 통큰치킨 모두 기업이 자발적으로 한 사업들이라는 사실이다. 즉 사회문제 해결에 기여하는 제품을 개발하는 일을 해석하기에 따라 이미 많은 기업에서 하고 있다고 할 수 있다. 즉 이 분야는 사회가 굳이 요구하지 않아도 기업들이 알아서 잠재적 사회의 니즈와 그에 따른 이익 창출의 기회를 알아채 추진하는 분야이다. 따라서 이 분야의 활성화를 위해서 정부가 기업에게 별도의 주문을 하는 것은 시간낭비일 수 있다. 이러한 경영활동들은 굳이 '책임'이라는 거창한 이름을 붙이지 않아도 기업들이 알아서, 그리고 하고 싶어서 할 것이기 때문이다.

VII

기업 변화시키기
Profit Sharing 영역

마지막으로 Profit Sharing 분야에 대해서 알아보자. Profit Sharing 분야의 '사회적 기준' 부분은 보통 사회에서 '사회공헌'이라고 불리는 영역이다. 기업의 기준에서 본다면 NGO나 기업재단을 통해 기부를 했다거나 임직원 자원봉사 프로그램을 운영하는 경우 등 기업의 유무형 자원을 사회에 환원하는 모든 행위들이 여기에 포함된다. 즉 Profit Sharing의 법적인 기준이 법인세의 납부였다면, 사회적 기준 부분은 법인세 이외에 기업이 사회에 환원하는 부분을 의미한다고 보면 된다.

	Process	Product	Profit Sharing
사회적 기준			
법적 기준			

1. 기업은 얼마나 Profit Sharing을 하고 있는가

Profit Sharing 영역의 가장 큰 차별점은 '기업들이 이미 많이 하고 있다'는 점이다. Process나 Product 부분과 달리 국내기업들은 이미 Profit Sharing 분야에서 많은 노력을 기울이고 있다. 삼성이나 현대차, SK 등 국내 대표기업들의 사회공헌 지출은 미국이나 일본 기업들을 압도하는 수준이다. 미국 기업들이 매출액 대비 평균 0.11%, 일본 기업들이 0.09%를 지출한 반면 한국의 경우에는 0.24%를 지출했다. 과거의 기록과 비교해 봐도 기업의 사회공헌 지출규모가 2004년부터 2010년까지 2.76배가 상승하는 등[78] 양적 성장을 거듭해 왔다. 게다가 이러한 성장은 앞으로도 지속될 전망이다. 국내 100개 기업 중 72개의 기업이 '사회공헌 활동을 더욱 확대할 계획'이라고 응답했다는 조사결과도 있다.[80] 해당 설문조사에서 '현재보다 축소하겠다'고 응답한 기업은 단 한 곳에 불과했다.

개별 기업을 비교해도 국내기업들의 사회공헌 예산은 눈에 띈다. 지난 몇 년간 엑손 모빌이나 로열 더치셸은 기업사회책임 노력에 매년 1억 달러 이상을 써

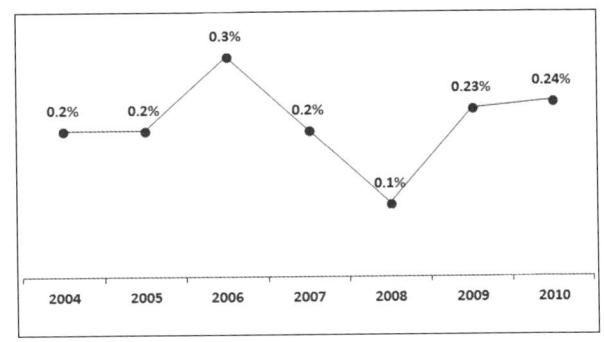

7-1 매출액 대비 기업사회공헌 지출(출처: 전경련)

왔다고 알려지지만[81] 이 두 기업보다 기업 규모가 훨씬 작은 삼성전자, 현대자동차, SK 등 국내 대기업들도 1,000억 원이 훨씬 넘는 금액을 쓰고 있다.

Ⅶ. 기업 변화시키기 – Profit Sharing 영역 • 223

기업의 사회공헌은 질적인 측면으로도 발전해왔다. 10여 년 전만 해도 단순히 돈을 기부하는 데에만 급급했고, 오히려 사진이나 찍어 생색을 내러 왔느냐며 핀잔을 듣곤 했지만 현재의 사회공헌은 예전에 비해 많이 발전된 상태이다. 기업들은 단순한 기부가 아니라 기업의 전략적인 방향성에 맞춰 여러 가지 사회공헌 모델들을 개발했고, 단순한 자금 지원을 넘어 기업이 가지고 있는 혁신성이나 기획력과 같이 NGO와 비교했을 때 우위에 있는 자신들의 자산을 사회공헌사업에 녹여내기 시작하였다. 예를 들어, 국내 1위 그룹인 삼성에서는 삼성의 임직원들이 대학생들에게 진로와 미래와 관련된 고민에 대해 직접 멘토링을 해주는 '삼성 직업 멘토링' 제도를 운영해서 좋은 평가를 받고 있으며, SK의 경우 '사회적 기업'을 키워드로 출소자들을 고용하는 행복한 뉴라이프 재단을 설립하고 결식아동들에게 도시락을 배달해주는 행복도시락사업 등 '지속가능한 사회공헌'을 키워드로 사업을 추진하고 있다. 포스코에서도 장애인을 고용하는 포스위드라는 사회적 기업을 설립하여 작업복 세탁과 같은 업무를 하게 하면서 장애인들에게 안정적인 일자리를 제공하고 있다.

- **삼성 직업 멘토링** : 삼성그룹의 현직 임직원들이 자신이 종사하는 직업의 노하우와 경험을 대학생들과 공유하는 프로그램. 임직원들은 직업 멘토링을 통해 자신이 하고 있는 일을 대학생들에게 알려주고, 취업과 진로에 대한 고민을 듣고 격려하게 된다. 2011년에 진행된 시즌 1에서는 삼성 임직원 1천여 명이 멘토로 참여해 모두 6,300여 명의 대학생과 만남을 갖고 멘토링을 진행하였다.[82]
- **행복한 뉴라이프 재단** : 출소자의 일자리 창출 및 직업훈련을 통해 건전한 사회인으로의 복귀를 지원하는 지속가능한 사회적 기업으로서 2011년 법무부와 SK가 함께 설립한 비영리 재단법인.[83] 현재 출소

자들을 고용하는 커피전문점과 세탁공장 등을 운영하고 있다.
- **행복도시락사업** : 저소득층에게 양질의 도시락을 제공해주기 위해 SK가 정부와 NGO 등과 손잡고 만든 사회공헌 사업. 지자체와의 도시락 제조 계약을 통해 지속가능하게 운영되는 전국 29개의 도시락 센터에서 하루 평균 12,000여 개의 도시락을 저소득층에게 전달하고 있다.
- **포스위드** : 국내 첫 자회사형 장애인 표준사업장으로 2008년 포스코가 100% 출자하여 설립하였다. 포스코는 포스위드와 사무지원, 작업복 세탁, 114콜센터 등의 업무수행 계약을 체결함으로써 경쟁적 고용환경에서 취업이 어려운 중증 장애인들에게 안정적인 일자리를 제공하는 역할을 한다.

아직은 부족하다고 생각하는 사회

물론 기업들의 사회공헌활동에 대해 사회구성원들이 만족하고 있는 것은 아니다. 여전히 불만족이 존재한다. 조선일보 '더 나은 미래'에 따르면, '기업 사회공헌 일반인 인식 조사' 결과 현재의 기업 사회공헌 활동에 대해 부정적인 응답은 63%로 22%의 긍정적인 응답보다 훨씬 많았다. 심지어 앞에서 언급한 것과 같이 기업들의 사회공헌 노력이 계속 증가되고 있음에도 불구하고, '사회공헌을 가장 활발하게 진행하는 기업'을 묻는 항목에 '모르겠다'(49.2%)와 '없다'(11.5%)는 응답이 60% 넘게 나오기도 했다.84) 사실 어디를 가든지 직접 혹은 간접적으로 CSR 업계에 종사하는 사람들을 제외하고, "와 우리나라 기업들이 정말 사회공헌 많이 하더라" 하는 반응을 경험하기란 정말 어려운 게 사실이다.

그러나 이러한 부정적인 결과의 원인이 '기업이 사용하는 사회공헌 예산이 부족해서'라고 하기는 어렵다. 우리가 앞에서 살펴본 것처럼 이미 우리나라의 대기업들은 미국 등과 같은 다른 선진국들보다 오히려 더 많은 수준의 사회공헌을 하고 있다는 것이 데이터로 증명되고 있기 때문이다.

　기업 사회공헌에 대한 인식이 기업들의 기대에 못 미치는 것은 사회공헌의 잘못이 아닐 수도 있다. 기업의 사회공헌 사업에 대한 부정적인 인식은 그동안 기업이 보여준 많은 위법 행위나 Process, Product 분야에서 사회적 기준에 못 미치는 행위들 때문인 측면이 크다. 골목상권 침해, 계열사 일감 몰아주기, 환경오염, 노동법 위반과 같은 크고 작은 사건들이 기업의 진정성 있는 사회공헌 노력마저 과소평가 되도록 만들고 있다고 할 수도 있다. 즉 일반 시민들이 기업 사회공헌에 만족을 못하고 있다고 해서 각 기업들이 지금보다 사회공헌 예산을 더욱 늘려야 한다는 논리는 납득하기 어렵다.

2. 정부는 그래도 목마르다

　여기까지만 보면, Profit Sharing 부분에서 정부가 해야 할 일은 별로 없다고 할 수도 있다. 이미 기업들은 각종 사회공헌 사업을 통해 Profit Sharing을 많이 하고 있기 때문이다. 게다가 Profit Sharing이 이익의 일부를 환원하는 개념이다 보니 외부에서 더 해라 하지 말라 하기 어려운 이슈이기도 하다.

　그럼에도 불구하고 정부가 기업들의 사회공헌에 관심을 가지게 될 이유는 정부의 복지정책과 연관이 있기 때문이다. 결론부터 이야기하자면, 소득의 양극화나 복지에 대한 국민들의 요구 수준 상승으로 인해 정부의 복지 예산액은 점차 늘어나는 반면 국가의 세입은 한정되어 있어 정부는 복지정책을 위한 새로운 재원으로 한해 2조 원 넘게 사회에 환원되는 기업의 사회공헌 예산에 관심을 가지게 될 것이다.

양극화와 복지 요구의 증가

먼저 우리나라의 소득 양극화 정도부터 보자. 1997년 외환위기 때와 2008년 미국발 금융위기 때 큰 부침이 있었지만 이후 우리나라의 경제는 지속적으로 발전해왔다. 우리나라의 1인당 GDP를 보면, 1998년 7,486달러부터 2011년 20,265달러까지 성장하였다. 지난 10년간 우리나라의 실질 GDP는 연간 4%를 초과하여 성장하는 등 OECD 국가 중에서 가장 빠르게 성장하는 국가 중 하나였다.[85]

그러나 우리나라의 경제성장은 소득의 양극화 현상의 심화도 가져왔다. 우리나라의 양극화 문제는 지표로도 잘 나타난다. 소득의 양극화를 나타내는 지표인 지니계수(구성원 2명 이상인 도시가구 기준)는 1997년 IMF 직전에만 해

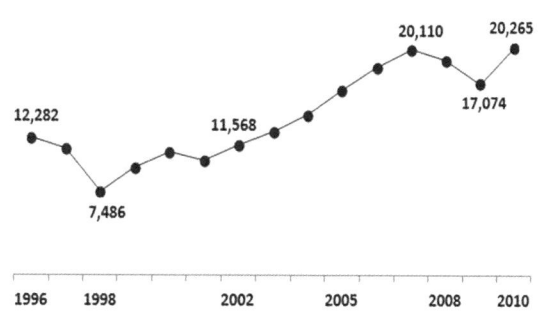

7-2 우리나라 1인당 GDP 추이(출처: 통계청)

도 개발도상국 중에서 가장 평등한 수준이었으나 2009년까지 지속적으로 상승하여 OECD 평균수준에 도달했다. 또 다른 소득불평등을 나타내는 지표인 상대 빈곤율[86] 역시 10% 이하에서 14%대로 증가하였다.[87]

게다가 이러한 문제는 더 심각해질 것으로 예상된다. 인구의 고령화(우리나라의 고연령자 가구의 상대적 빈곤율은 OECD 국가 중 최하위 수준인 47%이

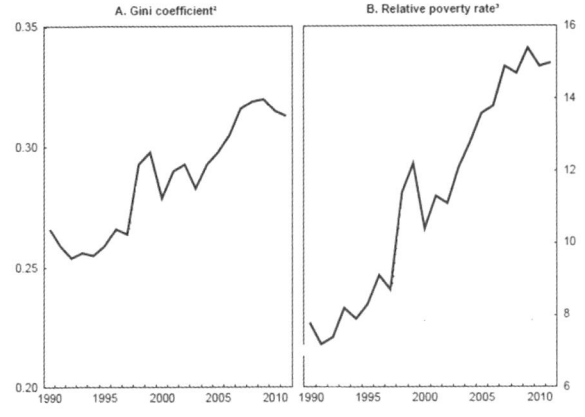

7-3 지니계수와 상대 빈곤율 추이(출처: 통계청)

다)88)나 FTA 등 언뜻 보기에도 빈부격차나 빈곤율을 높일 수 있는 메가트렌드들이 줄줄이 대기하고 있기 때문이다.

양극화의 문제는 부의 재분배에 대한 논의를 불러왔고 이에 따라 정부의 복지정책이 많은 사람들의 관심을 받아왔다. 바꿔서 이야기하면 정부 복지예산의 확대에 대한 요구가 거세졌다. 한국의 사회 복지예산 수준은 OECD 국가 중 가장 낮은 편이다. 예를 들어 아동수당과 보육지원금 같은 가족에 대한 혜택은 OECD 중 가장 낮은 수준인 GDP의 0.5%에 불과하다.89)

정부는 매년 복지예산을 늘려오고 있지만 아직은 갈 길이 멀어 보인다. 계산방식에 대한 논란이 있으나 정부의 발표에 따른다면 복지예산은 계속 증가해 왔다. 그럼에도 불구하고 아직 우리나라의 GDP 대비 공공 복지지출 비율은 OECD 회원국 중 꼴지 수준이다. 2007년 기준 7.5% 수준으로 OECD 평균인 19.8%보다 훨씬 낮았다.(OECD 기준과 우리나

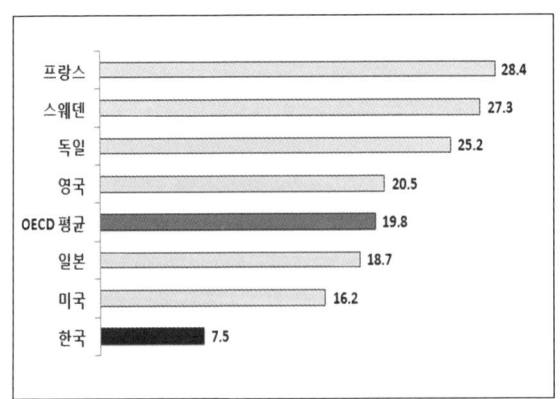

7-4 OECD 주요국의 GDP대비 공공복지 지출 비중(2007/%)
(출처: OECD)

라 정부의 복지예산 산정기준이 조금 다르긴 하다)

사회적 요구도 거세다. 한국의 GDP 대비 공공복지 무상급식, 무상보육과 같이 추가 예산을 필요로 하는 새로운 복지정책들이 정치권에서도 여야 할 것 없이 정도의 차이만 있을 뿐 계속 주장되어 왔다. 게다가 사회에서도 아직 우리나라의 복지예산 수준이 충분하다고 생각하는 사람은 거의 없어 보인다. 2011년 국무총리실이 주관하는 정책만족도 평가에서 보건복지부는 19개 기관 중 최하위를 기록했다.

결국 예산의 문제

복지문제는 결국 '예산' 과 연결되어 있다. 돈이 있어야 나누어 줄 수 있다. 따라서 정부가 복지 예산을 원하는 만큼 늘릴 수 있다면 이는 아주 간단하게 풀릴 수 있다. 그러나 제한된 예산에서 살림을 꾸려나가야 하는 정부의 관점에서 본다면 이는 당연히 쉽지 않은 선택이다.

정부가 복지예산을 늘릴 수 있는 방법은 두 가지다. 증세를 통해 정부예산 자체를 늘리는 방법과 한정된 정부예산 내에서 다른 예산의 비율을 낮추고 그만큼 복지예산의 비율을 늘리는 방법이다.

첫 번째 방법인 증세가 "필요하다, 아니다"의 여부를 놓고 이미 정치권에서는 많은 논쟁을 벌이고 있다. 일단 증세라는 방법은 각 사회구성원들로부터 돈을 더 거두어들이는 것이기 때문에 정부나 정치권에서 쉽게 꺼내기 어려운 카드이다. 게다가 강화하긴 쉬워도 한번 만들어진 정책을 줄이기 어려운 복지정책의 특성상 많은 사회적 논란을 야기할 것이다. 따라서 설령 증세가 필요하다고 하더라도 최소한의 수준에서 결정될 확률이 높다.

다른 분야의 예산비율을 낮추는 방법도 마찬가지다. 어차피 한정된 세입 안에서 예산을 배정하는 것이기 때문에 마음껏 복지예산의 비중을 높이기는 어렵다. 물론 불필요한 사업의 중단이나 불필요한 예산의 삭감을 통해서 새로운 재원을 마련하는 방법도 있다. 실제로 민주당에서는 무상복지 시리즈를 정책으로 내어 놓으면서 이에 대한 재원조달 방안으로 4대강 사업이나 과잉 홍보비와 같은 불필요한 예산 5%를 아끼면 연간 15조 원을 확보할 수 있다고 주장한 바 있다. 그러나 이런 방법이 실현되기 위해서는 예산이 줄어드는 부처들과의 협조가 선행되어야 하는데 쉬워 보이지는 않는다.

따라서 정부는 언제나 복지예산에 목이 마를 수밖에 없다. 증세가 실현되고 타 부서의 예산이 복지예산으로 온다고 하더라도 제한적일 수밖에 없고, 복지에 대한 사회적 요구를 충족시키기에는 턱없이 모자랄 것이다. GDP 대비 복지예산의 비율을 OECD 국가의 평균수준으로만 맞추려고 해도 지금보다 2배 이상의 비율이 사회복지 예산으로 편입되어야 하기 때문이다.

복지예산 확대의 대안 – 개인과 기업의 기부 확대

복지예산에 늘 목이 마르지만 예산을 확충하기가 어려운 정부로서는 결국 사회안전망 확충을 위해 외부로 눈을 돌릴 수밖에 없다. 정부가 가장 쉽게 고려할 수 있는 것은 개인기부의 강화와 기업사회공헌의 강화 두 가지이다.

가장 쉽게 생각할 수 있는 부분은 개인기부의 확대이다. 만약 우리 사회의 구성원들이 자발적으로 지금보다 복지사업이나 NGO에 기부를 많이 하게 되면 우리나라의 사회안전망은 한층 두터워질 수 있다.

다행히 현재 우리나라의 개인기부액은 증가하고 있는 중이다. 유한킴벌리에서 조사하는 Giving Index [90]에 따르면, 경조사비를 제외한 한국인 1인당 자선기부와 종교 기부에 대한 평균 기부액은 2005년도의 198,000만원에서 2009년도에는 467,000원으로 상승했다. 5년 만에 135%가 증가한 것이다. 확실히 예전에 비해서 기부나 자원봉사와 같은 개념들이 우리사회 전반에 퍼져나가고 있는 상황이다.

그러나 정부가 개인기부에 많은 기대를 걸 수는 없다. 개인의 기부는 그야말로 '자발적'으로 해야 하는 것으로 정부가 간섭하기 쉬운 일이 아니기 때문이다. 정부는 이 문제에 대해 '기부 문화의 확산'이라는 측면에서 장기적이고 간접적인 방식으로만 접근할 수밖에 없다. 기부에 대한 세제혜택을 늘리는 등의 정책적 지원을 통해 개인의 기부를 유도할 수는 있겠지만 그 이상의 유도를 하기는 어렵다.

게다가 보통 개인의 기부는 기부금액이 늘더라도 정부의 정책과 긴밀히 연결되기 힘들다. 우리나라의 경우 종교 기부의 비중이 크기 때문이다. 2009년의 경우, 전체 한국인 1인당 평균 기부액에서 종교 기부가 차지하는 비중이 62.9%였다. 이 수치는 2005년도의 66.7%에 비하면 다소 완화된 수치이긴 하지만 아직 전체 기부 중 종교단체를 대상으로 하는 기부가 다수를 차지한다는 사실을 알 수 있다.

종교 기부를 제외한 자선기부secular giving만 보면 현재 우리나라 국민들의 기부는 점차 활발해 지고 있긴 하다. 2009년 한국인 1인당 평균 자선기부액은 170,000원으로 2005년의 66,000원에 비하면 2배 이상 증가했다. 기부자 1인당 자선기부액으로 범

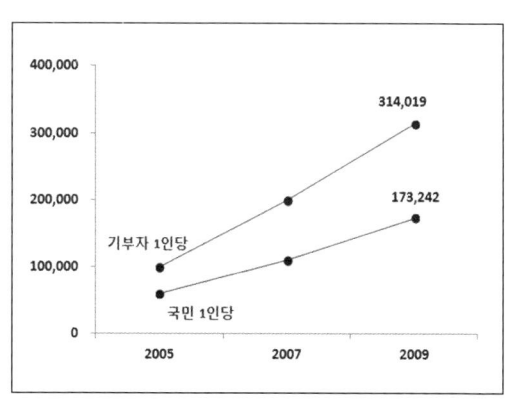

7-5 국내 자선기부추이출처: 유한킴벌리 Giving Index)

위를 조정하면 2005년 100,000원에서 2009년 310,000원으로 거의 3배 이상의 증가를 보여주고 있다.

그러나 이 경우에도 정부가 복지정책과 연관된 사회안전망 구축과 연계할 수 있는 금액은 크지 않다. 개인기부의 상당 부분이 우리나라가 아닌 해외의 사회문제를 해결하기 위해 기부되기 때문이다. 전 지구적 관점에서 보면 아프리카나 동남아에 있는 후진국에서는 우리나라의 소득양극화보다 훨씬 심각한 문제들이 넘쳐난다. 우리나라의 경제적 지위가 올라감에 따라 우리나라 사회구성원들의 기부도 해외 수혜자들을 대상으로 하는 경우가 많아졌다. 대표적인 NGO인 '굿네이버스'에 따르면, 현재 후원회원의 후원금 분포는 해외(북한 포함) 70%, 국내 30%로 예전의 국내 80%, 해외와 북한 20%였던 분포에서 크게 변화했다고 한다.[91] 즉 개인기부가 늘어나더라도 대부분의 금액이 해외로 가는 이상, 이 금액이 늘어난다고 해서 국내의 사회안전망이 지금보다 더 안정화되기는 어려운 것이다.

대안은 기업사회공헌

정부가 고려할 수 있는 대안은 기업의 사회공헌예산이다. 복지정책을 확대할 수 있는 재원이 부족하지만 개인기에 큰 기대를 하기 어려운 정부는 '기업의 사회공헌'으로 자연스럽게 눈길을 돌리기 시작할 것이다. 기업의 사회공헌예산에 대한 정부의 개입은 충분히 일어날 수 있는데, 여기에는 세 가지 이유가 있다.

첫 번째 이유는 기업의 이익이 정부 정책에 따라 변할 수 있기 때문이다. 정부의 환율정책이나 법인세, 최저임금제와 같은 정책에 의해 기업의 이익은 늘거나 줄어들 수 있다. 셧다운제(밤 12시부터 새벽 6시까지 청소년들의 인터넷게임의 접속을 제한하는 정책)나 대형마트의 강제휴무 제도 역시 좋은 사례가 될 수 있다.

　이익극대화가 기업의 최우선 목표인 점을 감안한다면 기업은 최대한 정부와 협조적인 관계를 유지해야 한다. 따라서 만약 정부가 원한다면 기업들은 충분히 사회공헌예산의 증액을 고려할 것이다. 이러한 관점에서 볼 때, 사회공헌예산을 정부의 복지정책과 연계시켜 사용하게 하는 것은 그리 나쁜 선택이 아니다. 따라서 정부가 기업들의 사회공헌 예산의 일부 정도를 정부의 정책에 맞게 쓰도록 유도하는 것은 충분히 가능하다.

　두 번째 이유는 상대적으로 적은 정치적 부담이다. 정부가 각 개인들에게 개인기부를 늘리라고 하는 것에 비해 기업에게 사회공헌예산을 늘리라고 개입하는 것은 정치적으로 쉬운 선택이다. 앞에서 살펴본 것처럼 기업사회공헌 예산은 계속 늘어나고 있고, CEO들 역시 공식적으로 "사회공헌 예산을 줄이겠다"라고 말한 적이 없기 때문이다. 게다가 기업의 사회공헌 노력이 아직 미흡하다고 생각하는 대부분의 사회구성원들은 기업사회공헌에 정부가 개입하는 것에 대해 비판하지 않을 것이다. 오히려 정부의 이러한 시도들은 기업의 이익 환원을 통해 기업들을 '착한 기업'으로 유도한다는 측면에서 사회로부터 환영받을 확률이 높다.

　세 번째 이유는 보편적 복지다. 보편적 복지란 기초생활수급자나 차상위계층과 같은 어려운 이웃이 아닌 모든 사람을 대상으로 한 복지제도를 의미하며, 모든 어린이에게 급식을 제공하는 무상급식이나 모든 어린이집 이용에 대한 정부의 보육비 지원, 모든 대학생들을 대상으로 한 반값등록금과 같은 정책이 여기에 포함된다. 보편적 복지가 맞는지 아니면 이와 대비되는 개념인 선택적 복지(어려운 사람들을 중심으로 한 복지정책)가 맞는지에 대한 논의는 아직 진행 중이다. 그러나 중요한 사실은 보편적 복지에 대한 개념 및 이를 반영한 정책들이 하나하나 우리 사회에 도입되고 있다는 것이다.

　이러한 보편적 복지제도는 정부가 기업의 사회공헌 확대를 요구할 수 있는 또 다른 이유를 가져다 줄 것이다. 보편적 복지제도의 도입으로 인하여 각 기업들이 그동안 지출했던 많은 사회적 부담들이 줄어들기 때문이다.

　예를 들어 아직 실현되지는 않았지만 몇 년 전부터 꾸준히 제기되어온 반값등록금 문제를 살펴보자. 반값등록금제는 수 년 동안 높은 인상률을 기록한 대학의 등록금을 반으로 낮추려는 정책이다.

　정부의 이런 보편적 복지 개념의 정책이 활성화 된다면 기업은 이익을 얻는다. 원래 기업이 근로자들을 대상으로 제공하던 대학등록금 복지혜택을 결과적으로는 정부가 대신해주는 모양새가 되기 때문이다. 대기업들은 임직원이 자녀가 대학에 진학할 경우 대학등록금을 지원해주는 제도를 대부분 갖추고 있다. 기업별 지출을 보면 삼성전자 500억, LG 200억, 포스코 400억 등 국내 매출 상위 5대 기업의 연간 등록금 지원규모가 1,940억 원에 달한다. 반값등록금 정책이 시행되면 정부 덕분에 기업의 부담이 오히려 줄어든다. 만약 정부의 정책으로 인해 반값등록금이 실현된다면 기업들은 정부 덕에 약 1,000억 원의 이익을 얻게 되는 셈이다.[92]

이미 시작된 움직임

　정부가 기업의 사회공헌에 개입하는 움직임은 이미 시작되었다. 아직은 기업으로부터 자금을 출연 받는 수준에 불과하지만 정부가 기업사회공헌 예산과 자신의 정책들을 연결시키려는 시도가 본격적으로 시작되었다는 점에서 매우 의미가 크다. 예를 들어 서울시는 저소득층 일자리 확대와 청년벤처기업 창업지원 등을 위해 서울시가 50%를 내고 민간기

업 등이 나머지를 출연하는 연간 1,000억 원 규모의 '사회투자기금'을 만들기로 했다.(자료 7-6)

수년 전 마이크로크레딧 열풍이 우리 사회에 불었을 때 정

사회투자기금 구성안 (단위:원)		자료:서울시
기금 운영	서울시와 출연기업, 시민단체 등이 법인 구성	
지원 대상	저소득층 일자리, 청년 벤처 창업 등 지원	
재원 구성	총규모	1000억
	서울시	500억
	기업	250억
	은행	250억
	시민 소액 출자	필요할 경우 모금

7-6 서울시 사회투자기금 구성안(출처: 서울시)

부에서 추진했던 미소금융사업 역시 마찬가지다. 정부가 '미소금융'이라는 이름으로 서민들을 위한 소액대출 서비스를 런칭하는 과정에서 삼성, SK, LG 현대자동차 등이 각각 기업별 미소금융재단을 설립하고 소액대출 서비스를 시작하였다. 이때 이 4개 그룹이 출연하기로 약속한 금액만 10년간 9,000억 원에 이른다. 만약 아무 기업도 소액대출사업을 시작하지 않은 상황에서 정부가 혼자 지금과 같은 규모로 사업을 하려고 했다면 기업들이 출연을 약속한 9,000억 원은 고스란히 정부의 부담, 정확히 말해서 세금으로 메워야 했을 것이다.

법인명	총 출연금
SK미소재단	10년간 2000억
삼성미소재단	10년간 3000억
현대차미소재단	10년간 2000억
LG미소재단	10년간 2000억
포스코미소재단	10년간 500억

7-7 그룹별 미소금융 출연금(출처: 미소금융)

3. 어떻게 개입해야 하는가?

이번에는 정부가 사회공헌에 개입한다면 어떤 방식으로 해야 하는지에 대해 살펴보자.

다음 세 가지 방법이 있다.

① 기업규모 대비 사회공헌 예산 비중의 유지
② 기업 간의 중복 투자 방지
③ 복지정책에 기업의 효율성 접목

1번은 기업 Profit Sharing의 규모를 유지하기 위한 방법이고, 나머지 두 가지는 확보된 예산을 보다 효율적으로 국가의 복지정책에 접목시키기 위한 방법이다.

그럼 이제부터는 각각의 방향성에 대해 살펴보고 어떤 정책들이 나올 수 있는지, 이에 따라 기업은 어떤 대응을 할 수 있는지에 대해 살펴보자.

사회공헌지출의 유지

정부가 가장 먼저 고민할 수 있는 부분은 기업의 사회공헌 규모를 확보하는 것이다. 이는 기업이 현재의 매출액이나 수익 대비 사회공헌예산의 비중을 더 아래로 떨어뜨리지 않도록 개입하게 되는 것을 의미한다.

가. 왜 하필 '유지' 인가

이미 앞에서 살펴보았듯이 기업의 사회공헌은 양적으로나 질적으로나 계속 발전하고 있다. 그렇지만 매출액이나 순이익에 대비해서 사회공헌 예산을 분석해 본다면 그 비중은 오히려 줄고 있다는 것을 알 수 있다. 즉 절대적인 예산은 늘고 있지만 전체 예산에서의 비중은 오히려 줄고 있는 것이다. 기업들이 예전만큼 사회공헌 예산을 중요하게 생각했다면 기업들의 사회공헌 예산은 이들의 성장 속도나 규모를 감안하였을 때 지금보다 훨씬 더 커져 있어야 한다. 그러나 실상은 그렇지 않다.

사회공헌을 많이 하고 있는 주요 기업들의 매출이나 순이익 대비 사회공헌 예산 비중의 변화를 살펴보자.93)

현대자동차, SK, LG, 포스코 등 총 9개 기업의 사회공헌예산 및 매출 그리고 순익을 조사한 결과 2007년부터 2011년까지 4년 동안 매출은 62.6%, 순익은 95.6%가 증가한 반면 기부금의 규모는 34.5% 증가에 그쳤다. 바꿔서 이야기하면 기업의 사회공헌예산은 점점 더 늘어나고 있는 것처럼 보이지만 기업의 성장속도보다는 더딘 수준이다.

	2007			2011			증감		
	기부금	매출	순익	기부금	매출	순익	기부금	매출	순익
현대차	550	77,555	3,771	1,400	129,643	13,540	154.5%	67.2%	259.1%
SK	1,179	70,479	4,278	1,600	112,003	4,969	35.7%	58.9%	16.2%
LG	1,000	66,493	1,209	1,500	107,113	4,639	50.0%	61.1%	283.7%
포스코	986	28,982	3,572	697	66,141	5,002	-29.3%	128.2%	40.0%
GS	360	31,135	1,609	650	52,924	2,843	80.6%	70.0%	76.7%
KT	140	19,652	1,617	406	24,512	1,306	190.0%	24.7%	-19.2%
금호아시아나	380	18,076	993	265	18,838	1,158	-30.3%	4.2%	16.6%
한화	180	20,921	1,096	240	30,860	1,262	33.3%	47.5%	15.1%
CJ	407	6,870	123	210	10,984	1,020	-48.4%	59.9%	729.3%
Total	5,182	340,163	18,268	6,968	553,018	35,739	34.5%	62.6%	95.6%

7-8 주요그룹 규모대비 사회공헌 증감 비교(출처: 한겨레, OPNI)93)

예를 들어 현대자동차의 2011년도의 사회공헌예산은 1,400억 원으로 2007년의 550억 원 보다 154%가 증가했는데, 이를 이 기간의 순이익 증가율인 259.1%에 대입하면 2011년도의 사회공헌예산은 1,400억 원이 아닌 1,974억 원이 되어야 한다.

대상을 넓혀도 상황은 비슷하다. 사회공헌이 한참 화두였던 2007년 ~2009년 이후 사회공헌 규모가 전체 기업 규모에서 차지하는 비중은 점차 줄어왔다. 전경련에서 200여 개의 기업을 대상으로 조사한 결과에 따르면 매출 대비 사회공헌예산의 규모는 2008년 금융위기 때문에 예산이 줄어 들은 것 이외에는 0.2% 선에서 큰 변동이 없었으나 세전 이익 대비 사회공헌활동 지출비용 비율은 2008년 4.5%에서 2009년 4.2%, 2010년 3.0%로 매년 하락해왔다.94)

이런 추세는 계속 이어질 것이다. 아직까지 우리나라 기업의 매출액이나 순익 대비 사회공헌 예산 비중이 미국이나 일본 기업들보다 더 높다는 사실을 감안하면 이 비중은 계속 내려갈 가능성이 높다. 순수하게 이익극대화 관점에서 생각한다면 글로벌 경쟁사회에서 기술개발이나 마케팅 등에 더 쓰일 수 있는 금액이 다른 기업보다 더 많이 사회공헌으로 쓰인다는 것은 기업의 경쟁력 측면에서 긍정적이지 않은 일이기 때문이다. 즉 기업들이 만약 사회공헌 예산이 얼마가 필요한지를 진지하게 고민하기 시작한다면 사회공헌 예산의 비중은 지금보다 줄어들게 될 것이다.

그러나 가뜩이나 반 기업 정서가 팽배한 상황에서 '해외기업보다도 사회공헌에 인색하다' 는 인식이 생기면 사회적인 이슈가 될 수 있으므로 기업의 사회공헌예산 비중 축소의 마지노선은 미국기업의 수준이 될 것이다. 현재 미국기업들의 사회공헌 기부금 수준은 전체 매출액 대비 0.11%, 세전 이익 대비 0.91%로 우리나라보다 절반 이상 적은 수준이다.95)

따라서 정부가 기업에게 요구해야 할 것은 기업들이 이미 하고 있는 '사회공헌예산의 증가' 가 아니다. 사회공헌예산을 더 늘리라고 이야기 하기보다는 현재의 매출액이나 순이익 대비 사회공헌예산의 비중을 계속 유지하도록 요구해야 한다. 무턱대고 사회공헌 예산을 늘리라고 하기보다는 매출이나 영업이익 대비 사회공헌 예산의 비중을 적어도 지금만큼 유지하도록 유도함으로써 기업이 앞으로 외연(매출, 이익)의 성장과 함께 사회공헌 규모도 성장시켜 나갈 수 있는 환경을 조성해야 한다.

이미 시작된 움직임　기업의 수익이 증가한 만큼 사회공헌 예산의 증가를 유도하고자 하는 정부의 움직임은 이미 포착되고 있다. 예를 들어 2012년 4월 권혁세 금감위원장은 18개 은행장과 만나면서 "금융권이 이익 확대에 치중한 나머지 서민의 어려움을 외면하고 있다. 수익을 내는 만큼 사회공헌 활동을 늘려 달라"는 주문을 한 사례가 있다. 금감위원장의 발언 이후 한 달 동안 금융권에서는 '사랑의 동전 나눔 서비스(국민은행)'라든지, 기부 관련 금융상품의 기부 대상 확대(우리은행) 등 기부 프로그램을 신설하거나 확장하는 움직임을 보였다.96) 실제 은행들의 수익 대비 사회공헌 규모가 얼마만큼 늘어났는지는 공식적인 발표가 나올 때까지 기다려봐야 알 수 있겠지만 이러한 사례들은 정부가 기업의 이익 대비 사회공헌 비중에 신경을 쓰기 시작했다는 것을 단적으로 보여줄 수 있는 사례이다.

나. 정보공개를 통한 사회공헌 활성화

어떻게 정부는 기업들이 사회공헌예산의 비중을 줄이지 못하도록 개입해야 할까? 가장 쉬운 방법은 '공개'이다. 어차피 정부가 직접적으로 기업에게 사회공헌예산을 늘리라고 강제할 수는 없는 노릇이므로 기업별 사회공헌 규모를 서로 비교하는 자료를 공개하는 것과 같이 간접적인 방식으로 기업들이 예산을 늘리도록 유도하는 수밖에 없다. 각 기업들 별로 사회공헌 규모를 적극적으로 공개함으로써 기업의 사회공헌 규모가 기업의 브랜드 이미지나 기업 신뢰도에 영향을 미치도록 만드는 것이다.

기업별 사회공헌 규모는 지금도 많이 비교되고 공개되고 있다. 사회공헌에 관심이 많은 사람들이라면 이미 많이 보았겠지만 많은 언론에서 기업의 기부금 규모나 사회공헌 규모를 비교하거나 이전 연도와 비교한 자료들을 기사화 하고 있다. '움츠러든 기업사회공헌에도 볕 들까?'(한겨레21 2010. 5.28)와 같이 주요 기업들의 사회공헌 예산 증감 추이를 분석하는 기사들이 있는가 하면, 특정기업을 대상으로 '사회공헌은 쥐꼬리', '사회공헌 꼴찌'와 같은 이름을 붙임으로써 이들을 비판하는 기사들도 종종 볼 수 있다.

이런 기사들을 통해서 사회공헌을 많이 하는 기업들과 적게 하는 기업들에 대한 정보가 사회에 활발하게 공유된다면 기업이미지에도 긍정적이거나 부정적인 영향을 주게 된다. 따라서 기업들은 다른 기업들보다 사회공헌을 적게 하는 기업으로 인식되지 않기 위해서 혹은 사회공헌 우수기업에 이름을 올리기 위해서 사회공헌 규모에 보다 신경을 쓰게 될 수밖에 없다.

집계방식의 개선   그럼에도 불구하고 기업의 사회공헌 규모 비교가 신뢰성을 가지기 위해서는 아직 보완해야 할 점이 많다. 가장 큰 문제점은 바로 공인된 기준의 부재이다. 사회공헌 예산에 어떤 항목들이 들어가게 되는지에 대한 명확한 기준이 없기 때문에 기업마다 집계방식에 차이가 있다. 국내에서 기업의 사회공헌 예산 분석을 위해 주로 인용되는 전경련의 사회공헌 백서 역시 각 기업들의 사회공헌 예산을 직접 조사한다기보다는 기업 담당자를 대상으로 한 설문조사 내용을 바탕으로 데이터를 작성하고 있다. 실제 우리나라에서 규모도 가장 크고 사회공헌 예산도 가장 클 것으로 추정되는 삼성그룹은 사회공헌 예산을 구분하는 명확한 기준이 없다는 이유로 2009년부터 사회공헌 규모에 대한 발표를 하지 않고 있다.

사회공헌 예산에 별다른 기준이 있느냐고 반문할 수도 있지만 실제 다양한 예산들이 사회공헌 예산으로 포함될 수도 있고 안 될 수도 있다. 예를 들어 어떤 기업은 프로 스포츠단의 운영을 비인기종목의 지원이라는 명목으로 사회공헌에 포함시킬 수도 있고 사회공헌 프로그램과 기업의

PR을 연계시켜 기업 홍보비용을 모두 사회공헌 예산으로 처리할 수도 있다. 어디까지를 사회공헌 예산으로 보느냐에 대한 명확한 기준이 없는 상황이기 때문에 언론에서 비교하는 사회공헌 규모를 100% 믿기 어려운 상황이다.

그 대안으로 보통 이야기되는 것이 기부금의 비교이다. 기부금의 규모는 설문조사를 대상으로 한 것이 아니라 회계장부에 나와 있는 금액을 기준으로 하는 것이므로 '사회공헌 예산' 보다는 객관적이다. 어떤 비용이 기부금 계정에 들어 갈 수 있고 어떤 비용이 불가능한지에 대한 기준이 명확하게 설정되어 있기 때문이다. 2010년의 경우 기업들이 자체 집계한 사회공헌 예산의 60.8%가 기부금이었다.[97]

그러나 기부금 집계 방식 역시 문제점을 가지고 있다. 가장 큰 문제는 기업 내부에서 일어나는 사회공헌 예산을 반영하지 못한다는 점이다. 실제로 기부금이 적다고 언론에 나온 기업들은 대부분 '기부금이 적을 뿐이지 실제 사회공헌성 비용은 많이 지출하고 있다'는 주장을 한다. 맞는 말이다. 기업의 사회공헌에는 단지 기부금만으로 표현되기 어려운 부분들이 많이 있다. 예를 들어 임직원 자원봉사나 사회공헌팀의 운영비용(인건비 포함), 저소득층을 위한 제품이나 서비스의 가격 할인과 같은 부분들은 기부금에 집계되지 않는다. 전체 사회공헌 비용 중 이러한 부분의 비중이 많은 기업들로서는 억울할 수밖에 없다.

정부의 개입 : 기준 만들기 정부가 가장 먼저 개입해야 되는 부분은 바로 이 기준을 명확하게 만드는 것이다. 객관성이 담보된 기부금 집계 방식을 기반으로 하되 기업 다양한 사회공헌 노력을 녹여낼 수 있는 새로운 기준들을 부분적으로 접목해야 한다.

먼저 사회공헌에는 어떤 성격의 예산이 포함되는지 알아보자.

앞에서 언급한 것처럼 기부금만으로는 기업의 사회공헌 노력이 반영되기 어려우므로 이를 극복하기 위해 사회공헌 예산의 종류를 기부금과 비기부금으로 나눈다. 그리고 기부금은 한 단계 더 들어가서 일반 NGO에 기부하는 금액과 기업재단에 기부하는 금액으로 나눈다. 이렇게 되면 사회공헌예산을 크게 3가지 종류(기업 내부+기업재단 기부금+일반 NGO 기부금)로 나눌 수 있다.

이 중 가장 마지막에 있는 NGO 기부금은 크게 논란이 될 부분이 없다. 기업의 이익 중 일부가 NGO를 통해 사회에 환원되는 방식이기 때문이다. 물론 이 안에는 정치적인 이유 등으로 비자발적으로 내는 기부금도 있을 수 있다. 조세연구원의 조사[97])에 따르면 매출 300억 원 이상의 '대한상의' 회원기업을 대상으로 설문 조사한 결과 '완전 강제적' '다소 강제적' 등 '비자발적'으로 납부한 기부금이 전체 기부금의 10%가 넘는다고 한다.(3조 4,000억 중 3,573억 원) 그러나 이런 주관적인 부분까지 모두 다 집계하기는 사실상 어렵다. 그리고 비자발적인 기부라고 하더라도 기업의 이익 일부가 사회로 환원되는 Profit Sharing의 본질은 변함이 없다. 따라서 NGO로 가는 기부금은 모두 기업의 사회공헌예산으로 인정되어도 상관이 없다.

두 번째의 기업재단 기부금은 약간의 논란이 있을 수 있다. 기업재단이라고 하더라도 보통 외부 NGO와 함께 일을 하게 되는데, 이럴 경우 재단의 운영비나 인건비 때문에 실제 NGO로 흘러가는 자금은 기업의 기부금보다 적을 수밖에 없기 때문이다.

그러나 이 부분도 큰 문제가 되지는 않는다. 일반 NGO와 기업 사이에서 보다 효율적이고 효과적인 사회공헌을 조율하는 기업재단의 역할을 감안하면(즉 기업재단들 나름대로 가치를 창출하는 일을 하고 있다고 가정하면) 기업이 사회에 환원하는 이익의 양은 크게 다르지 않을 것이기 때문이다.

다만 여기서 주의해야 할 부분은 기업재단의 사업비를 기업의 사회공헌 규모로 오해해서는 안 된다는 사실이다. 몇몇 재단의 경우, 매년 모기업이 창출한 이익의 일부가 자금으로 유입되는 구조가 아니라 대주주(창업자나 오너)가 사재로 출연한 재산에서 발생되는 수입 등 성격이 다른 자금이 기업사회공헌 자금과 섞이는 수가 있기 때문이다. 대주주의 사재 출연을 기반으로 설립된 재단들의 경우가 대표적이다. 이런 재단들은 기업재단이라기보다는 개인재단으로 봐야 한다.

기업의 사회공헌 규모를 합산할 때에는 해당기업 재단의 사업비와 함께 재단의 수입 중 얼마가 기업으로부터 들어온 자금인지를 조사해야 한다. 이런 자금에서는 기업이 기업재단에 기부한 금액과 함께 기업이 재단에 기부한 주식에서 나오는 배당금 수익 등을 함께 집계해야 한다.

마지막으로 기업의 일반예산을 통해 사회공헌성 사업을 추진하는 경우, 새로운 기준들이 필요하다. 마케팅 예산과 같은 일반예산을 사회공헌성 사업에 많이 썼다고 해서 기업이 세제혜택과 같은 직접적인 이익을 얻지는 않는다. 그렇지만 이러한 활동도 분명히 사회를 이롭게 하는 활동들 중 하나이므로 사회공헌 비용에 포함될 수 있다. 단 어디까지를 사회공헌 사업으로 인정할지에 대한 부분을 명확하게 해야 한다. 새로운 기준을 만들기 위해서는 기업 내부의 예산으로 사회공헌을 한다고 인정될 수 있는 사례들을 도출한 후, 이러한 노력을 돈으로 환산하는 기준을 제기하면 된다. 여기에 해당되는 대표적인 사례들은 다음과 같다.

사회공헌 관련 인건비: 사회공헌팀 인력/ 임직원 자원봉사 가장 쉽게 생각할 수 있는 것은 사회공헌 관련업무를 하는 직원들의 인건비이다. 이들은 기업사회공헌을 위한 일을 하고 있지만 이들의 인건비는 기부금이 아닌 기업의 인건비 계정으로 분류된다. 따라서 사회공헌 예산을 산정할 때는 이들의 인건비 총합을 더해야 한다. 단, 난이도가 낮은 집계방식이 필요하다. 사회공헌 규모를 조사하기 위해 비공개로 지급되는 각 개인의 연봉을 취합하는 것은 너무나 비효율적이기 때문이다. 따라서 1인당 평균 인건비와 사회공헌 관련업무를 하는 직원수를 곱하도록 유도하는 것이 낫다.

사회공헌팀 직원들의 인건비 외에 생각해볼 수 있는 비용은 '임직원 자원봉사'와 관련된 비용이다. 기업의 입장에서 임직원 자원봉사에 대해 냉정하게 바라본다면, 봉사에 참여한 직원들이 자원봉사 대신 그 시간에 일을 함으로써 얻을 이익을 사회에 기부한 행위라고 할 수 있다. 그러나 이 사회공헌 방식은 그동안 사회공헌 예산 집계에 반영되지 못했었다. 임직원 자원봉사에 대한 부분 역시 금액으로 환산해 사회공헌 규모 측정에 반영하여야 한다.

임직원 자원봉사 활동을 금액으로 환산하는 것은 참여인원수×1인당 평균 참여시간×기준 인건비와 같은 공식으로 계산이 가능하다. 여기서 참여인원수와 1인당 평균 참여시간은 각 기업이 가지고 있는 데이터를 활용하면 된다. 그러나 기준 인건비의 경우, 자원봉사 참여자의 실제 인건비가 아닌 국가에서 지정하는 최저임금을 기준으로 해야 한다. 자원봉사의 경우 본인이 그동안 해왔던 업무도 아니고 선의로 진행되는 측면이 있기 때문에 대부분 해당 분야에 종사하는 사람들보다는 훨씬 낮은 생산성을 보이기 때문이다. 게다가 연봉이 높은 사람들이 자원봉사에서도 더 높은 생산성을 보인다는 근거도 없다. 요즘에는 NGO 컨설팅이나 사회적 기업 IT 지원 등 직원들의 적성을 살리는 자원봉사도 많이 개발되었지만 일단 그 비율이 상대적으로 낮고, 자원봉사인 만큼 직장 내의 업무만한 성과를 내기 어려운 현실을 감안할 때 일단 최저임금을 기준으로 하는 것이 적절하다.

저소득층 할인(총 할인금액 중 일부를 사회공헌 규모로 인정) 기업이 자신의 상품이나 서비스를 BOP시장에 저렴하게 제공하는 것은 소득의 양극화를 직접적으로 완화시킬 수 있다는 점에서 정부에게 매우 중요하다. 그러나 대부분의 통신기업이나 전력 기업들은 저소득층을 위한 할인 서비스를 제공하지만 기부금으로 인정받지 못하고 있다. 예를 들어 SKT와 KT와 같은 통신업체들은 기초생활수급자나 차상위계층을 대상으로 동일한 서비스를 35% 할인된 가격에 제공하고 있다. 이런 저소득층 할인 프로그램은 때로 사회공헌 예산을 집계할 때도 포함되지 않는다. 이런 부분들도 앞으로는 사회공헌에 포함시켜야 한다.

이 부분은 금액으로 환산하기가 쉽다. 전체 소외계층이 할인받은 금액을 그냥 취합하면 된다. 별도의 계정으로 할인 규모가 계산되어 있지 않더라도 소외계층별 할인금액과 지원하는 소외계층의 수를 파악하면 대략적인 규모를 산출해내는 것은 어렵지 않다.

사회공헌 관련 PR(마케팅 비용)의 제외 마지막으로 살펴볼 것은 PR 비용이다. 종종 기업에서는 자사의 대표 프로그램을 TV 광고에 활용함으로써 자사 사회공헌의 홍보와 동시에 기업브랜드 이미지 상승효과를 동시에 노리곤 한다. 사실 이런 광고의 경우 사회공헌 예산에 포함시켜야 할지 말아야 할지도 헷갈리는 경우가 많다. '저소득층 가정에 차량을 지원해 자립을 도모하는 한 대기업 사회공헌 사업의 경우 지원되는 차량 규모나 액수에 비해 어마어마한 광고비를 지불한다[99]' 는 현장의 목소리도 들린다.

이런 유의 비용은 제외되어야 한다. 사회공헌과 관련된 사업이긴 하지만 기본적으로 기업 PR이고, 광고비의 지출이 사회사업에 직접적으로 쓰이는 것이 아니기 때문이다. 따라서 사회공헌 규모를 집계할 때 광고비

지출에 대한 가이드라인을 주지시킬 필요가 있다.

나) 비교 방식의 개선

  기업의 사회공헌 노력을 지속시키기 위해 정부가 해야 하는 두 번째 과제는 제대로 된 '비교 공개'이다. 첫 번째 과제를 통해 수립된 기준을 토대로 기업들의 사회공헌 규모를 수집한 후, 이를 언론이나 인터넷을 통해 기업별로 비교 공개하는 것이다. 매출이나 순이익 대비 사회공헌 규모가 다른 기업 및 전년도 자료와 비교 공개된다면 기업은 섣불리 기업사회공헌에 대한 노력을 줄이기 어렵다. 4부에서 다뤘던 체계적인 정보공개의 사회공헌 예산 버전이다.

  물론 '비교 공개'가 쉬운 일은 아니다. 아직 기업별 사회공헌 규모를 정기적으로 순위를 매기고 공개하는 작업은 제대로 시도된 적도 없다. 기업의 사회공헌 활동에 대한 데이터가 비교적 잘 갖추어진 미국에서도 CECPCommittee Encouraging Corporate Philanthropy/기업 사회공헌증진 위원회에서 매년 기업의 기부현황 보고서인 'Giving in numbers'를 발행하는데, 기관이 선정한 171개 기업의 사회공헌 규모 및 사회공헌 트렌드를 조사 분석할 뿐 각 기업별 자료는 공개하지 않는다. 한국의 경우도 마찬가지다. 전경련에서 발간하는 사회공헌 백서에서도 전체 기업의 기부금과 사회공헌 예산을 공개할 뿐 기업별 사회공헌 규모는 공개하지 않고 있다.

  기업별 순위 비교는 주로 언론에서 많이 기사로 내보낸다. 검색 포탈에서 '기업 기부금 순위'라고 검색하면 다양한 언론에서 조사한 사회공헌 순위를 볼 수 있다. 그러나 아직은 각 조사 결과별로 순위가 상이하고, 비교 방식이나 조사대상이 조사기관마다 다르다. 이렇기 때문에 '올해 가장 많은 사회공헌을 한 기업'을 제대로 선정하기 어려우며 소비자들은 어떤 기업이 정말 돈을 많이 쓴 기업인지 판단하기 어렵다.

따라서 기업이 사회공헌 규모를 키우도록 유도하려면 제대로 된 비교 공개 방안이 필요하다. 정부는 각 기업별 사회공헌 정도를 알기 쉽게 그리고 잡음 없이 효과적으로 비교 공개할 수 있는 방안을 고민해야 한다. 다음과 같은 비교 공개 방향을 고민해 볼 수 있다.

매출액, 세전이익 대비 비율 사실 기업별 사회공헌의 총 규모는 큰 의미가 없다. 기업들 마다 연간 사용하는 전체 예산이나 사업 규모가 모두 다르기 때문이다. 개별 기업으로는 가장 덩치가 큰 삼성전자와 훨씬 규모가 작은 중견기업의 사회공헌 예산을 비교하면서 누가 더 많이 했는지를 가지고 이야기하는 것은 의미가 없다. 중요한 것은 규모 대비 사회공헌 예산의 비중이다. 여기서 기업의 규모란 기업의 매출액과 세전 이익을 의미한다.

먼저 매출액을 기준으로 해야 하는 이유를 보자. 매출액은 기업의 규모를 가장 잘 나타내며 가장 실제 금액이 연초의 예상액을 크게 벗어나지 않는 지표이다. 기업 규모를 나타내는 또 다른 지표들인 순이익이나 영업이익 등은 시장 상황에 따라 급감하거나 흑자를 예측했다가 적자를 기록하는 경우가 많지만 매출액은 이런 지표들보다는 변동폭이 적은 편이다.

따라서 매출액은 사회공헌에 대한 기업의 의지를 어느 정도 충실히 반영할 수 있다. 세전이익만 놓고 본다면, 1,000억 원을 벌줄 알고 50억을 사회공헌에 썼지만 예상보다 경영실적이 부진해서 적자가 났을 때 해당 기업은 졸지에 '적자임에도 불구하고 사회공헌을 지속한 기업'으로 왜곡되어 해석될 수 있다. 그러나 매출의 경우 변동폭이 적기 때문에 이러한 부작용을 조금이나마 최소화할 수 있다.

두 번째로 비교되어야 하는 지표는 '세전이익' 이다. 이는 사회공헌 자체가 원래 기업의 이익을 환원한다는 의미에서 나온 것이기 때문에 의미가 있다. 기업이 한 해 동안 창출한 수익 중 사회에 환원한 금액이 몇 퍼센트인지가 중요하기 때문이다. 앞에서 밝힌 이유들 때문에 '세전이익'은 '매출액'과 동시에 공개되어야만 의미가 있다. 기업마다 이익률(1억 원의 매출을 올렸을 때 실제 기업이 벌어들인 금액)이 다르기 때문에 매출액만 가지고서는 기업의 사회공헌 의지 순위를 알아보기가 어렵다. 같은 1억 원을 벌더라도 3,000만 원의 이익을 남기는 사업을 가지고 있는 기업과 100만 원의 이익을 남기는 사업을 가지고 있는 기업이 내는 기부금을 동일 선상에서 놓고 보기는 어렵기 때문이다.

　미국에서도 예전부터 세전이익을 기준으로 기업별 사회공헌 규모를 공개해 오고 있다. 전경련에서 집계하는 사회공헌 백서에도 그동안은 영업이익 등을 기준으로 사회공헌 비중을 조사했었는데, 미국이나 일본 등 해외의 기준에 맞춰 2009년도부터 매출액과 세전이익을 비교하는 것으로 통일되었다.

과거 3년간의 실적　그 다음으로 중요한 것은 과거의 실적이다. 사회공헌 예산 집행이 들쭉날쭉하거나 특별한 이슈의 발생으로 인하여 갑작스럽게 많은 금액을 사회공헌에 투입한 경우, 순위가 왜곡될 수 있다. 몇 년치 사회공헌을 한 번에 몰아서 함으로써 순위를 바짝 끌어올린 다음 해당연도 사회공헌 1위를 차지했었다고 계속해서 홍보에 써먹을 수도 있다. 실제 기업재단에 기본자산을 출연하거나 장학기금을 만든다고 해서 수 백억 원의 자금을 사회공헌 비용으로 한 번에 계산하면서 해당연도에 급격한 사회공헌 순위 상승을 경험한 기업들도 많다. 따라서 기업의 사회공헌 실적은 1년만 봐서는 올바른 정보를 알리기 어렵다. 만약 과거 3년간의 데이터를 모두 공개하게 한다면 기업들이 보다 장기적인 관점에서 기부금을 집행하도록 유도할 수 있다.

기업의 지원을 받는 사회단체들의 입장에서도 지원의 지속성은 중요하다. 들쭉날쭉한 예산보다는 조금 적더라도 안정적으로 예산을 지원받는 것이 훨씬 많은 도움이 된다. 내년이나 내후년에 받을 지원금을 어느 정도 예측할 수 있다면 사업 계획을 짜기가 수월하기 때문이다. 일회성 자금을 마다할 입장은 아니지만 보다 안정적인 사회사업을 위해서는 기업에게 보다 지속적인 사회공헌 사업을 유도하는 것이 바람직하다. 따라서 기업들의 사회공헌 예산을 쉽게 줄이거나 일회성으로 늘리기 어렵도록 하기 위해서 기업별 사회공헌 규모를 비교할 때는 적어도 3년간의 데이터를 한 번에 비교할 수 있도록 해야 한다.

그룹별 공개 그 다음으로 중요한 것은 그룹별 공개이다. 삼성, SK, 현대자동차, LG 등과 같은 재벌이라고 불리는 그룹들끼리는 별도의 순위표를 만들어줘야 한다. 이렇게 함으로써 사회구성원들이 우리나라 대기업 중 어느 기업이 사회공헌을 많이 하고 적게 하는지를 알 수 있도록 해야 한다.

그룹별 공개가 중요한 가장 큰 이유는 대기업 집단들이야 말로 기업 사회공헌 활성화의 열쇠를 쥐고 있기 때문이다. 유한킴벌리처럼 중견기업임에도 불구하고 사회에 큰 영향을 끼친 사회공헌 프로그램('우리강산 푸르게 푸르게')을 추진한 사례가 없는 것은 아니지만 규모 측면에서 대기업의 사회공헌이 우리 사회에 끼치는 영향력을 간과할 수는 없다. 전체 기업 사회공헌 분야에서 대기업의 역할은 점점 더 중요해질 것이다.

이러한 그룹별 공개는 그룹들의 사회공헌 참여를 더욱 이끌어 낼 것이다. 이미 각 그룹들은 대기업으로서의 사회적 책임을 수행하는 측면에서 다양한 사회공헌 사업을 진행해 왔다. 사회로부터 전폭적인 지지를 받는 것은 아니지만 적어도 Profit Sharing 부분에서 대기업들이 보여준 모습은 다른 Product나 Process 부분의 모습보다 훨씬 긍정적인 모습이었다.

각 그룹들은 그룹별 PR 광고를 따로 할 정도로 그룹 자체의 아이덴터티를 중시하기 때문에 기업 이미지에 영향을 미칠 수밖에 없는 사회공헌 역시 그룹 차원에서 대응할 수밖에 없다. 이미 삼성그룹에서는 그룹 차원의 사회공헌 그랜드플랜을 만들기 시작해서 직업 멘토링 등과 같은 사회공헌 프로그램을 런칭했고, SK도 2009년부터 '사회적 기업'을 키워드로 그룹 차원의 사회공헌 사업을 지속적으로 추진 중에 있다. 그리고 최근에는 LG 그룹도 사회공헌팀을 만들어 체계적이고 효율적으로 사회공헌을 하겠다는 의지를 밝힌 바 있다. 이러한 상황에서 각 그룹별로 사회공헌 예산을 집계하여 비교한다면 대기업 집단들 간의 보다 건전한 사회공헌 경쟁을 이끌어 낼 수 있을 것이다.

개별기업 : 분야별 공개   그룹 차원의 공개와 함께 꼭 함께 해야 하는 것이 '산업별' 기업 순위이다. 모든 산업을 아울러서 할 필요는 없으며, 전략적으로 사회공헌을 많이 할 법한 산업분야를 선정해 개별 기업들의 사회공헌 규모를 비교하면 된다. 예를 들어 휴대폰 시장을 비교하려면 삼성전자와 LG전자, 팬택 그리고 애플코리아 등을 따로 모아서 순위를 매기고, 자동차 시장을 예로 들면 현대자동차, 기아자동차, 대우자동차 그리고 많은 수입자동차 지사 등이 그 비교 대상이 되겠다.

몇몇 분야는 정부에서 전략적으로 경쟁을 유도할 수도 있다. B2C 사업이며, 영업이익률이 높은 산업들이 그 대상이다. B2B 사업보다 B2C 사업일수록 기업 이미지나 브랜드 이미지가 중요하기 때문에 '사회공헌을 안 하는 기업'이라는 오명을 쓰기 싫어할 것이다. 그리고 영업이익률이 높은 산업일수록 적극적으로 사회공헌을 할 가능성이 높다. 상대적으로 기업의 자금을 쉽게 (단기적인 성과를 담보하기 어려운) 사회공헌 사업에 쓸 수 있을 것이기 때문이다.

이러한 대표적인 산업이 통신(이동통신)과 게임업계 그리고 포털업체다. 둘 다 B2C를 기반으로 하는 사업(포털사들의 매출은 광고비등 다른 기업으로부터 나오지만 결국 영업의 기반은 개인 고객들이다)이고, 영업이익률도 다른 산업보다 높은 편이다. 2011년 국내에서 가장 큰 게임회사 중 하나인 엔씨소프트의 2011년 영업이익률은 22%였고, 이동통신 1위인 SKT의 영업이익률은 13.4% 그리고 포털업체의 1위인 NHN의 영업이익률은 29.2%였다. 이런 특정 산업군은 정보공개에 있어 별도로 관리를 해야 한다. 예를들어 통신은 SKT, KT 그리고 LG U+, 게임업체는 엔씨소프트와 넥슨 그리고 컴투스, 네오위즈 그리고 포털 쪽에서는 NHN, 다음, SK컴즈, 구글 코리아 등의 사회공헌 규모(기업규모 대비 비중)가 비교될 수 있다.

종목	영업이익률(%)
강원랜드	38.60
KT&G	30.10
KSS해운	29.35
NHN	28.89
무학	26.88
OCI	26.05
다우기술	23.50
한섬	22.72
엔씨소프트	22.18

7-9 2011 KOSPI 영업이익률 상위기업(출처: 한국거래소)

공교롭게도 이런 산업들은 정부 정책의 입김을 많이 받는 산업들이다. 통신산업은 전파라는 공공재를 사용하는 사업인 만큼 방통위로부터 각종 규제를 받고 있는 구조이며, 매년 통신비 인하의 압력이 정치권으로부터 나올 정도로 정책과 민감하게 얽혀 있는 산업이다. 게임산업은 더 심하다. 학원폭력이나 PC방에서 헤어나지 못하고 있는 청소년들의 사례가 나오면 늘 게임의 폭력성 등이 언론에 오르내리고, 12시 이후 청소년들의 게임을 아예 금지시켜버리는 셧다운제와 함께 게임 매출의 1%를 게임 과몰입 예방기금을 명목으로 징수하겠다는 법안도 존재하고 있다.

포털업계도 마찬가지다. 청소년에게 부적절한 컨텐츠가 여과 없이 공개된다는 비난이 늘 존재하며 인터넷 실명제나 언론기사 기재에 대한 책임한도까지 포털업계의 이익에 영향을 줄 수 있는 정책들이 기업의 이익과 깊게 연관되어 있다.

담배, 도박 등 '나쁜 기업'으로 인식되는 기업들만 따로 모아서 비교하는 것도 가능하다. 강원랜드나 KT&G 등이 여기에 포함되는데, 2011년 기준 이들의 영업이익률은 각각 38.6%와 30.1%이다. 물론 이런 사업군의 경우, 이미 많은 부분의 사회공헌의 이름 아래 이루어지고 있기도 하다. 예를 들어 강원랜드는 '폐광지역 개발 지원에 관한 특별법 시행령'에 따라 법인세를 차감하기 전 순이익의 25%를 기금으로 출연해야 한다. 2011년에 강원랜드가 이 법에 따라 낸 기금은 1,156억 원에 이르렀다. 이들이 도박과 담배산업에 뛰어들어 번 돈을 어떤 방식으로 사회에 보다 더 많이 혹은 세련되게 환원하는지 보는 것도 흥미진진한 일이 될 것이다.

다. 규제를 활용한 사회공헌 활성화

다음으로 정부가 활용할 수 있는 방안은 규제를 활용한 사회공헌 활성화이다. 기업이 사회에 끼치는 해악이 사회에서 크게 이슈화 되었을 때, 정치권에서 산업이나 특정기업에 대해 압박을 가함으로써 기업들에게 자발적인 사회공헌을 이끌어내는 방법이다. 보통 정부의 규제에 좌지우지되는 기업들이 대상이 된다. 바로 앞에서 언급한 게임, 포털, 통신업계 역시 이러한 접근방식에서 자유롭기 어렵다.

선제대응을 이끌어 내야 한다   '규제를 활용한 사회공헌 활성화'의 특징은 '산업별' 대응이다. 앞장에서 언급된 생명보험사들이 설립한 재단이나 건전한 게임문화 및 게임 이용 문화기반 조성을 위해 설립된 게임문화재단이 대표적이다. 아무래도 정부의 규제가 한 기업을 대상으로 하기보다는 한 산업 전체에게 영향을 주다 보니 나타나는 현상이라고 할 수 있다.

그러나 전략적 기업 사회공헌의 관점에서 볼 때 이렇게 중립적으로 움직이는 기관에 흘러 들어가는 기부금은 효율적으로 쓰였다고 하기 어렵다. 같은 기부금을 낼 바에야 이런 재단에다 주는 것이 아니라 기업이 자체적으로 기획한 사회공헌 프로그램을 위해 쓰는 것이 낫다. 물론 '게임중독'이나 '도박 중독' 예방 프로그램과 같이 사회공헌 사업이 유명해지면 유명해질수록 오히려 기업에게 부정적인 영향을 주는 프로그램은 예외다. (예를 들어 마사회에서 하는 경마도박 중독 치료 프로그램이 유명해지면 유명해질수록 사람들은 경마를 멀리하게 될 것이다.) 이런 경우에는 기업의 이름을 거는 것보다는 중립적인 산업 대표재단에서 처리하는 것이 낫다.

그렇지만 대개의 '사회공헌' 사업의 경우, 사회로부터 좋은 평가를 받을 수 있는 만큼 남보고 하라고 하기보다는 기업이 직접 이름을 걸고 기획에 참여하며 추진하는 것이 낫다. 따라서 정부 규제의 칼날이 막 들어오려고 할 때 부랴부랴 산업을 아우르는 재단을 만들어서 운영하는 것은 좋은 전략이라고 할 수 없다. 그보다는 이러한 규제의 움직임을 감지하자마자 각 기업별로 각자의 사회공헌 프로그램을 기획하고 만들어 내야 한다. (이미 이 접근방식에 대해서는 4부에서 언급한 바 있다) 적어도 기업과 관련된 사회문제가 터지고 규제에 대한 논의가 시작되었을 때, "우리 기업은 이미 이런 프로그램을 많이 만들어서 운영하고 있습니다"라며 오히려 모범기업으로 자리매김할 정도가 된다면 최고의 결과가 될 것이다. 이 때 기업사회공헌 사업의 핵심은 이슈가 된 사회문제를 미리 예측하고 누가 봐도 이 문제의 해결에 기여할 수 있는 사업을 기획하는 일이 될 것이다.

정부는 기업의 이런 성향을 먼저 인식하고, 상황에 따라서는 기업과 타협해야 한다. 규제와 함께 산업별 재단을 통한 사회공헌의 규모는 더욱 커질 수 있긴 하겠지만 기업의 브랜드를 달지 않고 하는 사회공헌 사업은 아무래도 지속되기 어렵다. 규제에 대한 사회의 관심이 오래 지속되는 것도 아니고 어차피 기부금 약속은 '자발적 참여'를 전제로 하고 있기 때문이다. 기업사회공헌이 기업에게 긍정적인 효과를 준다는 사실에 동의한다면 산업별 재단 설립보다는 기업별 사회공헌 계획을 약속 받는 것이 장기적으로는 더욱 효과적이다.

SSM의 출구 전략 현재 정부가 이 전략을 고려해봐야 할 부분은 대기업의 골목상권 진출 사례, 즉 SSM 사례이다. 앞에서 이미 몇 번 살펴본 이 문제를 요약하자면, SSM 문제란 이마트나 홈플러스와 같은 전국적인 할인점 체인들이 그들의 영향력을 활용하여 SSM을 통해 골목상권에 진출하여 기존에 있던 영세상인들이 피해를 보게 되는 문제이다. 대형유통사들의 사업 확장이 법으로 금지되어 있는 부분은 아니지만 이들의 골목상권 침해에 대해 많은 비판 여론이 잇따랐고, 기업들은 '법을 어긴 것이 아니지만 비난을 받는' 입장에 놓여 있었다. 정부가 이 이슈에 계속 주목해야 하는 이유는 워낙 사회구성원들의 관심이 큰 분야이고 한번 규제를 강화한 이후에 후폭풍에 시달리고 있는 터라 정부 나름의 출구 전략이 필요한 상황이기 때문이다.

- **'대기업 대 골목상권'이 주는 파급력** – SSM 문제에 대해 정부가 이례적으로 즉각적인 규제 대응할 수 있었던 것은 여론의 적극적인 지지 덕분이었다. 그리고 그 지지는 다윗과 골리앗으로 상징될 법한, 골목상권과

신세계, 롯데와 같은 대기업의 대결구도에서부터 비롯되었다.

대기업과 골목상권이라는 주제가 우리 사회의 얼마만큼 큰 파급력을 가지고 있는지는 2012년에 있었던 '재벌 빵집' 사례에서 쉽게 알아볼 수 있다. 삼성이나 롯데 등 재벌 2-3세들이 고급 베이커리 사업에 진출하는 것을 계기로 어려움을 겪고 있는 동네 빵집들의 어려움이 함께 조명되면서 대기업의 무분별한 사업 확장에 대한 사회적 분노가 폭발하기 시작했다. 빗발치는 비난 여론에 정부가 직접 '재벌이 운영하는 빵집을 조사하겠다'고 선언하는 상황에 까지 이르렀다. 결국 이러한 정부의 개입에 재벌 빵집으로 비난 받던 기업들은 해명자료를 내놓거나 사업 철수를 선언해야 했다.

하지만 대기업에 대한 비난이 논리적인 검증이 생략된 채 증폭되기도 했다. 사실 당시 재벌가 자제들이 하던 베이커리 사업은 매우 고급-고가의 제품을 판매하는 곳으로 사회에서 소위 이야기하는 '동네 빵집' 과는 아예 경쟁 대상이 다른 사업이었다. 동네 빵집이 어려움에 처한 이유는 수 년 전부터 지적되어왔던 것처럼 파리바게트와 뚜레쥬르와 같은 프랜차이즈 빵집 때문으로 보는 것이 더 적절하다. 즉 재벌 빵집이 철수한다고 해서 동네 빵집의 매출 증가로 이어질 가능성은 매우 희박했다. 실제 재벌 빵집의 이슈가 부각되었을 때 파리바게뜨의 관련주인 삼립식품의 주가는 연일 상승했다. 1월 26일 대통령이 재벌 빵집에 대해 언급한 직후, 이 기업의 주가는 11,400원에서 50여 일 뒤인 3월 중순에는 19,750원까지 상승했다. 그럼에도 불구하고 당시 사회의 비판은 삼성, 롯데 신세계 등으로 집중되었다.

결과부터 보면, 이미 몇몇 언론이 지적했듯이 근본적인 변화는 없었다. 부족했던 검증을 고려하면 당연한 결과라고도 할 수 있다. 삼성이 철수한 베이커리인 아띠제는 결국 또 다른 기업인 대한제분으로 넘어갔다. 롯데의 포숑도 매일유업에 지분이 팔렸다. 새로 대기업 빵집을 인수한 기업들이 사회적 기업이나 NGO 혹은 국가가 운영하는 기관이 아닌 '사기업'인 이상 아띠제와 포숑은 더 많은 이익을 추구하기 위해 사업 확장을 계속 추진할 것이다. 동네 빵집들이 더 살기 좋은 사회가 된 것은 결코 아니라고 할 수 있다.

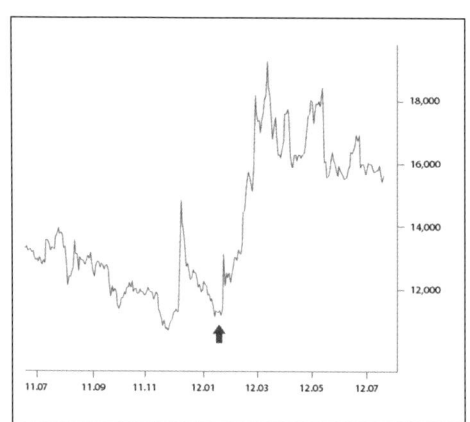

7-10 삼립식품 주가 추이(출처: Naver금융)

그래도 동네 빵집 입장에서 손해 본 것은 아니지 않느냐라는 반론도 있을 수 있다. 그러나 온 사회의 관심이 동네 빵집과 대기업의 대결 구도로 몰린 그 시점에서 논란의 초점이 동네 빵집을 직접적으로 위협하는 프랜차이즈점들이 아닌 별다른 관련도 없는 재벌 빵집에 쏠렸다는 사실은 동네 빵집 입장에서는 손해일 수밖에 없다. 사업 철수를 선언하도록 한 엄청난 정부의 의지가 만약 프랜차이즈 베이커리업계를 향했다면 동네 빵집 근처에 프랜차이즈 빵집 진출을 규제하는 법안이 생겼을지도 모를 일이기 때문이다. (물론 대부분 가맹점이 자영업자별로 생계형으로 운영되는 프랜차이즈 빵집이 정부에 의해 규제될 확률은 거의 없다.)

- **출구전략이 필요하다** – SSM 문제에서 정부는 출구 전략을 필요로 한다. 이미 앞에서 여러 번 언급했다시피 정부는 SSM 문제를 해결하기 위해 '규제강화'라는 초고강도의 카드를 꺼내 들었다. 이는 이래도 안 되고 저래도 안 되는 재래시장 및 골목상권 살리기를 위한 가장 확실한 방법이긴 했지만 매우 강력한 대기업의 반발 역시 불러왔다. 규제가 만들어진

직후 대형마트 측에서 낸 '영업제한 및 의무휴업일 지정과 관련한 행정처분 효력정지 가처분 신청'이 법원을 통과함에 따라 '영업제한 및 의무휴업일 지정 처분 취소' 소송의 1심 판결이 날 때까지 규제의 효력이 정지되었고, 이후 대형마트와 SSM들이 속속들이 영업을 재개를 하고 있다.

이 소송의 판결이 어떻게 날지는 모르나 중요한 것은 다시 정부가 규제의 끈을 조이기에는 이미 사람들의 관심도 정부의 명분도 예전보다 떨어졌다는 사실이다. 경제민주화의 바람을 타고 여야 의원들이 대형마트의 영업제한을 더욱 확대하는 법안을 발의하기도 했지만 이미 예전과 같은 추진력은 떨어진 느낌이다. 한 때 대기업의 골목상권 이슈에 많은 관심을 보이던 언론들도 이제는 시들해졌으며, 할인마트와 SSM이 동네슈퍼나 재래시장보다 낫다는 의견도 심심찮게 들린다. SSM 관련기사의 댓글을 분석해 봐도 대기업 비난 내용이 훨씬 많았던 예전에 비해 이제는 영업규제에 대해 비판하는 내용이 더 많아졌다.

처음에는 전폭적인 지지를 등에 업고 정부가 기업을 규제할 수 있었지만 소송이 이어지고 고객들도 정부 정책에 대한 비판에 가세하기 시작한다면 예전과 같이 규제 강화를 추진하기는 어려워 질 수밖에 없다. 따라서 정부는 이제 출구 전략을 고민해야 한다. 정치적 소신에 따라 계속 일관된 주장을 하며 끝까지 소송으로 가는 방법도 가능하겠지만 '변화된' 상황을 어느 정도 수용하며 SSM에게 영업을 재개할 수 있게 해주는 대신 유통기업들로부터 사회공헌 사업의 확대와 같은 실질적인 반대급부를 받는 것을 선택할 수도 있다. 단, 유통기업들은 상대적으로 영업이익률이 작은 산업에 속해 있어서 전폭적인 증액을 담보하기에는 무리가 따를 수 있다.

- SSM의 사회공헌 유도 – 현실적인 대안은 정부가 할인점 및 SSM의 영업규제를 완화하는 대신 이들이 저소득층 거주 지역에 푸드뱅크를 설

립하도록 유도하는 것이다. 푸드뱅크란 식품제조업체나 개인으로부터 식품을 기탁 받아 이를 소외계층에 지원하는 식품지원 복지서비스를 제공하는 단체이다. 한쪽에서는 먹을 것이 넘쳐나지만 다른 한 쪽에서는 무료급식소에 길게 줄을 서고 있는 우리 사회의 현실을 볼 때, 이런 유의 서비스는 매우 필요한 사업임에 틀림없다.

현재까지 이 사업은 아직 우리 사회에서 활기차게 돌아가지는 못하고 있었으나 유통전문가들이자 많은 자원을 가지고 있는 대형 유통점들이 지금보다 많은 관심을 가지게 된다면 보다 많은 사람들이 이 단체를 통해 도움을 받을 수 있게 될 것이다. 대형 유통업체들이 푸드뱅크에 식품을 기부할 수도 있고, 유통점 내의 시설을 활용하여 푸드뱅크 사업을 도울 수도

7-11 월마트 헝거릴리프

있다. 실제 세계 최대의 유통체인인 월마트에서는 자신들이 가장 잘할 수 있는 사회공헌 중 하나가 이런 유의 사업임을 깨닫고 'Hunger Relief'라는 이름의 사업을 대표 사회공헌 프로그램을 진행 중에 있다.

기업 간의 중복 투자 조정

다음으로 알아볼 이슈는 '기업 간의 중복투자 조정' 문제이다. 사회공헌 규모를 늘려나가는 것 이상으로 중요한 것이 바로 기업 사회공헌의 분

야별 배분이다. 분야별 배분은 정부에서 기업이 사회공헌 분야를 선정하는 데 개입해 동일한 사회문제에 필요 이상의 기업 사회공헌 자금이 몰리는 것을 방지하는 것을 의미한다.

가. 왜 조정이 필요한가?

사회공헌 예산의 배분은 매우 중요한 문제다. 다시 한 번 정부가 기업의 사회공헌 자금을 필요로 하는 이유를 생각해 보자. 정부의 복지예산은 늘 부족하다. 소득 양극화에 따라 복지예산을 필요로 하는 사회문제는 산적해 있는데, 정부가 활용할 수 있는 복지예산은 한정되어 있다. 게다가 개인기부의 활성화도 당장은 기대하기 힘들다. 그래서 정부는 기업의 사회공헌을 기대할 수밖에 없다는 결론이다. 앞 단원의 내용들은 정부가 기업들의 사회공헌 예산을 늘릴 수 있는 방안을 설명한 것이다.

그런데 각 기업들이 정부의 기대와는 달리 사회공헌 예산을 정부가 원하는 분야에 사용하지 않는다면 어떻게 될까? 예를 들어 사회 전체적으로 볼 때는 (정부의 입장에서는) 다문화 문제에 대한 추가적인 노력이 가장 절실한데, 홍보의 파급력이나 사회공헌 기획의 용이성을 이유로 기업들이 이런 문제를 외면한 채 청소년이나 노인문제에만 사회공헌 예산을 투입한다면 정부로서는 아쉬울 수밖에 없다.

따라서 정부는 정부가 추진하려 하는 복지정책들과 기업의 사회공헌 사업들의 적절한 조합을 통해 최적의 복지시스템을 사회에 제공하도록 해야 한다. 기업들이 아무리 사회공헌 규모를 늘려간다고 하더라도 사회공헌 자금이 특정 사회문제에만 집중된다면 정부의 입장에서는 별다른 이익이 없을 수도 있을 뿐더러 사회 전체적으로 보았을 때에도 얼마 없는 복지자금이 특정 영역에 집중되는 것은 좋은 일이 아니기 때문이다.

나. 어떻게 조정할 것인가?

사회공헌 분야에 대한 정부의 개입이 쉬운 문제는 아니다. 정부가 법인세를 충실히 내고 있는 기업에게 사회공헌 활동에 대해 이래라 저래라 하기는 어렵다. 직접 돈을 더 내라고 이야기하기가 어려운 만큼 정부가 직접 기업별로 해결해야 할 사회문제를 지정해 줄 수도 없다. 게다가 대부분의 기업들은 자신들의 비즈니스나 고객군 등에 따라 최적의 사회공헌 분야를 이미 설정해 놓고 있다. 따라서 정부가 기업의 사회공헌 분야에 개입하기 위해서는 먼저 정부의 개입이 용이한 분야를 선택해야 한다.

개입 대상 : 그룹 사회공헌 정부가 개입하기 쉬운 분야는 '그룹 사회공헌'이다. 기업 사회공헌은 크게 그룹 사회공헌 사업과 각 개별 기업의 사회공헌 사업으로 나눌 수 있다. 앞서 '사회공헌 예산 비중의 유지' 부분에서 살펴보았듯이 삼성, SK, 현대자동차와 같이 기업 사회공헌에서 큰 비중을 차지하고 있는 국내의 대기업 집단들은 개별 계열사의 사회공헌 외에 그룹 사회공헌 프로그램을 운영하고 있다. 정부가 주목해야 할 부분은 바로 이 부분이다.

그 이유는 그룹 사회공헌이 가지는 특수성에 기인한다. 먼저 개별 기업의 사회공헌 사업부터 보자. 이들 기업의 사회공헌 분야에는 '정답'이 있다. 기업이 자신의 상품이나 서비스 혹은 유통망을 활용하거나 기업의 주요 고객군이 타깃이 된 사회공헌 사업을 기획한다. 예를 들어 분유회사는 분유를 먹는 유아들이나 소비자인 부모 세대에 초점을 맞춘 사회공헌을 하며, 노인 보험회사나 영양식품 관련기업들은 제품의 소비층인 노인문제의 해결을 위한 사회공헌을 기획한다. 분유회사에서 기업의 비즈니스와 전혀 상관이 없는 지구온난화 문제를 뜬금없이 들고 나온다면 별다른 반향을 불러일으키지 못할 것이 뻔하다.

그래서 개별 기업의 사회공헌을 담당하는 사람들은 언제나 기업의 비즈니스와 연계된 사회공헌 사업을 개발하기 위해 노력한다. 이동통신기업인 SK텔레콤에서 모바일 미아찾기나 모바일 헌혈과 같은 프로그램을 운영한다거나 인터넷 포털업체인 NHN에서 해피빈이라는 기부 포털을 만들어서 운영하는 것은 다 이러한 노력의 일환이다.

그러나 그룹 사회공헌은 다르다. '비즈니스와 연계된 사회공헌'을 추구하는 개별 기업의 사회공헌과는 달리 그룹 사회공헌에는 사실상 정해진 방향성이 없다. 그 이유는 다양한 분야의 사업을 동시에 추진하고 있는 우리나라 대기업의 사업구조에 있다. 우리 사회의 주요 대기업 중 현대자동차를 제외한 삼성, SK, LG는 '어떤 산업에 특화된 기업'이라고 불리지 않는다. 삼성은 전자와 금융(보험, 증권 등) 등이, SK는 통신과 에너지 등 각 그룹은 각각 복수의 주력사업들로 이루어져 있다. 따라서 여기서 말하는 그룹 사회공헌이란 특정 산업을 기반으로 하고 있지 않기 때문에 '비즈니스와 연계된 사회공헌'으로부터 자유롭게 그룹 사회공헌을 디자인할 수 있는 그룹들, 즉 삼성, SK, LG 등의 그룹 차원의 사회공헌 활동을 뜻한다. 이러한 그룹 사회공헌은 자신이 하고 있는 비즈니스와 연계된 모델을 찾기보다는 각 그룹이 하고 싶은 영역이나 사회가 필요로 하는 영역에서 검토될 가능성이 높다. 그리고 바로 이때 정부가 개입할 여지가 생긴다.

개입 방향성 : 청소년 정부가 가장 먼저 해야 할 일은 각 그룹들이 사회공헌 사업을 '청소년'에 보다 집중하게끔 하는 것이다. 결론적으로, 청소년분야의 여러 문제들의 해결은 그룹 사회공헌 사업의 힘을 빌리고, 정부는 다른 분야에 보다 집중하는 방향으로 가야 한다.

• **왜 청소년인가?** 그룹 사회공헌을 청소년으로 유도해야 하는 첫 번째 이유는 이 분야가 각 그룹들이 선호할 분야이기 때문이다. 그룹 사회공헌 사업의 분야를 정하는 데 아무런 조건이 없다면 아마 대부분의 그룹들은 청소년 분야를 지목할 것이다. 이들이 가지고 있는 밝고 젊은 이미지 때문이다. 확실히 청소년은 다른 사회문제들, 예를 들어 노인문제, 다문화 문제, 장애인 문제 등보다 마케팅 부분에서 접근하기가 수월하다. 이들이 가지고 있는 에너지 넘치고 긍정적인 이미지 때문이다. 아동이나 청소년들이 밝게 웃으며 뛰어 노는 모습은 그 자체로도 기업 PR 광고에 쓰일 수 있을 만큼 긍정적인 이미지를 가지고 있다. 어떤 사회문제가 중요하고 해결이 시급한지에 대해서는 전문가들마다 의견이 다르겠지만 적어도 기업 이미지와 연결될 사회공헌의 측면에서는 청소년 분야가 가장 괜찮은 분야이다. 따라서 각 그룹 사회공헌들은 청소년 분야의 비중을 점점 더 높여갈 가능성이 높다.

게다가 청소년 분야는 각 그룹 창업주들의 경영철학과도 맞닿아 있다. 각 그룹의 창업주들은 예전부터 인재 양성을 중시해왔으며 이들의 철학은 '청소년' 사업과 잘 맞아 떨어진다. 삼성그룹의 이병철 회장이나 현대의 정주영 회장, SK의 최종현 회장 등 그룹의 창업주들은 오래 전부터 인재 양성의 중요성을 강조해왔으며 이러한 철학은 삼성 장학회나, SK의 장학퀴즈 등을 통해 구현되어 왔다. 다만 창업주들이 활약하던 시대에는 '공부하고 싶지만 돈이 없어서 못하는' 학생들이 많았던 시절이라 청소년에 대한 장학금 지원에 집중되었다면 요즘에는 상황이 변화함에 따라 청년창업가 지원(아산 나눔재단의 정주영 엔젤펀드)나 저소득 청소년 공부 지원(삼성그룹의 드림클라스), 혹은 취약계층 청소년들의 자립자활 지원(SK그룹의 해피스쿨) 등으로 종류가 다양해졌다는 것이 차이이다. 즉 청소년 사회공헌 사업은 창업주들이 강조했던 인재양성의 한 부분으로도 이해될 수 있기 때문에 그룹 차원에서 거부감이 적다고 할 수 있다.

그룹 사회공헌의 분야를 청소년으로 유도해야 하는 두 번째 이유는 정부의 니즈이다. 청소년 분야는 정부가 지원하기 어려운 복지의 사각지대다. 정부의 복지예산은 매우 공정하게 사회문제별로 시급성을 파악하여 가장 중요한 문제에 먼저 예산이 배분되는 것처럼 보이지만 완벽하지는 않다. 아무래도 정치권의 의견을 안들을 수 없다 보니 예산을 배분하는 데에 있어 정치적인 판단이 들어갈 수밖에 없다. 이럴 경우 같은 사회문제라도 해당 사회문제를 대변하는 단체의 정치적인 영향력에 따라 예산 배분이 조정될 수밖에 없다. 2011년에 있었던 서울시장 선거를 기점으로 20-30대의 정치참여가 늘어난 것과 같은 시기에 정치권에서 이들을 위한 복지정책인 반값등록금이나 무상보육과 같은 정책을 이슈화시킨 것은 절대 우연이 아니다.

그런 의미에서 보면 청소년 분야는 예산 배분의 사각지대이다. 보건복지부 소관 예산을 분석해 봐도 노인 1인당 투입되는 복지예산은 753,335원인데 비해, 청소년이 포함된 아동(6~19세)은 이보다 크게 낮은 23,889원에 불과하다.[100] 다른 나라를 기준으로 봐도 우리나라의 GDP 대비 아동복지 지출비중은 매우 낮은 수준인 0.458%로 미국(0.657%), 일본(0.792%), 이탈리아(1.398%)보다 낮은 수준이었다.[101]

청소년들은 투표권이 없어서 본인들에게 이익이 되는 정책을 지지할 수도 없고 이들을 대변해주는 정치세력도 매우 적다. 그래서 청소년 문제는 문제 청소년이나 학교폭력 사건이 뉴스에 나올 때에만 사회적으로 이슈가 되고 이러한 사회의 관심이 예산의 확충 등으로 이어지는 일은 매우 드물다. 정치권에서도 어차피 한정된 예산이라면 이를 정치적으로 전혀 도움이 안 되는 청소년 관련 사업에 배분하느니 노인이나 대학생, 장애인 등 다른 복지 분야에 배분하고 이들에게 정치적 지지를 얻는 것이 훨씬 이익이다. 이렇기 때문에 청소년 문제는 정책 결정과정에서 우선순위가 되기 어려울 수밖에 없다.

즉 청소년 분야는 정부가 아닌 기업이 더 관심을 가질 부분이다. 이런 부분에서 굳이 정부의 예산을 무작정 확대시킬 필요는 없다. 기업들의 사회공헌 사업 예산을 충분히 활용하여 이들이 청소년 문제 해결에 이바지하도록 유도하고, 정부는 정부가 더 신경을 쓰고 싶은 분야에 보다 더 집중해야 할 필요가 있다.

- **세부 분야의 배분** – 그룹 사회공헌이 가야 할 부분을 '청소년'이라고 정한 뒤에도 정부와 기업이 고민해야 할 일은 남아 있다. 학원폭력, 결식아동 등 청소년 분야에도 여러 가지 세부 분야가 있으며 한 그룹에서 모든 세부 분야를 다 할 수는 없다. 따라서 각 그룹들은 각 그룹별로 어떤 세부 분야에서 그룹의 대표 프로그램을 런칭 할지에 대해 논의할 필요가 있다. 삼성과 LG, SK가 모두 같은 세부문제, 예를 들어 학원폭력 문제 해결에만 집중한다면 이 또한 사회의 자원을 적절히 배분하지 못한 결과를 가져오기 때문이다.

이 부분은 사실 굳이 정부에서 개입을 하지 않아도 되는 부분이다. 각 기업별로 이미 서로 다른 사회문제를 가지고 사회공헌 사업을 추진하고 있고, 세부 분야가 부딪힌다면 사업의 인지도 측면에서 불이익이 생기기 때문에 처음에 기획할 때부터 서로의 세부 분야가 부딪히지 않도록 전략적으로 신경을 쓰기 때문이다.

만약 정 필요하다면 각 그룹의 사회공헌 담당자들이 만나서 사회공헌 사업의 방향성을 공유하면 된다. 다만 아직 각 그룹에서 "우리 그룹은 이런 청소년 문제를 해결하는 데 기여하고자 합니다"라는 공식적인 선언을 한 적은 없기 때문에 각 그룹별로 본인들이 어떤 분야에 집중을 해야 하는지를 장기적인 관점에서 더욱 고민해볼 필요는 있다.

정부가 보다 효율적으로 기업의 사회공헌 사업을 관리하려면 한 기업이 한 사회문제를 전담하는 형식으로 진행하는 것이 바람직하다. 예를 들어 A기업은 아이들의 아토피 문제를, B 기업은 인터넷 중독 문제를 전담하는 형식으로 만드는 것이다. 각 사회적 문제 해결에 필요한 예산의 규모와 기업과의 연관성에 따라 한 사회적 문제를 한 기업에 매칭시키면 된다.

기업사회공헌은 이런 일을 하기에 충분하다. 우리나라의 복지예산 규모가 큰 것 같지만 기초생활수급자 지원이나 기초노령연금 지원 등 원래 주기로 되어 있는 예산을 제외하면 아토피 문제나 청소년 멘토링 같이 기획성 사업에 돌아가는 예산은 매우 적다. 예를 들어 아토피 천식 예방관리를 위해 복지부에 배정된 2011년 국가의 예산은 30억 수준밖에 안 된다. 정부예산 30억에 기업이 30억 정도를 더 투자한다면 기업은 이 분야의 문제 해결에 있어서 매우 주도적인 역할을 할 수 있게 되는 것이다. 그리고 이를 통해 각 기업은 해당 문제에 대해 '책임지고 문제 해결을 지원하는 이미지'를 쌓을 수 있고, 장기간 해당 문제를 연구하면서 문제 해결에 대한 전문성도 쌓을 수 있다.

- **각 그룹별 분석** – 이번에는 청소년이라는 키워드를 각 그룹 사회공헌 사업에 어떻게 녹여내야 할지를 알아보자.

▶**삼성** – 삼성 그룹의 경우 청소년 분야에서도 국내 제일의 대기업답게 전국적인 대규모 사업을 요구받을 것이다. 이런 측면에서 삼성그룹이 현재 추진 중에 있는 저소득층 중학생 학습지원 프로그램인 드림클래스 사업(www.dreamclass.org)은 매우 적절한 선택이라고 할 수 있다. 이 프

로그램은 연간 3,000명의 대학생(저소득 출신을 우선 선발)을 선발하여 이들이 전국 15,000명의 저소득 중학생들을 가르치도록 하는 프로그램이다. 선생님으로 활동하는 대학생들을 대상으로 장학금을 지급하는 모델이며, 연간 300억 원이 투입되는 초대형 프로젝트가 될 전망이다.

사실 저소득층 학생들에게 무료 과외를 해주는 개념이 새로운 것은 아니다. 소득에 따른 교육 격차가 우리 사회의 워낙 큰 문제인 만큼 서울시에서 추진했던 동행 프로젝트나 공부의 신, 배나사(배움을 나누는 사람들), 점프 등 이 문제의 해결을 위한 다양한 프로그램들과 사회적 기업들이 이미 존재하고 있다.

그러나 규모로 보나 사회적 임팩트로 보나 드림클래스 사업을 따라오기는 힘들다. 아마 삼성그룹에서 이 사업을 계획대로 추진한다면 빠른 시일내에 대표적인 교육 사회공헌 사업으로 자리매김할 수 있을 것이다.

7-12 삼성 드림클래스

그럼에도 불구하고 아쉬움 점은 차별성의 부재이다. 드림클래스 형식의 저소득층 교육지원 사업이 다른 사업과 차별화가 될 수 있는 부분은 무료로 학생을 가르치는 대학생들에게 동기를 부여하는 방식이다. 삼성그룹은 이 부분을 '장학금 지급'으로 해결했다. 물론 이 장학금 지급은 비싼 등록금으로 인해 고생하는 대학생들을 지원한다는 점에서 의미가 있기는 하지만 문제를 '돈'으로 너무 깔끔하게 해결해버린 느낌이 있다. 장학금이 필요한 많은 대학생이 있는 사실도 무시할 수는 없지만 적어도 굴지의 대기업인 삼성이라면 창의력을 발휘하여 보다 흥미로운 사업모델을 개발했으면 하는 아쉬움이 남는다. 이 프로그램이 삼성을 넘어 국내의 대표 프로그램으로 성장해 나가기 위해서는 장학금 외에 대학생들을 끌어들일 수 있는 혁신적인 아이디어를 발굴하고 개발해나가는 과정이 필요할 것으로 보인다.

▶SK – SK의 경우, 그룹 차원에서 '사회적 기업'의 활성화를 내세우는 그룹답게 청소년 사업에서도 기존에 없던 모델을 발굴 개발하는 데 공을 들이고 있다. 취약 청소년들의 실질적인 자립을 돕는 'SK해피스쿨' www.skhappyschool.com이 대표적이다.

청소년들이 전문 직업을 통해 자립할 수 있도록 지원하는 SK해피스쿨 사업은 레스토랑이나 뮤지컬 산업과의 직접적인 연계를 통해 다른 직업교육 프로그램들과 차별화된 현장형 교육프로그램을 운영하고 있다. 쿠킹(조리사), 뮤지컬(배우), 그리고 자동차(정비기능사, 보수도장기능사)등 세 가지 종류의 과정이 있으며 2012년 서울시교육청으로부터 위탁형 대안학교로 인증을 받은 바 있다.

사회적 기업 형식으로 운영되는 행복한 학교 www.happy-school.org는 공교육 활성화와 창의적인 인재 양성을 목표로 SK가 설립한 방과 후 학교 서비스라고 할 수 있다. (이름은 해피스쿨과 비슷하지만 내용은 완전히 다른 사업이다.) 2011년을 기준으로 전국 4곳(서울, 부산, 대구, 울산)에서 9,200명의 학생들에게 방과 후 과정을 제공하고 있다. 무상으로 지원하는 것이 아니라 적자를 보지 않는 선에서 적정한 대가를 받고 프로그램을 제공하는 이 사업은 다른 기업의 청소년 사업보다는 느낌이 덜 와 닿는 것이 사실이다. 그러나 더 이상 SK의 도움 없이도 사업이 돌아갈 수 있는 모델을 지향한다는 점은 (이렇게 되면 동일한 예산으로 보다 더 많은 학생들을 지원할 수 있다) 높이 살만 하다.

그러나 이렇게 SK가 추진 중인 청소년 관련 그룹 사회공헌 사업의 규모는 SK그룹의 위상에 비하면 아쉬운 것도 사실이다. 여기서 언급한 사업들의 모델은 국내의 다른 사업들과 확연한 차별성을 가지고 있다. 이 부분은 높게 평가할 만하다. 다만 그러다 보니, 규모의 한계가 존재하고,

7-13 SK 해피스쿨

이 한계는 어쩔 수 없이 프로그램이 사회적 영향력도 제한하게 된다. 삼성그룹과는 반대의 모양새다. 앞에서 예견한 것처럼 청소년 분야가 각 그룹 사회공헌 사업들의 격전지가 된다면, 현재 SK 프로그램들의 작은 규모는 상당한 핸디캡이 될 수 있다. 보통 사람들에게는 사업모델의 혁신성보다는 사업의 규모가 훨씬 더 쉽게 와 닿기 때문이다. SK가 청소년 영역에서 그룹사 회공헌의 사회적 임팩트를 늘려가고자 한다면, 청소년 사업의 규모 확장에 대한 고민을 시작해야 할 것으로 보인다.

그룹 차원에서 강조하고 있는 '사회적 기업'을 '청소년'에 보다 초점을 맞추는 것도 방법이다. 청소년을 지원하는 사회적 기업을 우선 지원한다든지 청년 사회적 기업가 지원에 집중하는 것이 좋은 예가 될 수 있다. 현재 SK가 KAIST와 설립한 사회적 기업가 MBA 프로그램은 청년 사회적 기업가를 지원한다는 측면에서 좋은 선택이라고 할 수 있다.

▶LG - LG 그룹은 가장 최근에 그룹 사회공헌의 개념을 도입했고,102) 아직 그룹 대표 프로그램으로 인식되는 사회공헌 프로그램은 없다고 할 수 있다. SK와 삼성이 청소년 교육 분야에서 이미 대표급 프로그램들을 런칭한 지금, LG는 SK와 삼성이 선점한 청소년 교육보다는 다른 세부 분야를 노려봄직 하다.

청소년 사회공헌과 관련하여 LG의 간판 프로그램이라고 할 수 있는 사업은 LG 글로벌 챌린저www.lovegen.co.kr다. 이 프로그램은 대학생들이 직접 주제를 정해 해외 탐방활동을 기획하면 이들 중 일부를 선정해서 지원해주는 프로그램이다. LG그룹에서 이 사업을 사회공헌 사업으로 인식하고 있는지 그렇지 않은지는 확인할 수 없지만 다른 그룹들의 대학생 지원이 단순한 장학금 지급에 머물러 있던 1995년부터 시작된 이 대학생 해외탐방 프로그램은 현재 대학생을 대상으로 한 프로그램 중 가장 전통이 있고, 창의적인 프로그램 중 하나이다. 가장 인기 있는 공모전이기도 한 이 프로그램은 연평균 21:1의 높은 경쟁률을 기록하고 있다.

따라서 LG는 이 프로그램을 적극 활용해야 한다. 즉 청소년 문제에 접근할 때 너무 중고등학생층에서만 볼 것이 아니라 대학생까지 범위를 넓혀서 바라볼 필요가 있다. 물론 이 프로그램이 '저소득계층'이나 '취약계층'을 위한 프로그램은 아니지만, 꿈과 열정이 있는 대학생들이 세계를 무대로 새로운 가치를 만들어 낼 수 있도록 돕는다는 의미에서 보면 충분히 사회공헌이라고 할 수 있다. 다른 프로그램과 달리 LG

7-14 LG 글로벌 챌린저

의 해외사업장이나 인턴 연계 등 LG와의 직접적인 연계성이 매우 희미하다는 점이 오히려 이 사업을 사회공헌 사업으로 쉽게 인지될 수 있도록 돕고 있다.

다만 이 사업이 LG의 그룹 사회공헌 사업으로 더욱 성장하기 위해서는 규모의 확장이 필요하다. 현재 글로벌 챌린저는 2011년을 기준으로 매년 30개 팀 120명이 참가하는데, LG그룹의 대표 프로그램이라고 하기에는 규모가 작은 느낌이다. 대학생들의 스펙 쌓기 열풍을 타고 여러 공모전이나 해외여행 지원 프로그램이 증가되면서 각 프로그램들의 규모도 점차 커지고 있기 때문이다. 1년의 1,000명의 대학생에게 해외자원봉사 기회를 주는 현대자동차의 '해피 무브 글로벌 청년봉사단'이 대표적이다. 즉 이러한 대학생 지원프로그램의 난립 속에서 LG가 자신만의 영향력을 키워나가기 위해서는 규모의 확장이 선결되어야 한다. 이미 LG는 LG의 이름을 딴 'Love Generation'이라는 홈페이지를 통해서 글로벌 챌린저를 필두로 드림 챌린저(대학생 1학년을 대상으로 하는 자기성장 캠프)등을 런칭하는 등 사업을 확장하고 있지만 지금보다 더 많은 노력이 필요하다.

▶**현대자동차** – 앞에서 언급한 대로 현대차의 경우, 꼭 청소년의 비중을 많이 높일 필요가 없다. 이미 크고 작은 청소년 대상 프로그램들을 추진하고 있는데다가 그룹 대표 사회공헌과 연결해야 하는 각 기업 특유의 비즈니스가 있기 때문이다.

현대차는 그룹의 비즈니스가 '자동차'로 정의될 수 있는 만큼 다른 기업에 비해 사회공헌을 체계적으로 하기 수월한 편이다. 현대자동차의 비즈니스인 자동차를 주제로 하여 '무브'라는 개념을 이끌어 냈고 이를 바탕으로 이지 무브, 해피 무브, 세이프 무브, 그린 무브의 사회공헌 사업

브랜드를 도출하여 매우 체계적으로 사회공헌 사업을 추진하고 있다.

다만 조금 아쉬운 것은 지역 사회공헌 부분이다. 현재 현대자동차는 울산, 전주, 아산 등에 국내 생산시설을 가지고 있는데, 이 지역에 대한 사회공헌 프로그램들을 강화할 필요가 있다. 현재도 작게는 지역 NGO 후원부터 크게는 프로 스포츠단 운영까지 이미 다양한 지역 특화형 사업을 하고 있지만 아직 크게 이목을 집중시켰던 지역형 프로그램이 없던 것이 사실이다. 현대자동차의 생산시설이 있는 도시들은 30-100만 명(울산:100만 명, 전주:65만 명, 아산:30만 명) 수준의 규모이기 때문에 이 도시들만을 대상으로 한 프로그램을 기획할 수 있다. 도시 전체를 대상으로 한 사회공헌 사업은 훨씬 더 사회적으로 화제가 되기 쉽고, 기업의 이미지에 긍정적인 영향을 끼치기 쉽다. 이 부분은 생산시설을 보유한 삼성전자, LG전자, SK하이닉스 등의 개별 기업들도 참고할 만한 부분이다.

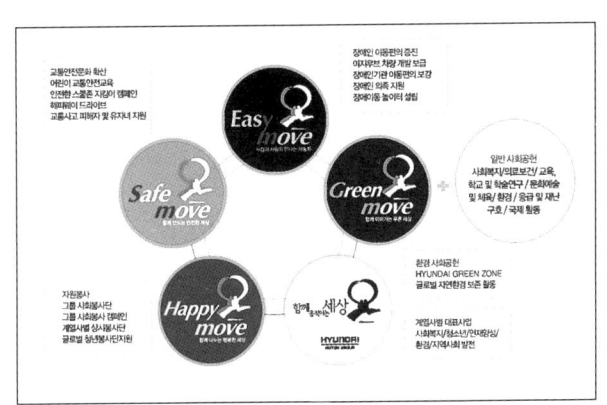

7-15 현대차 해피 무브

예를 들어, 현대차의 사회공헌 규모라면 시내의 모든 중학교 및 영화관과 연계해서 각 학교의 개교기념일 전날 학생들에게 단체 영화 관람을 시켜줄 수도 있고, 시내의 모든 버스 정류장의 리모델링 사업을 추진할 수도 있다. 창의적인 기업브랜드 이미지를 살려 서울역의 버스정류장을 '아트쉘터'로 리모델링해준 현대카드의 사례를 참고해 볼만 하다. 이렇게 되면 현대자동차는 지역에 도움을 주는 기업이라는 인식을 보다 확실히 심어줄 수 있을 것이다. 서울과 수도권에 기반을 둔 기업들은 비용 때문에 꿈도 못 꿀 일이지만 지역에 기반을 둔 기업들은 충분히 가능한 사업들이다.

현대자동차 그룹은 지역 사회공헌 사업의 새로운 모범사례를 만들 수 있는 여건을 갖추고 있다. '무브'를 주제로 체계적인 사회공헌을 추진 중인 만큼 지역 사회공헌에서도 많은 기회를 찾을 수 있도록 노력해야 한다.

7-16 현대카드 서울역 버스정류장 리모델링 사례

예산 외의 기업의 자산이나 능력 접목

정부가 기업 사회공헌에 개입하는 마지막 방법은 기업의 자금 외에 기업이 보유한 다른 자산이나 능력들을 복지정책에 접목시키는 것이다. 즉 기업이 사회공헌 사업에 예산만 지원하는 것이 아니라 기업의 비즈니스나 경영노하우들을 접목시키게 하는 것이다. 이런 방식을 통해 정부는 보다 효율적인 방법으로 복지정책을 추진해 나갈 수 있다.

정부가 활용할 수 있는 대표적인 기업의 자산 및 능력은 다음의 세 가지로 요약될 수 있다.

- 자산의 공유: 유통망 등을 공유해줌으로써 복지정책의 효율성 증대
- 구매력: 취약계층이 생산한 제품을 구매

• 경영노하우: 경영참여를 통해 복지정책의 효율성 강화

그러나 이 세 가지 방식 중, 기업이 현실적으로 정부를 도울 수 있는 부분은 마지막의 '경영노하우' 부분이다.

가. '자산의 공유'는 사실상 어렵다

정부가 가장 활용하기 쉬운 것은 기업이 보유한 자산들이다. 기업이 보유한 자산들이란 예를 들어 전국 방방곡곡에 퍼져 있는 편의점의 유통망이나 회계전문기업이 가지고 있는 전문 회계사들을 의미한다.

이런 부분들은 굳이 정부가 나서서 고민할 필요가 없다. 사회공헌을 위해 돈을 내놓는 일과 자신의 핵심 경쟁력이라고 할 수 있는 경영자산을 복지정책과 공유하는 것은 아주 다른 문제이기 때문이다. 기업의 자산에 대해 잘 알고 이를 잘 활용할 줄 아는 곳은 정부가 아닌 기업이다. 정부는 정부가 원하는 분야보다는 기업이 내 줄 수 있는 자산을 먼저 기업들이 고민하게끔 유도해야 한다.

기업들은 이미 '전략적 사회공헌'이라는 이름으로 기업의 자원을 다양한 방식으로 사회공헌 사업에 활용해왔다. 대표적인 것이 전문 자원봉사를 의미하는 프로보노 사업이다. 단순한 임직원 자원봉사를 넘어서 임직원들의 특기를 살린 전문 자원봉사를 기업에서는 몇 년 전부터 본격적으로 시행해왔다. 컨설팅 회사에서는 NGO 컨설팅을, IT기업에서는 NGO들의 컴퓨터 네트워크 점검을 해주는 식이다. 삼성그룹에서 진행 중인 멘토링 사업도 대기업 직원이라는 타이틀을 활용한 전문 자원봉사라고 할 수 있다. 이러한 사회공헌 사업들은 자신의 자산을 활용하는 만큼 상대적으로 저비용으로 할 수 있으며, 기업의 비즈니스와 연관된 경우가 많기 때문에 효과도 크다.

따라서 정부에서 기업의 변화를 유도하지 않아도 이 부분에서만큼은

지금처럼 기업에서 먼저 많은 사례들을 발굴해 줄 것이다.

나. 구매력의 활용

그 다음으로 고려해 볼 수 있는 것은 복지 정책에 기업의 구매력을 접목시키는 것이다. 조금 더 쉽게 이야기한다면, 대기업이 취약계층이 주축이 된 기업의 제품이나 서비스를 구매하는 것을 의미한다. 이럴 경우, 대기업은 많은 예산을 사용하지 않으면서도 취약계층의 일자리 창출이라는 사회공헌 사업을 할 수 있고, 취약계층 고용 기업은 대기업들로부터 안정적인 매출을 확보함으로써 취약계층에 보다 안정적인 일자리를 제공해 줄 수 있다. 그리고 정부는 일할 의지는 있으나 구조적인 문제로 인해 치열한 경쟁사회에서 정상적인 경쟁을 하기 힘든 취약계층들이 고용시장에서 안정적인 일자리를 가지게 됨으로써 조금이나마 소득의 양극화 현상을 줄일 수 있게 된다.

자회사형 장애인 표준 사업장 기업의 비즈니스를 복지정책에 결합한 가장 좋은 사례는 자회사형 장애인 표준 사업장이다. 자회사형 장애인 표준 사업장이란, 대기업들이 장애인 고용을 목적으로 설립한 자회사들을 의미한다. 특히 이 중에서도 대기업 비즈니스의 일부를 담당하는 사업장들이 정부의 구매력 활용 정책의 대표적인 사례가 될 수 있다. 이 단원의 도입부에서 언급한 바 있는 포스코의 포스위드(사무지원, 작업복 세탁, 114콜센터 등의 업무), 게임업체인 넥슨의 넥슨컴즈(넥슨 게임의 운영지원과 모니터링)등이 대표적이다. 이 외에도 장애인 표준 사업장으로 등록되지는 않았지만 대기업이 장애인들의 일자리 창출을 위해 기업을 설립하고 일감을 확보해주는 사례도 많다. 삼성전자가 출자한 장애인 회사인 무궁화전자(장애인들이 생산한 전자제품을 삼성전자에 납품)나 SK C&C가 설립 지원한 행복한 웹앤미디어(장애인 중심의 정보기술 사회적 기업)들이 대표적인 사례이다 (행복한 웹앤 미디어는 2012년 7월 표준사업장으로 인증을 받았다.)

이러한 자회사형 장애인 표준사업장 설립에 기업들이 나서게 된 배경에는 장애인 의무고용 제도가 있다. '장애인 고용촉진 및 직업 재활법'에 명시된 50명 이상 사업체의 장애인 의무고용률은 2.5%(2.3%에서 2012년부터 인상)인데, 그동안 대부분의 기업들은 이 숫자를 무시한 채 벌금을 내는 것으로 일관해 왔다. 장애인 한 명을 고용함으로써 발생되는 추가 비용보다 고용을 하지 않고 내는 벌금이 훨씬 저렴했기 때문이다. 따라서 매년 장애인의 날을 맞이하여 이와 관련한 뉴스가 언론에 공개될 때마다 대기업들은 비판을 받아야만 했다. 2008년부터 정부에서는 대기업이 장애인을 직접 고용하지 않아도 장애인 표준사업장을 자회사로 설립한다면 해당 자회사에 고용된 장애인들을 모기업이 고용했다고 인정해주기 시작했는데, 현재와 같은 대기업의 움직임은 이런 배경이 뒤에 있다고 할 수 있다.

그럼에도 불구하고 대기업들의 장애인 표준 사업장 설립은 정부에게나 기업에게나 매우 바람직한 일이라고 할 수 있다. 어차피 이전의 대기업 의무고용법은 제대로 지키는 기업이 거의 없던 제도였기 때문이다. 표준사업장 설립이 활성화되기 이전인 2008년 자료에 따르면 30개 기업집단 중 장애인 의무고용률(당시 2%)을 준수한 곳은 대우조선해양, 현대자동차, 현대중공업, GM대우, KT등 단 5곳에 불과 했다. 삼성, SK, LG, GS, CJ, 신세계를 비롯한 10개 기업집단은 장애인 고용률이 1%에도 미치지 못했다.[103]

따라서 자회사형 장애인 표준 사업장 제도는 기업이 그냥 벌금으로 때우던 의무고용 문제를 자신들의 비즈니스를 통해서 장애인 문제를 해결하는 진지한 이슈로 고민하게 만든 계기가 되었다고 할 수 있다.

정부의 개입 방향성　이번에는 이를 활성화시키기 위해 정부가 할 수 있는 방안들을 살펴보자. 기업이 이런 분야에 보다 더 많은 노력을 기울이도록 유도하기 위해서 정부가 해야 할 일은 표준사업장의 범위를 확대하는 것이다. 즉 장애인 위주로 되어 있는 자회사형 사업장의 범위를 저소득층이나 노인들을 고용하는 기업들까지 포함하도록 늘리는 것이다.

이렇게 될 경우, 대기업들은 현재 정부에서 적극 추진 중인 사회적 기업 사업에도 큰 도움이 될 수 있다. 사회적 기업이란 사회적 목적을 추구하면서 영업 활동을 수행하는 기업 및 조직을 의미한다. 정부로부터 사회적 기업 인증을 받은 많은 기업들이 취약계층에게 일자리를 제공해주는 기업들이다. 여기서 말하는 취약계층이란, 저소득자, 장애인, 장기실업자, 경력 단절 여성 등 정부의 복지정책을 필요로 하는 계층을 의미한다.

기업들의 구매력이 장애인고용 표준사업장을 넘어, 사회적 기업 제품 구매로까지 이어지게 하기 위해서는 이들을 위한 새로운 인센티브 제도가 필요하다. 장애인 표준사업장의 경우에는 의무고용률에 따른 벌금을 줄여주는 확실한 메리트가 있다. 그렇지만 장애인이 아닌 취약계층을 고용하는 사회적 기업을 자회사로 설립하거나 이들이 만든 제품을 대기업이 구매할 경우에 기업이 얻을 수 있는 이익은 거의 없다.

정부가 내세울 수 있는 가장 간단한 카드는 기부금 인정이다. 현재 정부는 기업이 NGO(지정기부금단체)에게 기부를 할 경우 총액의 일부를 손금(필요경비)로 인정해주는 혜택을 주고 있다. 이런 정책을 조금 더 확장해 취약계층이 일정 수준(예 50%) 이상 포함된 사업체가 생산한 제품이나 서비스를 구매했을 경우, 해당 구매액의 일부분(예 5%)은 기부금 형식으로 처리할 수 있게 해주는 것이다. 예를 들어 대기업이 A라는 취약계층 고용 기업으로부터 100억 원 어치의 제품을 구매했다면, 이중 5%인 5억은 기부금으로 처리할 수 있도록 해주는 개념이다. 현재 '사회적기업법'에 따르면 기업이 사회적 기업에 기부하는 경우 이를 지정기부금으로 인정하고 있으나 여기서 조금 더 나아가 기업이 취약계층 고용사업체의 제품을 구매하는 것만으로도 기업에게 기부금 인정과 같은 혜택을 주는 것이다.

이렇게 될 경우 각 기업들은 취약계층 고용기업들의 제품을 지금보다 더 구매하려고 할 것이며 일부는 직접 경쟁력 있는 제품 납품이 가능한 취약계층 고용 자회사를 설립하려고 할 것이다. 그리고 우선적으로는 기업의 품질에 크게 중요하지 않은 분야와 단기간의 교육만으로 일정 수준 이상의 업무능력이 담보될 수 있는 분야 등을 먼저 고민하여 취약계층 고용지원과 기업의 이익을 연계시킬 수 있는 방안들을 기업이 알아서 고민하게 될 것이다. 자발적인 참여가 이루어지게 되는 것이다.

또 한 가지 기업이 내세울 수 있는 정책은 정보의 공개이다. 장애인 의무고용률을 법으로 정하고 이에 못 미친 기업들이나 모범적으로 고용률을 지킨 기업들을 공개했듯이 취약계층을 고용한 사업체의 제품을 구매한 기업들의 정보를 공개하는 것이다. '사회적 기업 진흥원' 등에서 이런 부분을 집계해서 공개한다면 사회구성원들이 보다 쉽게 어느 기업들이 취약계층 보호에 앞장서고 있는지를 알 수 있게 될 것이다.

이럴 경우, 공개기준 설정이 매우 중요하다. 기업의 취약계층 일자리보호를 위한 노력은 물론 해당 노력이 실제로 얼마만큼의 취약계층 일자리 창출로까지 이어졌는지도 반영해야 한다. 따라서 각 기업이 모든 취약계층 고용형 기업으로부터 구매한 금액과 취약계층 고용기업들의 취약계층 고용률을 반영하되 대기업이 직접 설립한 자회사일 경우 대기업의 노력을 인정하여 20% 추가 점수를 주면 된다.

예를 들면 아래의 표와 같다. 이렇게 계산된 취약계층 고용을 위한 노력을 기업의 매출액이나 순이익등과 비교하여 공개하면 보다 알기 쉬운 순위가 될 것이다.

취약계층 고용 업체	A기업이 구매한 금액	취약계층 고용 비율	자회사	A기업의 취약계층 고용 노력지표(총 3.3억)
세탁공장	3억	50%	O(20% 추가 인정)	3×50%×1.2=1.8억
볼펜제조업체	5억	30%	×	5×3.%=1.5억

다. 경영노하우의 활용

두 번째로 살펴볼 것은 기업의 장점이라고 할 수 있는 효율적인 조직 경영능력을 정부의 복지정책에 활용하는 부분이다. 이것은 정부가 기업과 함께 정부의 복지정책 추진을 보다 더 효율적으로 운영하는 것을 의미한다.

기업은 이익극대화를 위해 끊임없는 노력을 하는 집단이다. 이 노력의 배경에는 다른 기업과의 무한 경쟁 속에서 살아남기 위한 본능적인 의지가 있다. 기업은 경쟁에서 뒤처지지 않기 위해 매출 확대와 효율성 추구(비용절감)라는 두 가지 방향에서 조직의 능력을 향상시키는 노력을 게을리 하지 않는다. 생존에 대한 절박감이 있다. 이런 사정을 감안할 때 기업은 매출 증대와 효율성 추구에 대해 비영리단체나 정부기관과 같은 기관들보다는 더 전문성을 가지고 있다고 볼 수 있다.

정부가 복지예산 문제를 고민하면서 관심을 가져야 할 부분은 기업의 효율성 추구 능력이다. 기업이 가지고 있는 효율적인 조직운영 능력을 정부가 복지정책에 도입한다면 정부는 같은 예산으로 더 많은 사람들에게 더 양질의 도움을 줄 수 있을 것이다. 양극화로 인해 복지에 대한 사회의 요구는 점점 더 많아지지만 정부가 이의 해결을 위해 사용할 수 있는 예산이 한정되어 있는 상황에서 '효율'의 개념은 정부에게 점점 더 중요해질 것이다. 그리고 기업은 정부의 이러한 고민을 조금이나마 덜어줄 수 있는 훌륭한 파트너가 될 수 있다.

정부의 효율성 고민 이미 예전부터 정부는 효율성에 대한 고민을 지

정부의 효율성 고민　이미 예전부터 정부는 효율성에 대한 고민을 지속해왔다. 그리고 그동안 복지 분야에도 민간위탁이라는 개념을 도입하여 효율성을 추구해왔다. 공공부분의 비효율성에 대한 지적과 작은 정부에 대한 요구 증가에 따라 정부는 정부의 역할은 유지한 채 정부의 규모를 최소화하고 공공서비스에 시장의 경쟁과 선택을 강조하기 위하여 여러 공공분야에서 민간위탁 영역을 늘려왔다.[104]. 예를 들어 정부(자치단체)에서 예산을 들여 복지관을 건설하되, 복지관의 운영은 전문성을 갖춘 비영리단체에게 맡기는 형식이다.

물론 논란은 있다. 민간위탁이 얼마만큼 실질적인 효과가 있을지에 대한 논란은 아직 진행 중이다. 위탁사업자는 효율성을 이유로 복지정책이 가지는 고유한 사회적 가치를 훼손시킬 수도 있다. 어떤 세부 분야에서는 민간위탁보다 정부가 직접 사업을 운영하는 것이 더 바람직할 수도 있다. 그러나 우리가 앞에서 살펴본 것과 같이 정부가 예산의 압박을 받는 상황에서 정책 운영의 효율성을 계속 강조할 수밖에 없는 이상 민간위탁의 비중은 점점 더 증가할 확률이 높다. 물론 민간위탁이 오히려 더 나쁜 결과를 초래할 분야들도 많으므로 정부는 민간에 위탁하기 적절한 사회복지 분야를 고민해야 한다.

위탁사업자의 성격도 중요하다. 정부가 사회복지서비스의 운영을 삼성이나 현대차, SK와 같은 대기업에 위탁했다가는 엄청난 정치적인 후폭풍을 맞을 수 있다. 그런 이유에서인지는 몰라도 현재 국내 민간위탁은 대부분 비영리법인을 중심으로 이루어지고 있다. 국내사회복지 분야의 수탁기관 유형을 살펴보면 비영리법인이 차지하는 비중이 78.1%로 개인(15.9%), 민간기업(2.7%), 시민단체(1.0%)[105] 등보다 압도적으로 크다.

비영리법인을 중심으로 한 민간위탁은 국내 소셜 섹터의 발전을 위해서 분명 바람직한 일이다. 그러나 비영리 영역이라도 하더라도 효율성 추구의 흐름을 피해갈 수는 없다. 이미 국내의 소셜 섹터에도 기업이 추구하는 효율성의 개념은 점차 확산되고 있다. 영리와 비영리의 중간단계를 표방하는 사회적 기업들의 등장이 바로 그것이다.

민간위탁의 활성화 흐름에 맞춰 우리나라도 다른 선진국처럼 국가사업을 위탁 받아 운영함으로써 유지되는 사회적 기업들이 점차 많아질 것이다. 이미 '사회적 기업 지원법'에서는 민간위탁시 사회적 기업을 배려하는 제도적 장치도 마련되어 있다. 이러한 모델이 발달한 유럽에서는 비영리단체나 협동조합이 사회적 기업에 관심을 갖고 이를 설립하여 운영하고 있으며, 많은 경우 사회적 기업은 정부의 서비스 위탁, 즉 정부 재원을 통하여 그 활동범위를 넓혀왔다.106)

복지서비스를 사회적 기업에게 맡기는 것은 나쁘게 말하면 복지서비스의 민영화라고 할 수 있지만, KTX나 인천공항 민영화와는 조금 다르다. 사업의 주체가 사업에서 발생되는 이윤의 2/3 이상을 사회를 위해 재투자하고 민주적인 의사결정 구조를 가져야 하는 사회적 기업이기 때문이다. '사회적 민영화' 라고 부를만 하다.

그리고 위탁을 둘러싼 사회적 기업 사이의 경쟁도 치열해질 것이다. 노인복지관 운영 전문 사회적 기업이나 어린이집 관리 전문 사회적 기업이 설립되고, 지자체의 입찰마다 서로 경쟁하는 일이 벌어질 수도 있다. 물론 경쟁에 뛰어드는 사회적 기업들은 당연히 정부의 사회복지 철학을 이해하고, 복지서비스의 수혜자들을 마음으로 이해할 줄 아는 기업들 일 것이다. 그렇지만 사회적 기업들 간의 경쟁은 비영리기관들의 경쟁보다 효율성의 비중이 높아질 확률이 높다.

사회적 기업들은 민간위탁 입찰을 따내기 위해 정부가 주는 한정된 예산을 보다 더 효율적으로 쓸 수 있는 방법을 연구하거나 정부가 요구하는 복지서비스의 수준을 최소한의 예산으로 운영할 수 있는 방법에 대해 치열하게 고민하기 시작할 것이다.

기업의 참여 형태   여기서 민간 기업들의 참여가 필요한 부분이 발생한다. 삼성과 현대자동차 그리고 SK와 같은 기업들이 사회공헌 차원에서 민간위탁 전문 사회적 기업에 출자하거나 후원하고, 이들이 효율적인 운영체계를 유지하도록 지원하는 그림이 그려질 수 있다. 예를 들어 영리기업이 지역 대표 NGO와 함께 사회적 기업을 설립하고, 독립적으로 운영되는 이 사회적 기업의 효율적인 운영을 위해 경영컨설팅이나 설비 등을 지원해 줌으로써 해당 사회적 기업이 우수한 민간위탁 사업자로서 경쟁력을 가지게 만드는 형식이다.

이런 구도는 정부, 기업, 그리고 NGO 모두에게 이익을 가져다 줄 수 있다. 먼저 정부는 경쟁력을 갖춘 사회적 기업에 복지사업을 위탁함으로써 보다 효율적으로 복지서비스를 사회구성원들에게 제공해 줄 수 있게 된다. 그리고 기업은 기존의 사회공헌에서 탈피하여 사회적 기업을 통해 사회에 더 많은 도움을 효율적이고 지속적으로 줄 수 있게 된다. 또한 사회적기업의 클라이언트인 정부(지자체 포함)나 함께 사회적 기업을 설립한 NGO 등 기업의 이해관계자들과 우호적인 관계를 만들어 갈 수 있다. 향후 기업 사회공헌 사업에 활용할 수 있는 조직 기반을 구축하는 의미도 있다.

만약 영리기업이 NGO와 함께 설립한 사회적 기업이 청소년보호 전문 사회적 기업이라면 향후에 청소년 관련 사회공헌 프로그램을 만들고자 할 때 이 사회적 기업은 아주 이상적인 파트너가 될 수 있다. 마지막으로 NGO는 영리기업과 함께 사회적 기업을 설립하고 파트너십을 맺어감으로써 향후 더욱 수월하게 기업의 기부를 받을 수 있게 되고, 정부가 원하는 효율성을 보다 쉽게 확보할 수 있게 되면서 정부 위탁사업의 수주에 대한 경쟁력도 확보할 수 있게 된다.

다만, 이런 모델이 실제로 구현되기까지에는 많은 장애물들이 있다. 대기업이 이제는 사회적 기업들도 계열사로 거느리려고 한다거나 결국 사회복지 서비스까지 대기업이 다 해 먹으려고 한다는 비판에 휩싸이기 쉽다. 정부는 효율적인 정책 수행을 사회에 호소할 수도 있지만 '효율'이라고 하면, 인력감축이나 복지의 축소 등을 먼저 생각하게 되는 현실에서 이마저도 어렵다.

이 분야에서 선도적인 역할을 하고 있는 영국에서도 민간위탁의 주목적이 정부의 재정 절약이라는 것을 공식적으로 언급하지 않는다. 영국은 '빅 소사이어티'라는 개념 아래 공공서비스를 지역사회와 공동체로 이양한다는 정책을 추진 중에 있는데, 이 정책을 주도적으로 이끌고 있는 캐머런 총리조차 이렇게 말한다.

"큰 사회(빅 소사이어티) 정책은 정부 재정을 줄이는 것이 아니라, 사회를 더 크고 멋지게 만들려는 목적을 갖는다. 그 과정에서 정부 재원이 절약되는 효과가 있는 것은 피할 수 없는 일이다."[106]

이렇듯 정부는 이러한 비판을 최소화 하면서 기업 참여의 순기능만 이끌어 낼 수 있는 방안들을 고민해야 한다. 즉 정부는 영리기업들이 민간위탁형 사회적 기업들을 지원하는 것을 권장하되 사회적 기업들이 가지는 사회적 목적과 이들이 운영하는 복지서비스의 목적이 흐트러지지 않도록 하는 정책들을 고민해야 한다.

정부의 개입 방향성　　정부가 제일 먼저 고민해야 할 부분은 영리기업들이 사회적 기업을 NGO와 함께 설립할 수 있는 방안을 만들어 주는 것이다. 현재 영리기업들은 사회적 기업 설립을 적극적으로 추진하고 싶어도 하지 못하는 상황에 있기 때문이다.

기업들이 출자하여 사회적 기업을 설립하는 방법은 크게 두 가지이다. 하나는 삼성전자나 현대자동차와 같은 영리법인이 직접 출자하여 사회적 기업을 설립하는 방법이고, 다른 하나는 기업재단과 같은 비영리법인을 통해 사회적 기업을 설립하는 방법이다.

가장 깔끔한 방법은 영리법인을 직접 설립하는 방법이다. 그러나 이럴 경우 오히려 사회로부터 대기업이 정부의 복지민영화 사업에 뛰어든다는 더 큰 오해를 살 수 있다. 이익극대화가 목적인 영리기업이 출자한 회사라면 아무리 사회적 기업이라고는 하지만 사회적 가치보다는 경제적인 이익을 더 추구하는 기업이라는 의심에서 자유로워지기 어렵다. 그리고 이런 영리기업이 정부 복지서비스를 위탁하고 있다는 게 알려지면 복지서비스를 받는 수혜자들은 해당 서비스에 대해 더 건조하게 느낄 수밖에 없다.

이것보다는 작은 문제이긴 하지만, 설립된 사회적 기업이 출자 회사의 계열사로 분류되는 문제도 발생한다. 대기업의 계열사 수 변동에 대한 내역이 거의 매월 언론에서 언급되는 상황에서 기업들은 이 문제에 매우 민감하게 반응 할 수밖에 없다. 특히 삼성이나 현대자동차, SK, LG와 같은 그룹들은 상호출자 제한 기업집단으로 분류되어 있어서 더욱 민감할 수밖에 없다.

따라서 기업들이 사회적 기업을 설립하려면 기업재단과 같은 비영리법인을 활용하게 된다. 그러나 이것도 쉽지는 않다. 비영리공익법인이 특정법인의 지분을 5% 초과해서 가지게 되면 가산세를 부담하거나 증여세 과세의 대상이 되기 때문이다. 이 법안은 대기업 집단이 비영리재단 등을 설립하여 재단을 통해 주식을 출연 받거나 취득하여 계열기업을 지배하는 것을 방지하고자 하는 게 목적이다. 이러한 규정 때문에 비영리재단을 통해 NGO와 함께 사회적 기업을 설립하는 것도 기업들에겐 어려운 선택이다. 아마 사회공헌 차원에서 사회적 기업 지원을 고민하는 모든 기업이 공동으로 고민하는 부분일 것이다. 사회적 기업 설립을 위한 많은 자금을 대면서 5%의 지분만 가지게 된다는 것은 함께 사회적 기업을 설립하는 NGO와 정말 굳건한 신뢰관계가 있기 전에는 너무 위험이 큰 결정이기 때문이다.

따라서 정부는 비영리법인이 출자하는 대상이 NGO와 합작을 통해 만드는 사회적 기업인 경우에 한하여 '5%의 지분취득 제한율'을 일정수준(예: 30%)까지 높여줄 필요가 있다. 우리나라의 경우, 정부에서 사회적 기업을 인증해주는 시스템이기 때문에, 대상을 '정부가 인증한 사회적 기업'으로 제한하면 사회적 기업을 가장한 영리기업의 주식을 취득하는 것을 막을 수 있다. 지분취득 한도를 높임으로써 기업은 보다 자유롭게 NGO들과 사회적 기업을 설립하고 이런 사회적 기업이 효율적으로 운영되도록 지원할 수 있게 될 것이다.

물론 이러한 기업 출자형 사회적 기업들에게는 기존의 사회적 기업보다 더욱 강력한 인증 조건들이 뒷받침되어야 한다. 정부가 고려해 볼 수 있는 것은 이익의 사회 재투자비율의 인상이다. 현재 사회적 기업은 이윤의 2/3 이상을 사회적 목적에 재투자해야 하는네 이 비율을 3/4나 4/5까지 올리는 것이다. 이렇게 되면 영리기업은 사회적 기업에 출자하고, 이 사회적 기업의 경쟁력을 높이기 위한 다양한 지원을 하는 것이 결국 돈을 벌기 위해서라는 오해에서 벗어날 수 있다.

그리고 이러한 조건은 기업재단이 자신이 지분을 가지고 있는 사회적 기업의 경영에 관여할 때 고유의 목적을 해치면서까지 이익을 극대화하는 것이 아니라 복지서비스의 효과를 증대시키기 위한 수준의 적절한 효율성을 추구하도록 유도할 것이다.

　이런 방식으로 영리 기업이 사회적 기업 설립 및 운영에 간접적으로나마 관여할 수 있는 길을 열어 둔다면, 사회적 기업들은 보다 수월하게 기업의 사회공헌 사업과 기부금 그리고 경영노하우를 자신의 사업에 접목시킬 수 있고, 이를 통해 더욱 사업의 경쟁력을 가다듬을 수 있게 될 것이다. 또한 정부는 이를 통해 예산의 효율적 집행이라는 목적을 달성할 수 있게 된다. 그리고 사회적 기업의 클라이언트인 정부가 지속적으로 해당 사회적 기업의 영리추구 행태나 기업의 과도한 간섭 등에 대한 감시체계를 강화한다면 영리기업이 주도하여 사회적 기업을 설립하는 모델이 가지고 있는 부작용도 최소화할 수 있을 것으로 기대된다.

　우리가 이 장에서 논의한 3가지, 사회공헌 예산의 유지, 기업간의 중복 투자 조정, 그리고 기업의 경영노하우의 복지정책 접목이 현실화 된다면, 기업의 사회공헌은 보다 사회와 밀접하게 그리고 기업과 사회에 모두 도움이 되는 방향으로 발전할수 있을 것이다.

마치는 글

새로운 CSR에 대한 대응

CSR이나 사회공헌 그리고 착한 기업과 같은 개념이 국내사회에 도입된 지도 많은 세월이 흘렀다. 그럼에도 불구하고 아직도 기업은 비판의 대상에 머물러 있다. 이 책에서 우리는 그동안 왜 기업들이 생각만큼 착해지지 않았는지, 왜 정부가 착한 기업 만들기에 관심을 가지게 되는지, 정부가 기업들을 착하게 만들기 위해 어떤 정책들을 고려해볼 수 있는지에 대해 알아보았다.

그동안의 CSR은 너무 '기업 중심적인 사고'를 가지고 있었다. 사회공헌 아이템을 선정할 때 담당자들의 주요 관심사는 Biz-relevance로 불리는 사업과의 연계성이었다. 사회공헌의 효율성 및 기업의 긍정적 이미지 극대화라는 측면에서 이 말이 틀린 것은 아니다. 다만 이제부터 기업들은 기업에 대한 분석과 함께 정부의 정책에 대한 분석도 함께 추진해야 한다. 이제부터는 정부가 CSR에 대해 보다 더 적극적으로 나서게 될 것이기 때문이다.

정부가 무엇을 원하는지 안다면 기업은 보다 CSR을 통해 높은 효과를 거둘 수 있을 것이다. 예를 들어 Process부분에서 정부가 정보공개를 하고 싶은 분야를 대충이라도 미리 예측하고 준비할 수 있다면, CSR을 잘하는 기업의 이미지를 보다 쉽게 얻을 수 있을 것이다.

이를 알기 위해서 기업은 무엇보다 사회의 목소리에 귀를 기울여야 한다. 결국 정부나 정치권의 목소리는 사회의 요구를 반영한 결과물이기 때문이다. 정부의 CSR 정책에 수동적으로 대응하는 것이 아니라 그 안에서 새로운 기회를 찾고 싶다면, 기업의 이해관계자(특히 사회의 목소리를 대변하는 시민단체나 NGO들)들이 기업에 대해 어떤 생각을 가지고, 혹은 어떤 평가를 내리고 있는지를 예의주시해야 한다. 정부와 사회를 대상으로 한 지속적인 커뮤니케이션과 이를 CSR의 관점에서 해석하고 새로운 기업의 CSR 주제를 만들어 낼 수 있는 능력을 길러야 할 것이다.

사실 CSR은 사회의 변화를 이끌어내는 관점에서 보면 매우 보수적인 접근방법이다. 기업의 자율성을 최대한 보장하면서 기업들이 '알아서 할 때까지' 기다려주는 접근방식이기 때문이다. 사회공헌만 봐도 그냥 법인세를 올리면 모든 문제가 해결되는 것을 (심지어 법인세는 점차 내리는 추세다) 기업들에게 자율적으로 기부를 하게끔 맡긴 꼴이다. 개인으로 치면 월급에서 꼬박꼬박 세금을 징수하는 것이 아니라 반만 징수하고 반은 개인의 자율에 맡기는 방식이라고 할 수 있다.

따라서 CSR로는 그 어떤 사회의 확실한 변화도 담보해낼 수 없다. 몇몇 예외적인 사례를 제외하고는 기업이 자신에게 손해를 입히면서까지 사회적 책임을 다할 리는 없기 때문이다.

이 책에서 다룬 정부의 행동들의 결과들도 어떻게 보면 매우 효과가 작게 보일 수 있다. 정보를 공개한다고, 사회공헌의 증액을 이끌어 낸다고 기업들이 갑자기 변하지도 세상이 갑자기 좋아지지도 않을 것이다.

그러나 CSR의 의의는 기업의 변화를 이끌어내는 첫발을 떼는 데 있다. 기업 정책을 둘러싼 사회적 이해관계가 워낙 팽팽해서 찬성측과 반대측이 서로 대치만 하고 있는 상황에서 기업의 자발적 참여를 이끌어내는 행동들은 매우 현실적인 대안이 될 수 있다. 정부와, 기업, 그리고 정부에게는 투표권을 기업에게는 소비자로써의 권리를 행사하는 사회구성원들이 각자 한 발자국씩만 움직여서 우리 사회가 기업들이 사회적 책임을 다하는 사회로 거듭날 수 있기를 기대해 본다.

주석

1) Tracey Keys and Thomas. W. Malnight. "Corporate Clout: The Influence of the World's Largest 100 Economic Entities'
2) David Vogel, 기업은 왜 사회적 책임에 주목하는가 338p
3) UN Global Compact. 세계 최대의 자발적 기업시민 이니셔티브로서, UN이 기업과의 파트너십을 통해 세계경제의 지속 균형발전을 이루려는 시도에서 나온 단체. 2000년 7월 설립되었으며, 2006년 이후 UN 내의 중점 아젠다로 부각되었다. 인권, 노동, 환경 그리고 반부패와 관련한 기업의 사회적 책임을 담고 있다. 자세한 내용은 http://www.unglobalcompact.org 참고
4) 전경련, 윤리경영 현황 및 CSR 추진실태 조사결과 (2009. 10.30)
5) 한겨레연구소, 좋은기업센터 조사
6) CP Reporting Award '10
7) UNGC 홈페이지: http://www.unglobalcompact.org/participants/search
8) Globescan, EAI, 매일경제, 'CSR 국제 여론조사 2007 한국 CSR의 현황: 인식과 실천'
9) 전경련, '기업사회공헌에 대한 인식조사 (2009.8.4)'
10) Miwa Nakai 외 2인, 'Are SRI Fund More Resilient Towards the Global Financial Crisis?', 2011.2, 10p
11) SRI KOREA 2010/ (사) 한국 사회책임투자 포럼
12) 중소기업 중앙회, 'SSM 주변 소매점 실태조사' (2009.6)
13) 영국 경제일간지 파이낸셜 타임즈 FT와 런던증권거래소(LSE)가 공동 소유하는 FTSE인터내셔널에서 개발한 윤리적 기업들만을 대상으로 하는 지수
14) 테스코사의 지역사회 후원 CSR활동에 대한 자세한 정보는: http://www.tescoplc.com/corporate-responsibility/our-community-promises/actively-supporting-local-communities/
15) 삼성전자의 상생경영에 대한 더 자세한 내용 알고 싶다면: http://www.samsung.com/sec/aboutsamsung/Sustainability/partne

rcollaboration.html
16) "집전화 선 끊어라" KT 지사 녹취 파일 입수(한겨레 2011. 11. 15)
17) 창조한국당 원내대표 이용경의원실 보도자료 (2011.9.21)
18) Enron, Corporate Social Responsibility Report 2000, 3p
19) Enron, Code of Ethics, 12p
20) 전경련, 기업 사회공헌 활동에 대한 인식조사 (2009. 8. 4)
21) 2004 cone citizenship study
22) 한겨레경제연구소, 사회책임 경영과 기업명성 조사 연구' 2009: 한겨레 기사 재인용
23) M Capron and F Qualrel-Lanoizelee, 'CSR 회의론이 간과하는 사실들' 에서 재인용
24) Apple faces pollution storm in China Financial Times (2011. 1. 19)
25) Peter Elkind(Mar 17, 2008) "The trouble with Steve Jobs" Fortune (Mar 17, 2008), 88p
26) 용근 한국산업기술 진흥원장, [디지털 포럼] '기술기부문화' 확산시키자, (디지컬타임즈 11. 12. 8)
27) 나이키 Annual Report 1997 34p
28) 나이키 Annual Report 1998 (financial . note 16)
http://investors.나이키inc.com/Theme/나이키/files/doc_financials/AnnualReports/1998/main_ar.html
29) 나이키 Annual Report 1998(financial-note 13)
30) SAM, Dow Jones Sustainability Indexes, Dec 2011
31) Jeremy J. Siegel and Jeremy D. Schwartz, The long term returns on the original S&P 500 Firms, 13p
32) The ATP Group Social Responsibility in Investments 2009, 10p
33) 일반적으로 기업의 기부금이 모두 사회공헌 사업에 쓰였는지 알 수는 없지만, 보통 사회공헌 규모를 이야기할 때 국내에서는 "기부금"의 규모를 주로 비교하므로 사회공헌 규모=기부금이라고 동일시해서 단어를 사용하였다.
34) NHN annual Report 2010, 67P
35) 전경련, 기업/기업재단 사회공헌 백서 2010, 38p

36) SK텔레콤 지속가능 보고서 2011, 24p
37) 팀버랜드의 자원봉사 현황을 보고 싶다면:
    http://responsibility.timberland.com/reporting/2015-targets/
38) 기업 및 기업재단 사회공헌 백서 2010, 88p
39) 온라인 취업포털 사람인 조사(www.saramin.co.kr) /11.2월
40) 조선일보 '[더 나은 미래] 기업 사회공헌… 부가적 선택 아닌 기본적인 마음가짐 되야." (10.6.8)
41) SERI, 한국 CEO 시스템의 진화 1986-2004 (2006. 8)
42) 김동률, 국가간 언론사간 인식비교를 통해서 본 기업의 사회적 채임의 정책적 함의
43) 동일논문 29p.
44) 지속가능보고서 7년간 104개 기관발간 HERI Review (2010.5.25)
45) 기업/기업재단 사회공헌 백서 2010, 65p
46) CECP giving in Numbers report 2010, 4p
47) Customer Relationship Management: 주로 1:1 고객관리를 의미한다.
48) Aaronson S. and Reeves, J 2002b Corporate Responsibility in the global village: The Role of public policy: Business Ethics: A European Review (348p vol 17. No.4 Oct 2008)에서 재인용
49) 영국, 프랑스, 스웨덴의 사례는 BertelsmannStiftung에서 발간한 "Government as Partner? CSR Policy in Europe"에서 발췌하였다.
50) 글로벌 non-profit consulting firm 중 하나. www.fsg.org
51) 동아비즈니스포럼 2011, 'CSV' 선도 글로벌 기업들 '기업-사회 함께 웃자'
52) 〈CSR 3.0〉, 제이슨 사울 저 안젤라 강주현 역, 청년정신, 2011 / 114-116 요약
53) Alexander Dahlsrud How corporate social Responsibility is defined: an Analysis of 37 Definitions. Interscience 2006 4.
54) 한국은행, 빈곤층 대상 비즈니스(BOP)현황과 시사점 (2010.10),1p, 8p
55) 참세상, "부끄러운 한국, 필리핀에서도 노조탄압" (2011.4)
56) 당시 구강청결용 물티슈보존제 기준은 벤조산나트륨의 경우 국내는 0.4% 이하로, 미국(5% 이하), 유럽(0.5% 이하)보다 엄격한 수준이었다.
57) 기업 내부의 의사결정 및 업무집행과 관련하여 법률전문가가 상시적으로 법

적 위험을 진단 및 관리하여 분쟁을 사전에 예방함으로써 기업의 경쟁력 강화 및 윤리경영을 강화하고자 2012년 4월부터 신설되는 직책 (출처: 시사상식사전, 박문각)

58) I.J. Alexander Dyck외 2인 "Who Blows the Whistle on Corporate Fraud?" Univ. Chicago CRSP Working paper no. 618
59) [이선기 칼럼] 기업과 양심호루라기 디지털 타임스(2003.3.17)
60) 미국에서 시민이 탈세를 하거나 부정부패를 저지른 사람을 신고해 보상금을 받아 내는 일. 또는 그런 사람. '국왕 또는 자기 자신을 위해 소송을 거는 사람 (qui tam pro domino rege, quam pro se ipso, sequitur)'을 뜻하는 라틴어에서 따온 말이다. (Naver 사전)
61) KBS 소비자 고발 195회
62) 한겨레신문, "편의점 고성장 뒤엔 '알바의 눈물 아우성' (2011.6.10)
63) 공화당의 대선 후보 경선에 참여한 Newt Gingrich는 지속적으로 사베인스 옥슬리법의 폐지를 주장해왔다. (Wikipedia 인용)
64) Edaily사회공헌 농협도 참여 일부 외국계 여전히 외면' (12.7.7) 기사내 생보업계 관계자 인터뷰 내용 재인용
65) 한국 기업지배구조원(CGS), 2011년도 기업 지배구조 우수기업 시상 및 등급 공표.
66) 이주선 외, 한국의 대기업정책(상) Keri (한국경제연구원), 4p
67) 장하준, "재벌평가 고정관념 벗어나자" (머니투데이 2006.1.3)
68) 아이뉴스, "애플직원들 왜 노조 만들려고 할까?"(2011.6.13)
69) 김병권, 커피전문점 주휴수당 미지급 실태조사. 새로운 사회를 여는 연구원 (2011.9.8)
70) 미디어 오늘 "편의점 65.8%, 최저임금 안 지킨다."(2010.6.25)
71) 한겨레. 편의점 고성장 뒤엔 '알바의 눈물 아우성' 한겨레(2011.06.10)
72) 한국여성정책연구원에서 조사하여 2011.12.18 '제 8차 100세시대 대비 저출산, 고령사회 포럼'에서 발표된 내용이여, 보도자료를 인용하였음.
73) 현재는 통상임금의 40%, 최대 100만원까지를 보장하고 있다
74) 경기도가족여성연구원(원장 박명순) 이슈브리프 32호, '육아휴직제도, 현실과 쟁점' (작성 정형옥 연구위원)

75) 한국외식정보㈜ www.foodbank.co.kr "편의점 올 8조 2천억 시장 전망… 전년대비 16% 성장) 2010.7.23
76) 보다 많은 BOP 사례를 보려면, Next market(넥스트 마켓: BOP시장을 개척하는 5가지 성공전략/UNDP) 참고
77) 한국일보, 빈곤층 느는데 기초생활수급자 줄었다 .(11/4/21) 보건복지부, 한국보건사회연구원, 통계청에서 인용한 자료를 재인용
78) 지자체별로 다르지만, 서울의 경우 2012년 현재 끼니당 4,000원 수준이 지원된다
79) 기업_기업재단 사회공헌 백서 2010, 28p
80) 한국 경제신문, '사랑받는 기업'이 오래간다…"사회공헌 확대할 것" 72%'(2009.10.14)
81) CSR 3.0 청년정신, 제이슨 사울. 에서 Social Investment forum을 인용한 부분을 재인용.(39p)
82) 삼성그룹 블로그 (www.blog.samsung.com)에서 발췌/ 삼성직업멘토링에 대한 더 자세한 정보를 알고 싶다면, www.giftnanum.com
83) 행복한 뉴라이프재단 홈페이지: www.happynewlife.or.kr
84) 조선일보(2012.4.24). 조선일보 더 나은 미래와 (사)문화예술사회공헌 네트워크가 실시한 설문조사의 결과를 인용
85) OECD 한국경제 보고서 2012.4, OECD, 7p
86) 중위소득 50% 이하의 가처분 소득을 버는 가구수가 전체가구수에서 차지하는 비율
87) OECD 한국경제보고서, 2012.4, OECD, 16p
88) OECD 한국경제보고서, 2012.4, OECD, 7p
89) OECD 한국경제보고서, 2012.4, OECD, 17p,
90) 강철희, 유한킴벌리 Giving Index: 2009년도 한국인의 개인기부지수 결과 발표
91) 한국일보, 월요인터뷰 '이일하 굿네이버스 회장' (2010.5.24)
92) 조선일보 '반값등록금 희한한 역설' (2011.7.4)
93) 각 기업의 사회공헌 예산은 한겨레 21의 기사 '대기업 사회공헌 팔 걷나 (2012.4.16 제 906호)'와 움츠러든 기업 사회공헌도 볕뜰까(2010.5.28 제

812호)에 나온 데이터를 참고했으며, 각 기업의 매출과 순익은 대규모 기업집단 정보공개시스템 OPNI를 참고하였음. 국내 최대 규모의 사회공헌 예산을 집행할 것으로 추정되는 삼성그룹은 명확한 기준의 부재 등을 이유로 현재 사회공헌 예산 규모를 공식적으로 발표하고 있지 않음으로 일단 제외하였다.

94) 전경련 기업 기업재단 사회공헌 백서 2010, 66-68p
95) CECP, Giving in numbers 2011 edition
96) 서울 파이낸스, '금감원장 한마디에? 은행등, 기부행렬 동참' (2012.5.22)
97) 전경련, 기업 기업재단 사회공헌 백서 2010, 59p
98) 손원익 조세연 선임연구원, 우리나라 준조세 실태 및 정책발향 토론회 (10.12.1) 발표내용 (언론에 공표된 내용을 재인용)
99) 조선일보, 더 나은 미래 '기업사회공헌의 현실과 대안 시리즈1' (12.5.22) 한국메세나협회 관계자를 인터뷰한 것을 인용하였음
100) 동아일보 '아동 1명 복지예산 '노인 1명'의 3% (2011.10.3)
101) 김미숙 한국보건사회연구원 연구위원이 '보건복지 이슈&포커스'에 발표한 내용, 동아일보 기사 (각주 99)에 인용한 부분을 재인용
102) LG그룹은 그동안 다양한 사회공헌 활동을 해왔으나, 그룹차원에서 사회공헌을 담당하는 전담팀이 생긴 것은 2011년이었다.
103) 국회 환경노동위원회 소속 자유선진당 권선택의원실 보도자료 (2009.10)
104) 한국지방행정연구원, 신공공관리론에 따른 민간위탁의 이론적 근거. 6p, 강인성, 민간자치단체 민간위탁경영의 효과성 제고방안에 관한 연구' 2008.12
105) 강인성, 민간자치단체 민간위탁경영의 효과성 제고방안에 관한 연구' 한국지방행정연구원 2008.12, 35p.
106) 바찬임(2009), 사회적 기업의 성장과 정부지원, 시민과 세계 제 15호 2009.6, 168p
107) 김홍수영, 영국의 거대한 기획, Big society (경향신문이 유로진보넷에 있는 글을 게재한 것을 재인용)
http://img.khan.co.kr/newsmaker/782/55_a.jpg